조직 기반 슈퍼비전

- 실행가이드북 -

최원희 안정선 공저

A Guidebook for Implementing
Supervision in Social Welfare Organizations

신정

머리말 >>>>>

이 책은 그 제목이 말해주듯이, 조직을 기반으로 하는 슈퍼비전에 초점을 두고 있다. 즉, 조직 차원의 체계적인 슈퍼비전을 실행하고자 하는 사회복지 조직을 위해 집필되었다.

저자들은 사회복지현장에서의 근무경험과 슈퍼비전 연구를 토대로 그간 다양한 분야의 복지현장에서 슈퍼비전을 강의하고 자문해왔다. 그 과정에서 슈퍼비전의 체계를 구축하여 실행하고 싶지만 어떻게 시작해야 할지 막막하다는 조직들을 자주 마주하게 되었고, 저자들은 가이드북 형태의 교재가 필요함을 절실하게 느꼈다. 첫 시작은 슈퍼비전 서식을 중심으로 한 『사회복지 슈퍼비전 핵심 가이드북』(2016)의 발간이었고, 이후 실천현장에서 수집한 슈퍼비전의 고민들을 토대로 『사례 중심 슈퍼비전 가이드북』(2019)을 선보였으며, 이제 그 완결판이라 할 수 있는 『조직 기반 슈퍼비전』을 위한 실행 가이드북을 출간하게 되었다.

이 책의 집필 의도는 저자의 강의가 없이도 조직에서 스스로 슈퍼비전을 체계적으로 실행할 수 있도록 하는 것에 있다. 다시 말해, 슈퍼비전을 막 시작하려는 조직이나 이미 실시하고는 있지만 체계성이 부족하다고 느끼는 조직들이 이 책을 통해서 쉽게 따라 할 수 있도록 구체적인 내용을 친절하게 안내하려는 것이다. 그러려면, 준비단계에서 평가단계에 이르기까지 각 단계마다 조직과 슈퍼바이저가 무엇을 해야 하는지를 알려줄 필요가 있었고, 그 과정에서 발생할 수 있는 상황들을 이슈로 제시하여 미리 대비할 수 있다면 좋겠다는 생각, 그리고 활용 가능한 서식과 유용한 도구들을 작성 가이드와 함께 제공한다면 적용성이 높아지겠다는 결론에 이르렀다. 이러한 쓰임새를 위해 이 책은 다음과 같은 내용을 담았다.

제1부는 조직 기반 슈퍼비전의 이해를 돕기 위해 슈퍼비전의 개요 및 슈퍼비전의 기능과 과정을 설명하고 있다.

제2부는 슈퍼비전 단계별 실행 가이드로 4개의 파트, 즉 슈퍼비전 준비단계, 슈퍼비전 시작단계, 슈퍼비전 실행단계, 슈퍼비전 평가단계로 구분하고 있다. 그리고 각 파트는 해당 단계의 과업, 이슈와 솔루션, 서식과 작성 가이드를 각각의 장으로 구성된다. 과업은 해당 단계에서 조직 또는 슈퍼바이저가 수행하거나 알아야 할 지식이나 기술 및 태도 등 필요역량이 주요 내용이다. 이슈와 솔루션은 슈퍼비전과 관련된 현장의 고민에 대하여 해법을 제시하고자 하였으며 질문과 답변 형식으로 18개의 이슈가 다루어진다. 서식과 작성 가이드에서는 총 16개의 슈퍼비전 서식들을 각 단계별로 제시하면서 이를 필수서식과 중요서식 및 선택서식으로 구분하면서 각 서식의 작성을 위한 상세한 설명을 제공하고 있다.

저자들이 오랜 시간 논의하면서 집필하였음에도 불구하고 여전히 미흡하고 아쉬움이 남는다. 하지만 슈퍼비전을 시작하려는 많은 사회복지조직과 슈퍼바이저들에게 이 책이 용기를 줄 수 있도록 우리 저자들도 용기를 내어 보고자 한다. 그동안 만났던 수많은 슈퍼바이저와 슈퍼바이지들, 그리고 기관장들께 지면을 통해 감사를 전하고 싶다. 그분들의 슈퍼비전에 대한 고민과 열정을 보면서 이 책을 시작하게 되었고 이렇게 완성할 수 있었다. 발간을 위해 애써주신 신정출판사 최용구 대표님, 장만동 이사와 직원 여러분께도 감사드린다.

모든 사회복지분야에서 모든 사회복지조직들이
체계적인 슈퍼비전을 실행하게 되는 그날이 오기를 기대하며

2024년 8월
저자 일동

차례 >>>>>

PART 03

Ⅰ.

조직 기반 슈퍼비전의 이해

CHAPTER 01

슈퍼비전 개요

생각해보기

- 슈퍼비전은 왜, 누구를 위해 하는 것일까요?
- 슈퍼비전의 구성요소와 원칙은 무엇일까요?
- 슈퍼비전은 어떤 과정을 통해 이루어지는 것일까요?

1. 슈퍼비전의 정의와 필요성

1) 슈퍼비전의 정의

슈퍼비전은 시대와 학자들에 따라 강조하는 부분이 다르게 정의되어 왔다. 직원의 교육훈련 및 지지적 측면이나 행정 및 관리 차원에 중점을 두기도 하고 슈퍼바이저와 슈퍼바이지의 관계가 강조되기도 하지만 클라이언트에게 질적인 서비스를 제공하기 위해 직원의 역량을 강화하는 과정으로 보고 있다. 여기서 슈퍼바이저(supervisor)란 부하직원인 슈퍼바이지의 업무수행을 지지하고 조정하며 강화하고 평가하도록 권위를 위임받은(Kadushin, 1974) 사회복지조직의 상급자를 말한다.

Skidmore(1983)는 슈퍼비전을 효과적이고 효율적인 업무수행에 있어서 지식과 기술을 사용하려는 직원을 원조하는 과정으로 정의하면서 이를 명확히 해줄 기본원리 5가지를 제시하고 있다.

① 슈퍼바이저는 조직과 서비스에 관한 지식 및 원칙과 기술을 가르치고, 이후에는 슈퍼바이지가 자율적으로 자신의 일을 처리할 수 있도록 도와야 한다.

② 슈퍼바이저는 슈퍼바이지가 도움을 필요로 할 때 항상 응대할 수 있도

록 준비되어야 하며 정규적인 가르침을 제공해야 한다.

③ 슈퍼바이지는 슈퍼바이저로부터 배운 지식 및 원칙과 일치하는 목적과 목표를 세우도록 한다.

④ 슈퍼바이지는 슈퍼바이저에게 도움을 요청할 수 있어야 한다.

⑤ 슈퍼바이지는 슈퍼바이저에게 자신의 직무에 관하여 수시로 보고해야 한다.

2) 슈퍼비전의 목적과 목표

슈퍼비전의 목적을 Kadushin과 Harkness(2002)는 조직의 정책과 절차를 따르면서 클라이언트에게 양적으로나 질적으로 최선의 서비스를 전달하는 것이라고 보았고, 조휘일(1999, 2002)은 클라이언트에게 최대한 효과적으로 질적인 서비스를 제공하는 전문적 실천과 직원 및 기관의 책무성 실현을 보장하는 것이라 하였다. 또한 우리나라 실천가들은 서비스 질의 향상, 클라이언트의 문제해결, 슈퍼바이지의 전문적 성장, 슈퍼바이지의 동기부여를 슈퍼비전의 목적으로 꼽고 있다(안정선, 2007). 즉, 슈퍼비전의 목적은 클라이언트에게 최상의 서비스를 제공하기 위해 직원의 전문성을 향상시키고 기관의 책무성을 실현하기 위한 것(최원희, 2009)이라 할 수 있다. 슈퍼비전의 목적을 구체적으로 이해하기 위해서 Payne(1994)과 Morrison(2001)이 제시한 목표들을 살펴보는 것이 도움이 된다.

Payne(1994)은 슈퍼비전의 목표를 슈퍼비전과 관련된 이해관계자를 중심으로 다음과 같이 구분하여 설명하고 있다.

① 클라이언트 차원: 직원의 부적절한 실천으로부터 클라이언트를 보호하여 최대한의 이익을 얻도록 하는 것

② 슈퍼바이지 차원: 직원이 효과적인 실천을 수행하고 개입하도록 전문적

발달을 도모하고 스스로 잘 관리할 수 있도록 하는 것

③ 슈퍼바이저와 조직 차원: 슈퍼바이지의 업무를 관리하고 다양한 규정을 적용하여 서비스의 표준과 개입목표를 달성하게 하는 것

Morrison(2001)은 슈퍼비전의 목표를 다음의 8가지로 제시하면서 슈퍼바이저의 역할을 세부적으로 이해하는 데 도움을 주고 있다.

① 슈퍼바이지가 자신의 역할 및 책무성을 명확히 확보하는 것
② 클라이언트가 성장하도록 최상의 관심을 확보하는 것
③ 슈퍼바이지가 기관의 목적과 기준을 이해하도록 하는 것
④ 슈퍼바이지에게 적절한 업무량을 배정하는 것
⑤ 실천과 직무수행을 위해 긍정적이고 지지적인 분위기를 만드는 것
⑥ 슈퍼바이지의 발달을 강화하는 것
⑦ 업무관리에 있어서 슈퍼바이지를 지지하는 것
⑧ 조직과 슈퍼바이지 사이에서 명확한 의사소통을 촉진하는 것

슈퍼비전의 주요 목표에 대해 살펴보았다. 그렇다면 슈퍼비전은 누구를 위해서 하는 것일까라는 질문에 어떤 답을 할 수 있을지 생각해 보자. 아마도 슈퍼바이지를 위해서? 슈퍼바이저를 위해서? 조직을 위해서? 클라이언트를 위해서? 라는 4가지 차원의 답이 있을 수 있다. 슈퍼비전의 궁극적인 목표는 앞서 정리한 것처럼 사회복지실천의 목표와 동일하다. 즉, 클라이언트의 삶의 질 향상을 지원하는 것으로 이를 위해서 중단기 목표로 실천가의 역량과 전문성을 높이려는 것이기에, 슈퍼비전은 결국 클라이언트를 위해서 하는 것이다. 정확히는 클라이언트에게 적절하고 바람직한 개입 또는 서비스를 제공하기 위한 것이라 할 수 있다. 이러한 과정에서 슈퍼바이지에게도 도움이 되고 슈퍼바이저의 역할도 수행하게 되며 조직의 목표달성에 기여하게 된다.

3) 슈퍼비전의 필요성

슈퍼비전의 필요성을 사회복지조직의 특수성과 사회복지서비스의 특성(김융일 · 양옥경, 2002; Kadushin & Harkness, 2002), 그리고 사회환경의 변화라는 세 가지 측면에서 보면 다음과 같다.

(1) 사회복지조직의 특수성

사회복지조직이 가지는 특수성 중에 높은 사회적 책무성과 낮은 자율성으로 인해 슈퍼비전이 필요하다. 사회복지조직은 대부분이 비영리조직으로 정부 또는 기부자들로부터 재원을 조달받아서 운영하고 있기 때문에 전문직 특성의 하나인 자율성이 제한되면서 동시에 사회적 책무성은 높아지는 특성을 가진다.

또한 사회복지조직은 다양한 인구집단을 대상으로 하므로 개인의 문제와 사회적 문제가 서로 얽혀 있기 때문에 한 직무에 대한 단일표준화가 어려운 상황이 많다. 따라서 슈퍼비전을 통해 사회적 책무성을 보장하고 실천의 개입방향을 조정과 통합으로 설정하기 위해서 슈퍼비전이 필요한 것이다.

(2) 사회복지서비스의 특성

사회복지서비스는 주로 클라이언트에게 서비스를 제공하는 것을 목적으로 하므로 서비스제공자인 실천가와 서비스이용자인 클라이언트가 중요하다. 클라이언트는 보호가 필요하거나 소외계층이므로 이들이 서비스에 대한 선택권이나 포기권을 가지지 못하는 경우가 대부분인데, 이들을 대상으로 하는 실천 개입과 내용이 공개되지 않는 특성을 가진다. 따라서 클라이언트에 대한 보호를 위해 직원을 견제하기 위해서도 슈퍼비전은 필요하다.

또한 실천가의 소진예방과 역량강화를 위해서도 슈퍼비전이 필요하다. 실천가는 개인이나 가족, 사회의 문제를 해결하기 위해 노력하지만 해결방법이 명확하지 않고 다각적인 접근이 필요하기 때문에 초보 실천가들은 어려움을 겪게 되고 이로 인해 좌절과 죄책감 등을 경험하면서 소진까지 가기도 한다. 이때 지지적인 슈퍼비전을 주면서 더 나아가 전문적인 지식을 습득할 수 있는 교육과 자기성찰 등의 훈련을 통해 실천가의 역량을 강화해야 한다.

(3) 사회환경의 변화

사회복지서비스는 사회적 환경과 변화에 민감할 수밖에 없다. 새롭게 등장하는 사회문제에 따라 실천의 대상이 달라질 수도 있고 시대적 관점에 따라 개입방향이나 방법에 변화가 필요하기 때문이다. 예를 들어 아동돌봄과 노인돌봄이 사회문제로 대두되었다고 해서 단순하게 보육시설과 노인시설을 증설하는 것으로만 해결될 수 없을 것이다. 이러한 사회문제가 맞벌이 부부나 노령인구의 증가에 따른 시설 자체의 부족이 원인일 수도 있지만 기존 시설에 대한 불신이나 이용방법의 어려움, 또는 돌봄의 주책임자의 심리적 부담감 등도 원인이 될 수 있으므로 다각적인 원인 탐색과 방안 모색이 필요하다.

또한 사회적 관점의 변화에 따라 실천가들에게 요구되는 전문적 사회화가 필요하다. 과거에는 문제의식을 가지지 않았던 여러 상황들이 현재 시점에서는 매우 민감하게 다루어야 하는 영역(당사자주의, 차별과 불평등, 인권, 개인정보보호 등)으로 확대되고 있기 때문에 이에 대하여 슈퍼비전을 통해 인식개선과 재교육이 필요하다.

위와 같은 슈퍼비전의 당위적 필요성 이외에도, 슈퍼비전이 가지는 효과를 살펴보는 것 또한 의미가 있다. 사회복지에서는 실천가 자신이 실천의 도구라는 말이 있는데 이는 실천가의 역량강화 필요성과 함께 인적자원관리도 중요함을 말해주는 대목이다. 즉, 슈퍼비전이 제대로 잘, 그리고 체계적으로 이루어진다면, 슈퍼바이지의 직무만족과 자기효능감은 물론 직무성과와 조직동일시도 높일 수 있다. 반면 소진을 예방하고 이직의도를 낮추는 효과도 보고되어 왔으며 그 외에도 국내외 많은 연구들에서 슈퍼비전의 효과가 지속적으로 확인되고 있다.

2. 슈퍼비전 원칙과 원리

1) 슈퍼비전의 기본 원칙

이 책에서의 슈퍼비전은 조직을 기반으로 하는 사회복지 슈퍼비전을 의미하며, 상담, 심리, 정신건강복지 등의 영역에서 사례 중심으로 진행되는 임상적 슈퍼비전과는 구별된다. 슈퍼비전의 다양한 기법이나 슈퍼비전 관계 부분에서는 임상적 또는 교육적 분야의 슈퍼비전 지식과 기술을 가져와서 적용하기도 하지만 기본적으로 사회복지 슈퍼비전만의 특징을 이해하는 것이 중요하다. 슈퍼비전을 실시하면서 기억해야 할 5가지 원칙을 제시해 보고자 한다.

(1) 원칙 1. 조직 차원

슈퍼비전은 모든 직원이 대상이어야 한다.

슈퍼비전이 조직 차원에서 공식적으로 실행된다는 의미는 직원 중 소외되는 직원이 없어야 함을 말한다. 기관의 책무성과 비전을 공유하려면 원하는 직원만 참여하는 선택권을 부여해서는 안 된다. 슈퍼바이지는 슈퍼비전 받은 내용을 적용해야 하고(책임성), 슈퍼바이저는 이를 점검(슈퍼바이저의 윤리성)해야 한다. 이는 실천에 대한 책임과 책무성을 담보하는 것이다.

(2) 원칙 2. 매칭

슈퍼바이저는 슈퍼바이지가 소속된 부서장으로 한다.

슈퍼비전은 슈퍼바이저와 슈퍼바이지가 실천에 대한 공동책임을 지는 것을 의미하며, 슈퍼바이저가 더 큰 책임의 무게를 가지게 된다. 슈퍼비전의 목표는 실천가의 역량을 향상해 클라이언트를 돕는 데 있다. 슈퍼바이지의 직무역량을 향상하려면 슈퍼바이지의 직무를 가장 잘 아는 소속 부서장(상사)이 적합하다. 슈퍼비전은 슈퍼바이저의 고유직무로 아무리 능력이 좋은 슈퍼바이지라도 슈퍼비전을 주는 행위를 할 수는 없다. 즉, 조직으로부터 권한을 부여받은 사람만이 슈퍼바이저 역할을 수행할 수 있다. 팀 내에서 역량이 좋다거나 경력이 많다는 이유로 슈퍼바이저가 아닌 사람이 암묵적으로 슈퍼바이저 역할을 하도록 해서도 안 된다.

(3) 원칙 3. 계획과 평가

슈퍼비전은 계획에 의해 진행되고 평가한다.

모든 사회복지 프로그램과 마찬가지로 슈퍼비전 역시 계획-실행-점검-평가의 과정을 가진다. 사회복지 프로그램이 명확한 목표설정과 성과평가를 거쳐 보다 향상된 프로그램을 만들어 가듯이, 슈퍼비전 역시 이러한 과정을 거쳐 슈퍼바이지가 지속해서 성장해갈 수 있도록 계획으로부터 평가까지 일련의 과정을 거친다. 슈퍼비전의 계획과 평가는 슈퍼비전의 초점과 내용을 명확히 구성함으로써 슈퍼바이지의 성장을 위한 맞춤형 슈퍼비전을 제공하는 기반이 된다. 슈퍼비전의 계획과 평가에서 가장 중요한 점은 슈퍼바이지의 현재 수준에 대한 파악과 슈퍼바이지와의 합의과정이다.

(4) 원칙 4. 정규성

정기적 슈퍼비전의 제공과 참여는 슈퍼바이지의 권리이자 의무이다.

슈퍼비전은 약속된 시간에, 정해진 기관 내 장소에서, 근무시간 중에, 정기적으로 보장되어야 한다. 조직의 슈퍼비전 규정에 따라 슈퍼바이지와의 합의 내용을 이행하는 것이다. 긴급상황 등에서의 임시적(수시) 슈퍼비전만으로는 슈퍼비전 본래의 목적을 달성할 수 없기 때문에, 슈퍼비전의 정규성은 성공적인 슈퍼비전을 위한 전제조건이다. 무엇보다도 슈퍼비전의 정규성은 슈퍼바이지에게 심리적 안정감을 통해 직무몰입과 슈퍼비전의 성과를 높일 수 있는 중요 원칙이다. 슈퍼바이지 입장에서 정해진 바 없는 슈퍼비전은, 언제 슈퍼비전을 요구해야 할지와 언제 슈퍼비전을 받게 될지에 대한 불안을 초래할 수 있다.

(5) 원칙 5. 기록과 서식

슈퍼비전은 서식에 따라 기록되어야 한다.

슈퍼비전은 일련의 과정마다 필요한 서식이 마련되어야 하며, 이는 슈퍼비전이 업무지도와 구분되는 중요한 도구가 된다. '기록하지 않은 것은 슈퍼비전이 아니다'라는 말이 있을 정도로 슈퍼비전에서 기록은 매우 중요하다. 슈퍼비전 기록은 슈퍼비전의 목표달성을 향해서 전진하는 데 유용하며, 슈퍼비전 실행 내용의 공유뿐 아니라 슈퍼바이지의 기록능력의 향상에도 유익하다. 즉, 슈퍼비전 기록을 통해 실천기록 역량을 지도할 수도 있다.

2) 슈퍼비전의 촉진 원리

앞서 사회복지 슈퍼비전의 기본 개념을 토대로 한 원칙에 이어서 슈퍼비전 실행을 촉진할 수 있는 원리에 대해 좀 더 살펴보고자 한다.

(1) 원리 1. 슈퍼바이지 중심

슈퍼비전은 기본적으로 슈퍼바이지의 직무와 욕구를 중심으로 진행하도록 한다. 단, 모든 내용이 슈퍼바이지 욕구 기반으로 이루어져야 하는 것은 아니다. 슈퍼비전의 내용에는 직무수행과 조직 사명, 슈퍼바이저와의 합의가 담겨야 한다. 슈퍼바이지의 직무와 욕구를 중심으로 하는 슈퍼비전이야말로 생명력이 있다. 언젠가부터 슈퍼바이지가 슈퍼비전을 회피하고 있다고 느껴지는가? 그렇다면 슈퍼비전의 중심에 누가 있는가를 살펴보기를 바란다. 슈퍼바이지를 돕는다는 미명하에 어느덧 슈퍼바이저 관점, 슈퍼바이저의 요구로 가득한 것은 아닌지 말이다. 슈퍼비전이 슈퍼바이저 중심이 될 때, 슈퍼비전은 가까이 하기엔 너무 먼 양극 간이 되어 버릴 수 있다.

(2) 원리 2. 교육적 사정 기반

슈퍼비전은 슈퍼바이지 역량 기반의 맞춤형 실행을 위해 교육적 사정 과정을 통해 진행하도록 한다. 단, 슈퍼바이지는 클라이언트가 아니다. 충분한 의견수렴과 역량 수준 분석, 성찰과 자기분석 기회 제공을 통한 직무 기반의 교육적 사정이 이루어져야 한다. 슈퍼비전의 일반적인 단계는 준비-시작-실행-평가단계이다. 교육적 사정은 조직 차원의 준비단계 이후 슈퍼비전을 시작함에 있어 계획안 수립을 위한 기초 자료이자 근거가 된다. 적절한 계획안 수립이 1년간의 슈퍼비전의 방향을 좌우하는 만큼, 교육적 사정의 과정은 슈퍼비전의 방향 설정을 위한 핵심과정이라고 할 수 있다. 교육적 사정이란 슈퍼바이지의 현재 직무수행상의 역량 수준에 대한 파악(역량 숙련도, 강약점 등 분석, 확인)과 슈퍼바이지의 요구를 수렴하여 종합적으로 확인하고 명료화하는 과정을 의미한다. 본 원리는 슈퍼바이지 중심이라는 첫 번째 원리의 연속선상에 있다고 볼 수 있다.

(3) 원리 3. 공식적 운영

슈퍼비전은 조직의 주요 인적자원개발정책과 제도로 공식적으로 운영하도록 한다. 단, 슈퍼비전의 정책이 마련되지 않은 조직이라도 슈퍼바이저 역량 기반하에 시범적으로 운영될 수 있도록 노력해야 한다. 슈퍼비전은 조직 차원에서 모든 직원을 대상으로 운영해야 한다는 원칙과 함께 주요 인적자원개발 정책으로 공식적으로 운영되어야 한다. 공식적이라 함은 규정과 지침을 통한 명문화, 기본 역할 명시(직무기술), '해도 되고 안 해도 그만'인 것이 아닌 의무적 실행, 공통서식의 활용, 해당 정책과 업무에 대한 오리엔테이션과 교육, 조직적 지원 체계 마련, 기본 직무로서 근무시간의 활용 등의 내용을 포함한다. 또한, 공식 업무이기에 역할수행에 대한 책임과 이에 대한 평가가 진행된다. 이와 같은 과업들이 있기에 특히 슈퍼비전은 준비단계에서 조직적 차원의 슈퍼비전 체계 구축이 중요한 과정이 된다.

(4) 원리 4. 성장과 학습 지향

슈퍼비전은 성인 학습자인 슈퍼바이지의 역량강화를 통한 책무성 이행을 위해 성장과 학습을 지향하도록 한다. 단, 슈퍼바이저는 가르치는 사람이지만 모든 것을 책임지고 교육하는 사람이 아니며 슈퍼바이지는 자기주도적으로 배워나가야 한다. 슈퍼바이지와 슈퍼바이저는 학습에 있어서 자기지향적이고 주도적 접근으로 슈퍼비전을 통해 최선의 학습을 하는 성인학습자들이다. '슈퍼바이지가 된다는 것은 가르치는 사람이 되는 것이다.' 그러나 마치 슈퍼바이저가 모든 것을 강의와 교육으로 감당해야 한다는 것으로 해석해서는 안 된다. 또한, 성장과 학습이 강조된다고 해서 학습동아리나 핵심분임조와 동일한 의미로 이해해서도 안 된다. 슈퍼비전에서의 가장 기본이 되는 내용은 업무수행 점검이 우선이 되어야 하며 슈퍼바이지의 성장을 통한 직무성과 창출, 조직의 책무성 이행을 성취해야 한다. 슈퍼비전이 성장과 학습의 과정이기에 상호의 학습스타일을 파악하고 특히 슈퍼바이지의 학습 유형에 따른 효과적인 학습법을 모색해야 할 것이다. 이러한 과정을 통해 슈퍼바이저도 성장하게 된다. 슈퍼바이저와 슈퍼바이지 양자는 도전 및 피드백에 대한 개방과 지속적인 학습에 대한 적극적인 몰입자세를 겸비해야 한다.

(5) 원리 5. 협력적 파트너십

슈퍼비전은 슈퍼바이저와 슈퍼바이지가 공동의 성과를 위해 함께 참여하고 책임을 지도록 한다. 단, 서로 주고받는다는 의미는 아니다. 슈퍼비전 책임의 주체는 슈퍼바이저이다. 슈퍼바이저와 슈퍼바이지는 각각의 슈퍼비전 역량을 확보하고 공동성과를 위해 자율성을 존중하며 파트너십을 발휘하도록 노력해야 한다. 슈퍼비전은 슈퍼바이저 혼자만의 울림이 아니라 상호작용을 통한 협력적 과정이며 관계 기반의 사람 중심적 활동이다. 그러나 착각하지 말자. 슈퍼비전은 서로 주고받는 것이 아니라 엄격하게 슈퍼바이저가 책임을 지고 실행해 나가야 한다. 또한, 존중하고 협력하되 슈퍼바이저는 슈퍼바이지 업무에 대한 적절한 책임의 균형을 가져야 하며 클라이언트의 보호와 안녕을 고려하고 모니터링하는 임무를 수행할 수 있어야 한다.

3. 슈퍼비전의 구성요소

슈퍼비전의 구성요소는 슈퍼비전의 이해관계자 및 슈퍼비전을 둘러싸고 있는 환경을 포함한다. 즉, 슈퍼바이저와 슈퍼바이지, 둘의 사이에서 일어나는 슈퍼비전 관계, 슈퍼비전을 시행하는 사회복지조직, 그리고 조직에서 이루어지고 있는 슈퍼비전의 실행구조가 중요한 요소이다.

1) 슈퍼바이저

슈퍼바이저는 직접적인 사회복지실천을 하지 않으면서도 슈퍼바이지를 통해 간접적으로 실천의 질적 수준에 영향을 주는 사람으로, 슈퍼비전에 있어서 책임의 주체로 본다. 따라서 슈퍼바이저의 지식과 기술, 가치와 신념, 자세와 행동 등이 강조되고 있고, 특히 슈퍼바이저의 자질로 사회복지조직과 실천에 대한 전문적 지식 및 실천기술, 기법활용능력, 직무관리능력이 요구된다(Skidmore, 1983; Travers, 1988; Kilminster & Folly, 2000).

2) 슈퍼바이지

슈퍼바이지는 슈퍼바이저보다 실천경험이 적어서 배울게 더 많은 사람으로, 역량 있는 실천가로 성장하기 위해서 슈퍼비전을 잘 수용하고 적용하려는 태도가 중요하다. 즉, 슈퍼바이저의 피드백에 대한 개방과 비방어적인 자세, 두려움과 위험을 감수하고 슈퍼비전을 받으려는 솔선성이 요구된다. 또한 슈퍼바이지, 즉 실천가는 사회복지실천에 있어서 가장 유용하고 강력한 도구로 자신을 활용할 수 있어야 한다. 개인의 통찰 부족은 슈퍼비전이 제대로 이루지는 것을 어렵게 만들 뿐만 아니라 사회복지실천에서도 방해요소로 작용한다. 그러므로 슈퍼바이지는 먼저 자기 자신에 대한 정확한 인식이 필요하며 이는 슈퍼비전 과정에서 반드시 다루어야 할 기본 내용에 해당된다.

3) 슈퍼비전 관계

슈퍼바이저와 슈퍼바이지의 슈퍼비전 관계는 성공적인 슈퍼비전에 영향을 미치는 요소로 주목받아왔다. 슈퍼비전의 정의에서도 확인하였듯이, 슈퍼비전이란 슈퍼바이저와 슈퍼바이지의 상호작용으로 이루어지는 것으로, 슈퍼비전을 '관계' 차원에서 정의하고 통합하는 관점을 가진 학자들(Tsui, 2004; Morrision, 2001; Haynes 등, 2003)도 있을 만큼 중요하게 인식된다. 슈퍼바이지들은 긍정적인 슈퍼비전 관계로 상호신뢰, 명확한 의사소통, 상호이해와 존중, 동료의식, 친밀감, 인정과 격려(최원희, 2009)를 원하고 있다. 무엇보다 중요한 것은 슈퍼비전 관계가 얼마나 중요한지를 슈퍼바이저가 인식하는 것이며 또한 다양한 맥락 속에서 슈퍼비전 관계를 바라봐야 한다는 점이다. 슈퍼비전 관계는 슈퍼바이저와 슈퍼바이지 서로가 다른 사람이라는 것으로부터 출발해야 한다. 선호하는 학습 유형이나 의사소통방식에 차이가 있을 수 있고, 문화적 배경에 따라 가치와 관점, 해결방안에 대한 지향 또한 다를 수 있으며, 직원으로서의 지위와 역할에 따라 영향을 받기도 한다는 것을 서로 이해할 때 효과적인 슈퍼비전 관계가 가능하다.

4) 슈퍼비전 실행구조

슈퍼비전의 실행구조 또한 슈퍼비전의 구성요소의 하나로 중요하다. 실행구조라는 것은 슈퍼비전의 기능, 내용, 방법, 모델, 빈도, 형태, 정규성, 계약 등 슈퍼비전이 실제로 어떻게 작동되는지를 보여주는 것이다. 실행부분은 이 책의 II부에서 상세히 다루게 되므로 여기서는 슈퍼비전 계약과 내용에 대해서만 언급하고자 한다. 특별히 슈퍼비전 실행에 있어서 슈퍼바이저와 슈퍼바이지의 계약의 필요성이 강조된다. 계약이 필요한 이유(Atherton, 1986)는 슈퍼바이저와 슈퍼바이지 간의 이해가 다를 수 있다는 점, 계약이 없는 슈퍼비전은 변동 가능성이 크다는 점, 슈퍼비전의 범위와 경계를 규정할 필요가 있다는 점 때문이다. 또한 슈퍼비전 실행에 있어서 기능과 내용이 연결되거나 혼용되어 설명되기도 하는데, 그 이유는 제공되는 슈퍼비전을 기능별로 분석하기 위해서는 내용이 파악되어야 하고 이 내용을 통해 기능별 효과를 확인하게 되는 구조이기 때문이다.

5) 슈퍼비전 실행조직

슈퍼비전을 실행하는 조직, 즉 운영주체가 슈퍼비전의 활성화에 지대한 영향을 미친다. 슈퍼바이저와 슈퍼바이지가 소속되어 전문적인 슈퍼비전 관계를 맺게 되는 조직은, 슈퍼비전의 기능과 영역 및 슈퍼비전의 전체 과정에 영향을 줄 뿐만 아니라 슈퍼비전의 본질과 유용성에도 영향을 주게 된다. 따라서 슈퍼비전을 실행하는 조직은 슈퍼비전과 관련된 명시된 정책을 가지고 있고 슈퍼비전을 직원의 필수직무로 배정하며 슈퍼바이저를 위한 교육과 평가 등을 수행하게 되는데, 이때 슈퍼비전에 대한 기관장의 역할이 슈퍼비전을 성공적으로 이끄는 데 크게 기여한다.

슈퍼비전의 기능과 과정

CHAPTER 02

생각해보기

- 슈퍼비전의 주요 기능은 무엇일까요?
- 슈퍼비전은 어떤 과정을 통해 이루어지는 것일까요?
- 슈퍼비전 실행을 위한 핵심 과업은 무엇일까요?

1. 슈퍼비전의 기능

슈퍼비전 기능을 행정적 기능, 교육적 기능, 지지적 기능, 중재적 기능으로 설명할 수 있다. 각 기능은 상대적으로 더 중요한 기능이 있는 것이 아니라

〈표 2-1〉 **슈퍼비전의 4대 기능별 슈퍼비전**

구분	초점	목표	주요 과업
행정적 슈퍼비전	근무배경 제공	조직의 구조와 자원의 효율적 이용	• 직무수행의 질 관리 • 기관정책과 절차 이해 및 준수 • 직무역할과 책임 이해 • 기관정책에 따른 기록 유지
교육적 슈퍼비전	업무역량 향상	전문적 지식과 기술의 향상	• 전문적 역량 및 지식과 기술 확대 • 학습촉진 및 효과적인 피드백 • 슈퍼바이지의 가치 기반 이해 • 선호하는 학습스타일과 장애물 이해
지지적 슈퍼비전	직무만족 지원	직무 스트레스 감소 및 사기증진	• 실천가로서 슈퍼바이지 인정 • 안전한 분위기 조성 • 부정적 감정 허용(두려움, 분노, 무기력 등) • 업무에 방해되는 정서적 요인 탐색
중재적 슈퍼비전	갈등조정과 협력	효과적인 협력과 갈등중재로 책임공유	• 타 전문가 및 조직과 융합 지원 • 팀 역할과 책임, 협상 및 명확화 • 자원의 결핍이나 영향에 대한 관리 • 직원 간, 팀 내, 팀 간, 조직외부와의 관계에서 중재와 옹호 및 동행

출처: Kadushin(1976), Morrison(2005), Wonnacott(2012), 안정선 · 최원희(2016), 김은혜 외(2014)의 내용을 참고하여 구성.

4가지 기능이 모두 포함되는 균형 있는 슈퍼비전이 이루어져야 한다. 조직 및 직무의 특성과 슈퍼바이지의 경력이나 성향 등을 고려하여 각 기능별로 다르게 비중을 적용하는 것이 바람직하다.

1) 행정적 슈퍼비전

행정적 슈퍼비전은 효과적인 기관정책 및 절차적 이행에 대한 엄수를 보장하고 직원에게 업무를 적절히 수행할 수 있도록 근무환경을 제공하는 것이 목적이다. 조직에서 고려해야 할 점과 과업을 살펴본다.

(1) 조직에서 고려해야 할 요소

행정적 슈퍼비전을 실시할 때 고려해야 할 부분은 다음과 같다.

① 조직의 설립 목적과의 일치성을 고려한다.

직원은 소속된 조직의 목적달성을 위해 일하는 사람이므로, 행정적 슈퍼비전은 조직의 목적과 일치하는 범위 내에서 실시한다.

② 조직의 책무성 이행을 고려한다.

사회복지조직은 정부나 기부자가 자금원이므로 이들이 요구하는 방침과 절차를 따라야 한다. 이러한 맥락이 책무성 이행의 의무를 가진다는 의미이다. 여기에는 조직의 목표달성 의지, 실천효과성 검증을 위한 과학적 방법의 도입, 그리고 성과평가가 내포되어 있다.

③ 슈퍼비전 이해관계자의 요구 수렴을 고려한다.

직무수행 관련 이해관계자는 슈퍼바이저, 슈퍼바이지, 클라이언트, 그리고 조직이다. 이들 이해관계자의 요구를 슈퍼비전의 과정에서 모두 고려해야 하며 이중에서 클라이언트의 요구가 핵심적 역할을 한다.

④ 서비스 질을 고려한다.

슈퍼비전의 기본은 제공된 서비스의 질과 과업이 서비스 방향에 맞게 잘 제공되었는지를 확인하는 것이다. 결과만이 아니라 서비스 과정 전반에 걸쳐 슈퍼비전이 이루어져야 한다.

⑤ 직무성과의 달성 및 평가를 고려한다.

사회복지조직은 책무성 이행의 의무를 수행해야 하고 이를 위해서는 성과평가의 도입과 실행이 요구된다. 이를 위해 실천의 최일선에서 일하는 직원의 직무수행 결과를 통해 조직의 성과평가가 가능하고, 이는 곧 책무성 이행으로 연결된다.

(2) 행정적 슈퍼비전의 과업

행정적 슈퍼비전의 세부과업과 내용은 다음과 같다.

① 직원선발과 직무배치

직원선발과 직무배치를 위해서 슈퍼바이저는 채용절차 관련 규정을 숙지하고 직무에 대한 직무분석 과정을 통해 직무수행에 필요한 지식과 기술 및 태도 등 핵심역량요소를 미리 사정하여 선발 시에 활용해야 한다. 채용된 신입직원에게는 물리적 환경조성과 함께 근무규정과 기관을 이해할 만한 자료를 제공해 주고 직원들을 소개하는 역할도 수행한다.

② 업무계획과 업무할당

슈퍼바이저는 부서의 중장기 계획수립에 대한 책임을 가지고 있으며 직원이 업무수행을 완수할 수 있도록 목표를 전달하고 의무가 무엇인지를 나누는 과정이 중요하다. 슈퍼바이지가 근무시간에 해낼 수 있는 정도의 업무계획을 세우도록 하며 업무할당의 기준을 마련하는 것이 중요하다. 많은 부분 슈퍼바이저의 재량에 따르지만 집단회의 등을 통해 결정할 수도 있다.

③ 업무위임과 대리책임

업무위임이란 슈퍼바이저의 권위를 어느 정도까지는 슈퍼바이지와 공유하는 것으로, 업무위임의 목적이 명확히 언급된다면 슈퍼바이지에게 재량과 자율권이 주어졌을 때 목표성취 욕구가 더 높아질 것이다. 대리책임이란 슈퍼바이지에게 할당된 업무에 대하여 슈퍼바이저도 궁극적으로는 책임을 가진다는 의미로, 이는 슈퍼바이저에게 부담과 불안감을 가지게 한다. 따라서 슈퍼바이저는 슈퍼바이지들 각각의 업무와 능력의 수준을 명확히 알고 있어야 한다.

④ 업무점검과 평가 및 견책

업무점검을 위해서 슈퍼바이저는 슈퍼바이지가 약속된 시간 내에 업무처리가 가능한지 그의 능력수준을 알아야 하고 지각이나 결근, 휴가계획 등에 대해서도 관심을 가져야 한다. 무엇보다 중요한 부분은 슈퍼바이지가 기관의 정책과 절차에 따라 업무를 수행하는지를 점검해야 하는데, 이에 대한 위반이 있을 경우에는 즉각적으로 개입하여 징계절차를 준비해야 한다. 견책에 있어서 슈퍼바이저가 감정적으로 대응하지 말아야 하며 슈퍼바이지의 잘못을 처벌한다는 측면보다는 사회복지조직의 책무성과 효과성을 위해 슈퍼비이지의 행동을 변화시키려는 과정이라고 생각해야 한다.

⑤ 기관의 사명과 가치의 내재화

슈퍼바이지가 조직의 특성을 이해하고 사명과 비전, 핵심가치를 내재화하도록 도와야 한다. 즉, 기관의 정책과 규정, 사업방향과 전략들을 슈퍼바이지가 이해할 수 있도록 설명하고 지침을 제공해야 하며 각 사업이 이를 기반으로 진행되도록 슈퍼비전 해야 한다. 특히, 신입직원의 경우 슈퍼비전에서 이 부분을 집중적으로 다룰 필요가 있다.

2) 교육적 슈퍼비전

슈퍼비전의 교육적 기능은 슈퍼바이지의 전문적 지식과 기술을 확대하여 슈퍼바이지의 전문적인 성장과 발달을 지원하는 것으로 학습으로 대변되기도 한다. 슈퍼바이저와 슈퍼바이지는 가르침과 배움의 과정에서 서로 간의 공감대를 형성하는 것으로 학습의 효과를 최대화할 수 있다.

(1) 교육적 슈퍼비전의 내용

슈퍼비전에서 다루어야 할 기본적인 교육내용은 다음과 같다.

① 사회문제의 원인과 이에 대한 지역사회의 반응, 사회문제의 심리사회적 특성, 특정문제가 일상생활에 미치는 영향, 우리 조직이 관심을 두는 사회문제와 서비스 간의 관계 등에 대하여 교육한다.

② 인간행동에 대한 이해 및 개인과 가족이 사회문제를 받아들이는 반응과 적응방법, 집단과 지역사회에서 행동하는 방법을 가르친다.

③ 클라이언트의 어려움을 예방, 완화, 회복하도록 하는 과정에서 실천가의 의무가 무엇이고, 개인 · 집단 · 지역사회가 그들의 문제를 효과적으로 해결할 수 있는 이론을 교육한다.

④ 사회복지조직과 기관 정책이 어떻게 형성되고 변화되는지, 다른 기관과의 연계 및 지역사회 네트워크에서 어떻게 조화를 이루는지에 대해 가르친다.

⑤ 슈퍼바이저는 슈퍼바이지가 자기인식을 더 발전시키도록 지도한다. 실천가의 자기인식이 필요한 이유는 클라이언트가 가지고 오는 사회문제가 슈퍼바이지 자신에게도 영향을 줄 수 있기 때문이다. 따라서 슈퍼바이지가 의식적이고 목적적으로 전문적 자아를 활용하도록 다양한 활동을 통해 지원해야 한다.

(2) 교육적 슈퍼비전의 과정

교육적 슈퍼비전의 과정은 다음과 같이 진행하는 것이 효과적이다.

- 1단계: 슈퍼바이저의 현재 수준에서 시작하고 교육적인 진단 및 사정을 하고 슈퍼바이지가 업무수행에서 배울 필요가 있는 것과 배우는 방법을 결정한다. 슈퍼바이지에 대한 교육적 사정은 담당직무를 수행하는 데에 요구되는 지식, 기술, 태도, 능력, 동기 등 직무 및 역량분석을 통해 준비할 수 있다.
- 2단계: 교육할 내용과 관련하여 의미 있는 사례를 제공한다. 사례는 현재 슈퍼바이지의 훈련 상황과 보유 역량을 고려하여 선정하도록 한다.
- 3단계: 다양하고 의미 있는 활동(토론과 위임, 가르침, 사례논의 등) 경험을 통해 슈퍼바이지의 지식과 기술을 강화한다.
- 4단계: 학습한 것과 학습이 요구되는 내용에 관해서 피드백을 준다.
- 5단계: 첫 단계에서 실시한 교육적 사정의 내용을 수정하고 위의 단계들을 반복적으로 실시하고 평가한다.

(3) 효과적인 학습 원칙

효과적인 학습 원칙은 다음과 같다(Kadushin & Harkness, 2002).

① 학습에 대한 동기가 극대화됐을 때 가장 잘 배우게 된다. 슈퍼바이지가 원하는 욕구관점에서 학습내용에 대한 유용성 및 의미를 부여하는 것이 좋다.

② 학습 환경에 에너지를 많이 쏟을수록 잘 배우게 된다. 학습에 대한 부정적인 감정(거부, 불안, 수치심, 실패에 대한 두려움, 자율성에 대한 공격, 불확실한 기대 등)을 극복하기 위해서는 학습의 향상을 향해서 에너지를 집중하는 것이 좋다.

③ 학습이 만족스러울 때 가장 잘 배우게 된다. 전문적인 성취에 대한 칭찬

등 긍정적 평가는 학습 만족감을 향상시키는 데 도움을 준다.

④ 학습과정에 능동적으로 참여할 때 최상으로 배우게 된다. 슈퍼비전은 일방적으로 주거나 받는 것이 아닌 공유해 가는 과정으로 학습과정에 슈퍼바이지가 주도성을 갖게 되면 학습효과가 높아진다.

⑤ 학습내용을 구체적으로 제시할 때 잘 배우게 된다. 학습내용은 익숙한 것과 단순한 것부터 시작하여 점차 강화시키고, 학습내용을 구체화하여 반복하고 요약하는 것이 배우기 쉽다.

⑥ 슈퍼바이지를 개별화하여 접근할 때 잘 배우게 된다. 교육사정을 통해 학습속도 등 슈퍼바이지 개개인의 학습 특성을 고려한 효과적인 교육법으로 접근해야 한다. 이때 슈퍼바이저는 슈퍼바이지들이 알아야 할 내용을 미리 숙지하고 있어야 하며 사회 · 심리적 환경 조성에도 힘써야 한다.

3) 지지적 슈퍼비전

슈퍼비전의 지지적 기능은 슈퍼바이지의 사기와 직무만족을 향상시키는 역할을 하게 된다. 업무와 관련하여 직면하게 되는 스트레스 상황들을 그대로 방치하게 되면 소진에 이르게 되고 이는 업무수행에 심각한 타격을 주기도 하고 궁극에는 퇴사로 이어지기도 한다. 슈퍼바이저는 이러한 슈퍼바이지의 어려움을 함께 공유하고 원조하는 위치에 있다. 실천가들은 지지적 슈퍼비전에 대한 욕구가 높고, 이러한 지지가 슈퍼바이지의 정신적 스트레스와 직업에 대한 불만을 감소시킨다(황성철, 2004).

(1) 직무 스트레스와 소진

실천가들은 이해관계자들부터 다양한 요구를 받는 감정노동자로 직무 스트레스와 소진의 영역에서 위험한 직업군으로 분류되고 있다. 직무 강도가 높고 이에 대한 지원 정도가 낮으면 스트레스가 심해지고 무기력을 거쳐 심지어는 소진에까지 다다르게 되는 것이다.

직무 스트레스의 발생에는 4가지 주요 원인이 있다.

- 직업상 요구: 집단 간의 간섭이 크면 클수록 스트레스가 커진다. 또한 상황이 불명확할수록 스트레스는 커진다. 다양한 요구의 업무를 수행해야 하는 경우, 스트레스는 많아질 수밖에 없다. 과중한 업무량, 직업 불안 역시 직무 스트레스의 정도를 증가시키는 요인이 된다. 직무 스트레스는 역할 갈등과 모호성으로 인해 최고조에 이른다.
- 모호하고 불합리한 조직정책: 사안결정에 관한 확고하고 상세한 가이드라인이 존재하지 않으면 슈퍼바이지들은 스트레스를 받게 된다.
- 물리적 환경: 기온, 조명, 소음, 사무실 디자인 등의 문제는 피로감을 주고 짜증을 불러일으켜 직무 스트레스를 유발한다.
- 인간관계에서의 요구: 스트레스는 개인의 성격, 심리적인 여유와 거리, 직위, 능력 및 수입의 차이에서 발생할 수 있다. 이러한 조건들은 사람 간의 관계를 긴장관계로 만든다(Tsui, 2004). 슈퍼바이지가 클라이언트와의 관계에서 자신을 직업상 잘 분리하지 못하면 많은 스트레스를 받게 되고, 슈퍼바이저와 슈퍼바이지의 관계도 많은 긴장을 유발할 수 있다. 이 외에 지역사회에서 사회복지전문직이나 기관에 대해 부정적인 시각이나 비판이 있을 때, 그리고 슈퍼바이지 개인의 성격문제도 스트레스를 받을 수 있다.

소진은 감정적 탈진상태를 말한다. 더 이상 직무를 수행할 능력도 의지도 없음을 나타내는 경고로 본다. 소진은 일반적으로 다음의 4단계를 거치게 되는데, 이때 슈퍼바이저는 현재 슈퍼바이지가 어떤 상황에 처해 있는지를 잘 파악하여 개입해야 한다.

① 1단계 : 초창기의 열정

슈퍼바이지는 자신의 임무를 비현실적으로 추측하고는 업무량에 압도되기도 한다. 이 단계에서 슈퍼바이저는 슈퍼바이지의 과거 업무 이력을 검토할 필요가 있다. 슈퍼바이지의 장점, 약점 및 필요한 점을 규명하고, 스트레스의 잠재적 원인을 점검하고, 달성 가능한 단기 및 장기목표를 마련해 주는 것이다.

② 2단계 : 흥미의 상실과 침체

초창기의 열정은 사라지고 직업에 대한 흥미를 잃게 된다. 슈퍼바이저는 슈퍼바이지가 감정적으로 그리고 성공적으로 자신의 사생활과 직업을 분리하고 있는지 확인해야 한다. 작은 성공을 강조하여 슈퍼바이지의 자신감을 북돋아주고, 업무 측면을 세세하게 분석하여 업무에 대한 슈퍼바이지의 부정적이고 기계적인 반응이 없도록 해야 한다.

③ 3단계 : 자신에 대한 의구심, 좌절

침체된 감정이 내면화되어 슈퍼바이지가 자신의 능력을 의심하는 상황에 이른다. 이때, 슈퍼바이저는 슈퍼바이지가 내적 힘을 되찾는 데 도움을 주어야 한다. 슈퍼바이저는 1, 2단계에서 슈퍼바이지가 겪은 경험에 대해서도 대화하고, 스트레스의 원인이 무엇인가를 명확히 해야 한다. 치료사와 같은 자세로 임해서는 안 된다. 그렇게 되면 슈퍼바이지는 의존적이 되거나 예상치 못한 감정전이가 일어날 수도 있다. 이때 슈퍼바이저는 슈퍼바이지에 의해 이루어진 업무가 최소한의 규칙을 충족하고 있는지를 확인해야 한다. 슈퍼바이저가 취할 수 있는 가능한 행동은 업무 재배치, 일의 우선순위 변경, 갈등 당사자들 간에 직접 중재, 업무방법 또는 패턴의 변경, 슈퍼바이지 발전 기회의 적절한 부여 등이다.

④ 4단계 : 무관심 또는 회복

4단계의 특징은 앞 단계가 어떤 식으로 진행되었는가에 따라 다르다. 슈퍼바이지는 침체된 느낌을 경험하며 서서히 쇠약해진다. 이때 어떠한 개입도 없다면 슈퍼바이지는 위기에 처할 수도 있다. 일부 슈퍼바이지는 도움을 청하겠지만, 대부분은 업무에 대한 관심을 상실하게 되고 퇴사를 결정하게 된다. 따라서 이 단계에서는 직원지도프로그램(employee guidance program)을 포함하여 슈퍼바이지에게 줄 수 있는 도움이 무엇인지를 찾아야 한다. 또한 슈퍼바이저는 조직이 슈퍼바이지를 존중하고 있으며 적절하게 대우하고 있음을 확신시켜 줘야 한다.

(2) 직무 스트레스 예방과 관리

슈퍼바이지들이 다양한 요인들에 의해 스트레스 및 소진의 징후들을 보여주는데 이때 슈퍼바이저는 먼저, 정서적 지지를 제공하고 휴식을 주어야 한다. 그러나 스트레스가 짧은 휴식으로 해결되지 않는 경우도 있기 때문에 중요한 원칙은 슈퍼바이지에게 다양한 선택권을 주고 스스로 선택하도록 하는 것이다.

스트레스의 감소와 개선 및 예방을 위한 방법들은 다음과 같다.

① 슈퍼바이저가 업무를 효과적으로 수행할 수 있도록 직무와 클라이언트에 대한 적절한 정보를 제공하여야 한다.

② 슈퍼바이지를 지지하고 일시적으로 도피할 수 있도록 환경, 즉 휴가나 휴식과 재충전의 기회를 제공한다. 각종 연수, 워크숍, 학회 등의 참가를 통해 교육적 자극과 휴식의 기회를 모두 확보할 수 있다.

③ 융통성 있는 업무계획과 업무분담을 시행하고 담당업무량을 조정하며 최종적으로 업무를 순환하거나 교체하는 방법이 있다.

④ 어려운 결정에 대해 슈퍼바이저가 책임을 분담하고 갈등적 업무에 대한 문제해결적 원조를 제공한다.

⑤ 기관정책에 대한 명확한 개념을 형성하고 자신들의 고유 업무목표, 기관 내에서의 역할을 확인하도록 지지를 제공한다.

⑥ 슈퍼바이지의 훌륭한 업무수행을 칭찬하고 노력과 수고에 대한 기관의

감사를 전달한다.

⑦ 직접적 면담을 시행하여 현실과 일에 대한 인지적 재구성의 노력을 한다.

직무 스트레스는 어떤 조직이든 내부에 계속적으로 존재하는 것이다. 조직과 직원이 그러한 스트레스에 대해 얼마나 효과적으로 대처할 수 있는지에 따라 업무에 가해지는 스트레스의 영향력이 달라진다. 직무 스트레스를 관리하기 위해서 먼저 슈퍼바이지의 스트레스의 근본적인 원인을 진단할 필요가 있고 이때 '스트레스 매핑'이 유용할 것이다. 스트레스 매핑이란 직장에서 나 자신이 스트레스를 받고 있는 상황이라고 가정하고 〈표 2-2〉와 같은 서식을 활용해서 스트레스의 근본적인 원인과 해결방안을 논의하는 활동이다.

〈표 2-2〉 **스트레스 매핑**

스트레스 원인	높은 수준	중간 수준	낮은 수준	스트레스 없음	이것이 나와 동료들의 과업에 어떠한 영향을 끼치는가? 무엇을 할 수 있는가? 누가 할 수 있는가?
기관 외부 요인 (정부/미디어)					
기관 내부 요인 (시스템, 과정, 문화, 자원, 업무량)					
팀 내부 요인 (관계의 역동성, 병폐, 팀 업무량)					
실천활동 이슈(1) 과업의 특성 (복잡성, 업무량, 자원결핍, 업무관련 훈련의 부족)					
실천활동 이슈(2) 과업이 감정적 측면에 미치는 영향 (개인적 반응)					
개인적인 이슈 (과업에 영향을 미치는 개인적인 삶에서의 스트레스)					

출처: 김은혜 외(2014). 슈퍼바이저를 위한 사회복지 슈퍼비전의 적용, p.104.

(3) 지지적 슈퍼비전의 유형

일반적으로 슈퍼바이저와 슈퍼바이지들은 지지적 슈퍼비전을 칭찬하고 격려하는 행위 정도로 생각하는 경향이 있다. 그러나 4가지 종류의 지지를 활용한다면 지지적 슈퍼비전의 효과가 극대화되고 슈퍼바이지의 슈퍼비전 만족도 역시 높아질 것이다.

4가지는 정서적, 평가적, 도구적, 정보적 지지이다(Tsui, 2004).

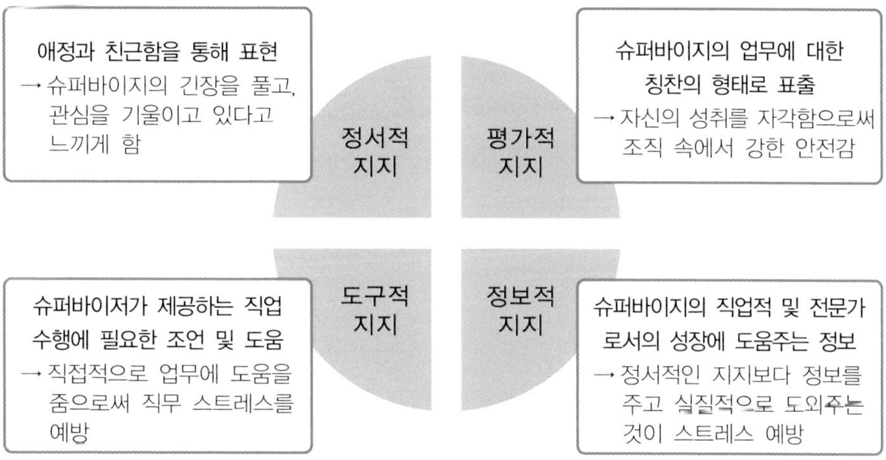

[그림 2-1] **지지의 4가지 유형**

① 정서적 지지: 애정과 친근함을 통해 표현될 수 있다. 이 지원방법은 슈퍼바이지의 긴장을 풀고, 누군가가 그들에게 관심을 기울이고 있음을 느끼게 한다.

② 평가적 지지: 슈퍼바이지의 업무에 대한 칭찬의 형태로 나타난다. 자신의 성취를 자각함으로써 조직 속에서 강한 안전감을 느끼게 한다.

③ 도구적 지지: 슈퍼바이저가 제공하는 직업 수행에 필요한 조언 및 도움을 말한다. 직접적으로 업무에 도움이 되는 지지를 통해 직무 스트레스를 예방할 수 있다.

④ 정보적 지지: 슈퍼바이저가 슈퍼바이지의 직업적 및 전문가로서의 성장에 도움을 주는 유용한 정보를 말한다. 슈퍼바이지가 필요로 하는 정보를 줄 때 정서적 지지보다 더 도움을 받게 된다.

4) 중재적 슈퍼비전

중재적 슈퍼비전은 비교적 최근에 등장한 기능으로 기존의 3대 기능 중 행정적 슈퍼비전의 영역에서 다루어졌던 조정과 중재, 협력과 연계활동 영역으로 대변된다. 그러나 그 범위가 더 광범위하고 최근 사회복지조직의 주요 직무와 관련되어 있어서 더 중요하게 다루어져야 할 영역이다. 이 책에서는 Wonnacott (2012)을 중심으로 설명하고자 한다.

(1) 중재적 슈퍼비전의 중요성

최근의 사회복지조직들은 다양한 사회문제를 다루게 되면서 다학제적인 접근을 필요로 하게 되고 이로 인해 직원의 전문영역 역시 다양해졌다. 또한 사회복지조직들은 관련 조직들과의 연계활동이나 연합사업 또는 역할 조정 등 지역의 네트워크를 적극적으로 활용하게 되었고 이는 곧 직원들의 직무변화를 가져왔으며 슈퍼비전의 기능에도 영향을 미치게 되었다. 앞서 살펴본 슈퍼비전의 3대 기능, 즉 행정적 기능, 교육적 기능, 지지적 기능은 전통적으로 슈퍼비전의 주요 기능으로 자리 잡고 있다. 슈퍼바이저는 상급관리자와 슈퍼바이지를 중재하거나 다른 팀들과의 갈등을 조정하는 등 행정적 슈퍼비전의 기능을 적용하고 있지만 중재적 역할이 확산되어 슈퍼비전에서 점차 비중이 증가하는 현 시점에서 행정적 슈퍼비전만으로 이를 대체하기보다는 별도의 기능을 두는 것이 바람직한 상황으로 본다.

슈퍼비전의 중재적 기능은 슈퍼바이지가 타 분야 전문가 및 조직과 융합하는 것을 목표로 팀의 역할과 책임성을 명확화하며 자원의 결핍이나 영향에 대해 관리하는 것이다. 슈퍼바이저는 직원 간, 팀 내 또는 다른 부서나 기관 외부와의 관계를 중재하며 타 기관과 일하는 데 있어 직원을 대변하거나 동행하는 역할을 수행한다. 조직의 발전과 관련 조직 정보에 대해 직원들에게 충분히 설명하고 정책 형성 과정을 명확히 전달해 주고 의사결정에 직원이 참여할 수 있도록 하며 조직에 대한 불만들에 대해서도 원조하고 지도해야 한다.

(2) 중재적 슈퍼비전의 과업

중재적 슈퍼비전의 과업을 좀 더 구체적으로 보면, 업무조정 및 갈등관리, 의사소통의 통로, 옹호 및 행정적 완충, 변화 매개 및 지역사회 연계 등을 수행한다.

① 업무의 조정 및 갈등관리

기관의 전반적 목표들이 효과적으로 실행되기 위해서는 기관 내의 서로 다른 부서 간, 같은 부서 내의 슈퍼바이지 간, 타 기관 부서와 기관 내 부서 간 등의 사이에서 조정과 통합이 있어야 한다. 슈퍼바이저는 이러한 조정을 통해 인적, 재정적, 물리적, 정보자원 등을 유용하게 사용할 수 있도록 해야 한다. 또한 나아가 슈퍼바이저는 조정의 일환으로 부서 간, 슈퍼바이지 간의 갈등을 해결할 책임을 가진다.

② 의사소통 통로

슈퍼바이저는 중간관리자로 상사와 부하직원의 사이에 위치하고 있다. 따라서 상사와 부하직원 양쪽으로부터 정보를 수집하게 되고 이를 분석하여 다시 보급하는 중간자로서 행정가의 지위를 가지고 조정기능을 수행하면서 의사소통의 통로가 된다. 이때 의사소통은 공식적으로 이루어져야 한다. 특히, 사회복지조직의 대부분이 업무 표준화가 어렵기 때문에 많은 상황에서 의사소통에 의존하게 되므로 이러한 통로로 업무의 본질과 업무수행의 조건들이 명확히 설명되고 이해될 필요가 있다. 슈퍼바이저는 위계적 계층에서의 의사소통의 통로가 됨과 동시에 조직 내 부서 간, 또는 기관 간의 수평적 의사소통 통로의 역할도 담당해야 한다. 간혹 슈퍼바이지들이 직접 알기 어려운 정보를 전달할 때는 진실성을 가지고 사실을 전달하며 그 내용이 왜곡되지 않도록 각별히 신경 써야 한다. 한편, 슈퍼바이지의 건의 등 의견을 상급관리자에게 대신 전달하는 매개역할도 수행하고, 상급관리자와 슈퍼바이지의 의견차이나 충돌상황에서의 중재역할도 수행해야 한다.

③ 옹호 및 행정적 완충

슈퍼바이저는 슈퍼바이지를 적극적으로 옹호하는 태도를 가져야 한다. 행정적 매개자로서 슈퍼바이지의 관심사와 견해를 적극적으로 대표할 수 있어야 한다. 또한 슈퍼바이저는 조직과 클라이언트와의 관계에 있어서 완충자로서의 서비스를 제공한다. 즉, 슈퍼바이지의 부족한 서비스나 부정적인 결정에 대하여 클라이언트를 보호하기도 하고, 반대로 클라이언트의 무리한 요구로부터 슈퍼바이지를 보호하기도 한다. 예를 들어 슈퍼바이지에게 불만을 가진 클라이언트가 조직에서 더 높은 사람과 대화를 원할 때나 슈퍼바이지를 위협하거나 무시할 때 슈퍼바이저는 완충자 또는 옹호자 역할을 수행하게 된다. 이외에도 조직과 슈퍼바이지 사이의 완충자로서도 기능한다. 기관의 불합리한 요구와 환경으로부터 슈퍼바이지를 보호하고 슈퍼바이지의 일탈행동으로부터 기관을 보존하기 위해 노력한다.

④ 변화매개 및 지역사회 연계

슈퍼바이저는 일탈적 행동에 맞서 기관을 보호하면서도 필요한 혁신을 요구하는 제안에 개방적이어야 한다. 슈퍼바이저는 기관 정책과 절차의 제안된 변화들을 공식화하는 데에 자신이 가지고 있는 지식을 사용해야 할 책임이 있다. 또한 슈퍼바이저는 효과적인 서비스를 실행하는 데 도움을 주는 지역사회서비스 연계방안에 대해서도 항상 고려해야 한다.

2. 슈퍼비전 과정 및 단계 개요

슈퍼비전은 준비, 시작, 실행, 평가 및 종결과정으로 이루어지는 단계에 따라 필수 과업 및 활동들을 기억하면서 슈퍼비전을 진행하여야 한다. 먼저, 대표적인 슈퍼비전 과정 및 단계 모델을 간단히 살펴본다.

1) 슈퍼비전 과정 및 단계에 관한 모델

(1) 슈퍼비전 과정모델

Shulman(1993)은 슈퍼바이저와 슈퍼바이지의 관계에 대한 기초를 세우고 친밀감을 형성하는 준비단계, 슈퍼비전 계약이나 동의가 이루어지고 상호신뢰를 쌓아나가는 시작단계, 실질적인 슈퍼비전이 실행되는 작업단계, 슈퍼비전 과정을 요약하고 성취한 바를 나누며 슈퍼바이지의 장단점을 정리하는 종결단계의 4단계로 제시하였다.

〈표 2-3〉 **슈퍼비전 과정모델의 단계별 내용**

딘계	내 용
준비단계	준비단계는 슈퍼바이저와 슈퍼바이지의 관계에 대한 기초를 세우는 단계로 슈퍼바이저는 슈퍼바이지의 가치, 문화, 경험, 습관, 심지어 취미와 같은 배경에 친숙해야 할 필요가 있음
시작단계	시작단계에서 가장 중요한 이슈는 슈퍼바이저와 슈퍼바이지 간에 동의를 얻고, 상호신뢰를 쌓는 것임. 이는 슈퍼비전에 대한 계약이나 구두 동의에 의해 이루어질 수 있음
작업단계	작업단계에서 구체적인 슈퍼비전을 위해서는 집중적으로 다루어야 할 의제가 필요함. 업무에 대한 느낌을 나누고, 행정적 보고를 하며 실천 관련 가치, 지식, 기술 등의 문제에 대해 집중토론함
종결단계	종결단계에서 슈퍼바이저는 전체 슈퍼비전 과정의 다양한 단계에 대한 요약을 하고, 슈퍼바이지가 무엇을 배웠고, 어떻게 성장해 왔는가, 그리고 강약점은 무엇인지를 설명함

(2) 과제중심 슈퍼비전모델

Caspi와 Reid(2002)는 과제중심 슈퍼비전모델을 제시하면서 슈퍼비전 단계를 시작, 중간, 종결의 3단계로 제시하였다. 과제중심 슈퍼비전모델의 각 단계 주요 과업은 다음의 〈표 2-4〉와 같다.

〈표 2-4〉 **과제중심 슈퍼비전모델 단계 및 주요 과업**

단계	주요 과업
시작단계	• 사회적 단계 • 표적 목적의 설정 • 표적 목적을 달성하기 위한 과제의 개발 • 과제 수행상 나타날 수 있는 장애물에 대한 논의 • 슈퍼바이저와 슈퍼바이지의 계약
중간단계	• 사회적 단계 • 과제 검토 • 표적 목적 설정 • 과제의 개발 • 장애물에 대한 논의 • 회합 동안 실행하는 과제 • 슈퍼바이저와 슈퍼바이지의 계약
종결단계	• 사회적 단계 • 종결 준비 • 과제 검토 • 표적 목적 설정 • 과제의 개발 • 장애물에 대한 논의 • 종결

시작단계는 직무배치 기본 자료를 토대로 슈퍼바이지를 사정한 후, 슈퍼비전을 시작하는 단계이다. 중간단계는 지속적인 정서적 지지와 과제의 성공적인 수행 여부에 대한 평가, 그리고 사례에 대한 검토를 실시하는 것이 특징이다. 과제 수행의 장애물이 나타나고 이러한 장애물을 다루는 방법들을 결정하게 된다. 과제는 표적 목적을 달성하기 위해서 지속적으로 개발하게 된다. 종결단계는 이직이나 인사배치 전환으로 인한 종결 시기의 슈퍼비전 실행에

관한 내용이다. 이 단계는 지속적인 정서적 지지, 과제의 성공적인 수행 여부에 대한 평가, 그리고 사례 및 직무에 대한 검토를 실시하는 것이 특징이다. 슈퍼바이저는 슈퍼비전 관계의 종결에 대한 자신의 감정을 탐색하고 자신이 어떻게 종결을 다룰 것인가를 탐색해야 한다. 이시연(2001)은 과제중심 슈퍼비전모델을 개입연구를 통해 우리나라 실습지도 슈퍼비전에 적용한 연구결과를 발표한 바 있다.

2) 슈퍼비전의 단계별 주요 과업

이 책에서는 위에서 살펴본 2가지 모델은 물론 여러 선행연구들의 슈퍼비전 단계 및 과업들을 종합하여 준비단계, 시작단계, 실행단계, 그리고 평가단계의 4단계로 구성하고 주요 과업들을 정리하였다.

이 책에서는 다음과 같은 슈퍼비전의 단계별 주요 과업들을 고려하면서 실행 측면의 가이드 내용을 제시하였다.

〈표 2-5〉 **슈피비진 단계빌 수요 과입**

단계	주요 과업
준비단계	• 조직 차원의 준비 ① 슈퍼비전 규정 및 지침 마련 ② 슈퍼비전 교육의 체계화 공식화 ③ 연간 슈퍼비전 계획수립 • 슈퍼바이저와 슈퍼바이지의 준비 ① 슈퍼비전 필수교육 이수 ② 슈퍼비전 지침의 명확한 이해 ③ 슈퍼비전 관계성을 위한 준비
시작단계	• 물리적 환경 조성 • 라포 형성/긴장 해소 노력 • 슈퍼비전 관계성에서의 이슈 확인 및 다루기 • 교육적 사정과 욕구수렴, 결과 논의 • 슈퍼비전 구조화 • 슈퍼비전 계획 수립: 슈퍼비전 계획서 작성 및 논의, 보완 과정, 집단슈퍼비전 계획서 작성 • 슈퍼비전을 위한 동의와 계약

실행단계	• 슈퍼비전 주제 선정 • 주요 업무 점검 및 슈퍼비전 계획서에 따른 월별 슈퍼비전 내용 진행 • 슈퍼비전 과제 확인 및 논의 • 슈퍼비전 계획서에 따른 회기별 진행 • 슈퍼비전 기능별 실행 • 슈퍼비전 유형별 실행 • 발달단계에 따른 슈퍼비전 및 고려사항 • 슈퍼비전 기록 • 슈퍼비전 진행에 대한 모니터링/중간평가
평가단계	• 슈퍼비전 평가를 위한 준비 ① 슈퍼바이저의 준비 ② 슈퍼바이지의 준비 • 슈퍼바이지의 평가 ① 슈퍼비전 목표달성도 평가 및 개선방안 모색 ② 슈퍼비전 만족도 평가 • 슈퍼바이저의 평가 ① 슈퍼비전 목표달성도 평가 및 개선방안 모색 ② 슈퍼바이저로서 슈퍼비전 만족도 평가 및 성찰 • 슈퍼비전 체계 및 실행 평가 • 조직 차원의 슈퍼비전 성과평가 및 추후 방향성 논의

Ⅱ.
슈퍼비전 단계별 실행 가이드

PART 01

슈퍼비전 준비단계

CHAPTER 03

준비단계의 과업

생각해보기

- 조직 차원에서 슈퍼비전을 준비하고자 할 때 고려사항은 무엇일까요?
- 슈퍼바이저로서 슈퍼비전을 위한 어떤 준비가 필요할까요?
- 슈퍼비전을 준비할 때의 핵심 과업들에는 무엇이 있을까요?

일단 슈퍼비전을 시작하려고 하면, 막연하다고 생각할 수 있다. 슈퍼비전의 경험이 없는 조직이나 개인일 경우라면 더욱 그럴 것이다. 슈퍼비전은 기관의 방침만 정했다고 해서 즉시 시행할 수 있는 것은 아니다. 실행 전에 반드시 준비되어야 할 것이 있다. 보통의 실천현장에서 슈퍼비전에 대한 준비는 슈퍼바이저의 몫으로 돌아가는 경우가 많은데, 실제로 슈퍼비전을 효과적으로 실행하기 위해서는 조직 차원의 준비가 절실하다. 준비단계는 슈퍼비전 실행의 두려움이나 저항감 등을 가진 조직 혹은 개인에게 구체적인 방향 제시에 필요한 지침의 제정부터, 슈퍼바이저와 슈퍼바이지 관계의 준비 등을 다루게 된다. 슈퍼비전 체계구축을 위한 조직 차원의 준비과정은 슈퍼비전의 실행주체인 직원들의 슈퍼비전에 대한 이해를 돕고, 슈퍼비전의 필요성을 인식하고, 동기화하도록 돕는다. 준비단계를 거치는 동안 '슈퍼비전은 아마도 우리 조직에, 혹은 개인에게 긍정적 영향을 미칠 것이다.'라는 공감대가 형성될 수 있다면, 슈퍼비전을 기대하는 마음으로 시작할 수 있을 것이다.

1. 조직 차원의 슈퍼비전 준비

1) 슈퍼비전의 조직 요인 확인

슈퍼비전 실행을 위한 조직적 고려 요소는 크게 기관 목적 및 사명과의 일치성, 책무성 이행, 다양한 이해관계자 요구 수렴, 서비스 질과 성과평가 수행의 4가지 요소로 정리된다고 할 수 있다.

(1) 기관 목적, 사명과의 일치성

기관의 목적은 기관의 사명에 일치하는 성과와 방향으로 조직의 모든 정책과 사업 그리고 직원의 업무수행상의 기본 토대가 된다. 대부분의 직원은 조직 내에서 피고용자로 일한다. 따라서 그들의 업무는 기관의 목적을 달성하는 것이다. 슈퍼비전은 기관의 목적과의 일치성 영역에서 이루어진다.

(2) 책무성 이행

일반적으로 사회복지조직은 정부와 같은 자금원을 통해 지원을 받는 경우가 많고 자금을 받은 기관은 다양한 방침과 절차가 요구하는 대로 일을 완수해야 한다. 책무성이란 프로그램 혹은 조직이 주어진 자원을 가지고 어떤 구체적인 목적을 얼마나 효과적으로 또는 효율적으로 달성했는가 하는 것을 객관적으로 증명하는 것이다. 이러한 조직 내에서 책무성을 추구하는 과정은 슈퍼비전의 전반적인 철학이자 가치가 된다.

(3) 이해관계자의 요구 수렴

슈퍼비전 과정에는 슈퍼바이저와 슈퍼바이지만 포함되는 것이 아니다. 직무수행과 관련된 관계자들, 즉 클라이언트, 슈퍼바이저, 슈퍼바이지, 기관과 다른 직원들이라는 여러 이해당사자들이 참여하는 것이다. 슈퍼비전의 과정에서 이러한 이해관계자들의 요구를 모두 분석할 수 있어야 한다.

(4) 서비스의 질과 직무성과 달성 및 평가

슈퍼비전의 기본 과정은 서비스 방향에 맞게 제공된 서비스의 질과 과업이 잘 완성되었는지를 확인하는 것이다. 슈퍼비전은 명백하게 서비스의 질과 결과를 확신하는 방법이다. 또한 외부적 자원에 의존하는 사회복지조직은 책무성 이행의 의무를 수행해야 하고 이를 위해서는 성과평가의 도입과 실행이 필요하게 되었다. 조직구성원의 책무성 평가는 직접 서비스를 담당하고 있는 슈퍼바이지들의 직무성과 평가를 통해 이루어질 수 있다.

슈퍼비전 정책 수립을 계획하고 있는 조직은 구체적인 정책안을 서둘러 마련하기보다 장기적이며 큰 틀에서 슈퍼비전 방향을 모색해야 한다. '슈퍼비전은 조직 책무성 기반에서 어떤 목적으로 수행되어야 하며 이해관계자들의 욕구를 수렴할 계획을 가지고 있는가?', '슈퍼비전의 기본 과정 안에는 서비스 질의 향상과 직무성과 달성 및 평가를 체계적으로 확인할 방안을 준비하고 있는가?'에 대한 답을 할 수 있어야 할 것이다.

2) 슈퍼비전 체계 구축과 실행을 위한 조직 사정

슈퍼비전 체계 구축을 위한 조직 사정을 어떠한 틀로 분석할 것인지를 고려해야 한다. 이 책에서는 조직과 직원의 슈퍼비전 준비에 초점을 두고 크게 과업추진팀 구성 및 학습단계, 조직요인 분석단계, 현황조사단계, 분석 및 슈퍼비전 방향성 논의단계의 4단계로 정리[1]하였다.

(1) 과업추진팀 구성 및 학습단계

슈퍼비전 체계 구축을 위한 과업추진팀을 구성하고 팀 구성원의 슈퍼비전 학습을 강화하는 단계이다. 슈퍼비전의 체계 구축을 기획하고 완성한 과업추진팀은 조직의 상황에 따라서 적절하게 위원을 구성하고 구성위원들은 슈퍼비전의 이론적 토대와 전문직에서의 슈퍼비전 의미와 동향 등에 대해 충분히 학습한다. 기본적으로 슈퍼비전의 구성요소, 윤리강령에서의 슈퍼비전 내용, 슈퍼비전 표준(standards)과 모델, 관련 분야 전반과 특히 동종 분야의 슈퍼비

1) 안정선(2018)의 슈퍼비전 체계 구축을 위한 조직 사정, 한국사회복지슈퍼비전학회 추계학술대회 발표 자료를 요약 정리함.

전 논의와 연구 동향들, 사회복지교육계와 지자체의 관련 정책 변화 등에 대해서 탐색하고 조직 특성에 따라 정리할 필요가 있다. 슈퍼비전을 성공적으로 수행하고 있는 타 기관의 우수사례 분석은 물론 직접 방문하여 노하우를 학습하는 것도 팀 위원들의 활동 동기를 촉진할 수 있는 방법이다.

(2) 조직요인 분석단계

슈퍼비전의 다양한 연구물 중에서 조직적 요소와 조직 성공요인에 대한 학습이 강화되어야 한다. 실질적으로 조직에서 슈퍼비전이 성공적으로 운영되기 위해서는 어떠한 요소와 절차를 기본으로 구축되어야 하는지와 조직적 사정을 위한 종합 분석틀을 확인할 수 있어야 한다.

(3) 조직의 슈퍼비전 현황조사단계

학습 및 정리결과를 토대로 슈퍼비전 종합 구성요소에 따른 현황조사를 실시한다. 직종별, 직급별 그룹 인터뷰나 토론을 실시하거나 구체적인 설문 문항으로 양적 설문조사와 개방형 설문 등을 함께 병행하는 것이 적절하다. 다각적 조사를 통해 조직원들의 슈퍼비전에 관한 인식 수준과 역량, 체계 구축 상황 등을 확인한다. 조사 사제의 과정이 어렵다고 느껴지는 경우에는 외부 전문가나 자문가를 활용하여 조사를 시행하는 것도 방법이 될 수 있다.

(4) 분석 및 슈퍼비전 방향성 논의단계

현황조사 결과가 '조사만을 위한 조사'로 머물지 않도록 충분한 분석과 논의가 이루어져야 한다. 우리 조직의 슈퍼비전 역량을 확인하고 개선안이 마련되어야 한다. 우리 조직과 각 조직구성원들이 무엇을 해야 하는지와 어떤 과정과 단계에 따라 체계를 구축할지에 관한 방향성이 논의되어야 한다. 분석 및 논의단계 이후에 그 결과물을 통해 규정과 지침 마련, 서식 준비, 교육체계 마련 등 슈퍼비전의 제도화가 진행된다.

3) 지침 마련과 실행 등 실질적인 슈퍼비전 제도화

슈퍼비전을 위한 조직 사정을 마쳤다면 다음 단계는 슈퍼비전 기본 체계를 마련하고 피드백을 받는 정책화 과정이다. 슈퍼비전과 관련한 조직적 차원의 검토사항에서 가장 우선적인 것이 바로 슈퍼비전 정책 수립인데, 안정선(2007)은 명문화된 슈퍼비전 규정 수립, 슈퍼비전 기록과 점검, 슈퍼비전 평가체계 구축과 실행, 슈퍼비전 교육체계 구축 및 실행, 슈퍼비전 지침개발 및 활용, 슈퍼비전 공식 업무 배정 및 평가 등이 필요함을 분석한 바 있다. 사실상 무수히 많은 슈퍼비전 체계 구축단계의 과업들이 있고 조직적 차원에서 슈퍼비전에 영향을 미치며 시너지 효과를 창출할 수 있는 인적자원개발 정책들이 존재한다. 그러나 이 책에서는 슈퍼비전 체계에 주로 초점을 두고 실질적 슈퍼비전 제도화를 이루는 4가지 기본 과업을 제시하고자 한다. 준비단계에서 기본적으로 필요한 조직 차원의 준비 과업은 슈퍼비전 규정 및 지침 마련, 슈퍼비전 교육의 체계화 및 공식화, 슈퍼비전 담당부서 선정 및 연간 슈퍼비전 계획 수립, 물리적 환경의 조성이다.

(1) 슈퍼비전 규정 및 지침 마련

슈퍼비전을 체계화하고 공식화하기 위해 기관의 구성원들이 합의한 규정과 지침을 마련하는 것이 필요하다. 슈퍼비전 지침의 내용 안에는 목적, 정의, 대상, 슈퍼바이저의 자격, 유형 및 방법, 단계별 과정 등의 내용을 포함한다. 지침을 마련하는 과정은 기존에 실시하고 있는 기관의 것을 참조하여 구성원과의 논의과정을 통하여 기관의 상황에 맞게 제정하면 된다. 특정 부서나 관리자에 의한 일방적인 지침의 제정보다는 부서별, 팀별 논의 혹은 슈퍼바이저와 슈퍼바이지를 구별하여 논의하는 방법 등을 활용하는 것이 적절하다. 지침 마련의 논의과정을 통해 슈퍼비전에 대한 두려움이나 저항감 등을 다루되, 슈퍼비전의 유익에 대해 초점을 맞추어 논의를 병행하는 것이 좋다.

그러나 이러한 논의과정도 사전에 직원들의 슈퍼비전에 대한 이해나 필요성에 대한 인식, 책임자의 의지가 있을 경우에 효과적이다. 실제로 지침은 마련해 두었지만, 슈퍼비전을 전혀 실행하지 못하는 기관들도 많다. 가동되는 지침이 되려면 합의과정을 거친 지침의 제정이 필요하다. 슈퍼비전은 일회성 자문이나 컨설팅과는 다르며, 정기적이며 일관적인 아젠다를 토대로 진행되기 때문에, 슈퍼비전을 구조화할 수 있도록 합의된 지침의 제정이 필요한 것이다.

(2) 슈퍼비전 교육의 체계화 및 공식화

슈퍼비전 실행주체인 직원들의 슈퍼비전에 대한 이해를 돕기 위해서, 그리고 슈퍼비전에 대한 필요성에 대해 함께 인식하고 동기부여하기 위해서도 교육은 필수적이다. 기관의 연간 교육계획 안에 필수교육으로 체계화시키고, 보수교육, 단계별 심화교육, 대상별 교육, 소그룹 스터디 등 추가적으로 필요한 교육을 매년 개설하여 공식화하는 것이 필요하다. 내부적으로 계획한 교육 외에도 외부교육 중에서 신뢰할 만한 교육을 기관에서 지정하여 활용하는 것도 좋은 방법이다. 슈퍼바이저의 역량 체크리스트나 성공요인, 슈퍼바이저 교육내용 개발 능의 연구 결과(안정선, 2007; 최원희, 2009; 최원희, 2013; 최원희 외, 2023) 등을 토대로 슈퍼바이저의 역량 보유 수준과 필요역량을 확인한 후, 슈퍼바이저들이 스스로 학습할 영역과 기관 내부교육 및 외부연수 등으로 분류하여 교육을 시행하는 것이 적절하다.

특히 슈퍼바이저 교육의 강화가 필요한데, 슈퍼바이저로서의 여정이 그저 고단하고 답답하고 어쩔 수 없이 감내해야 하는 과정이 아니라 현장과 후배 양성을 위해 기꺼이 해내는 성장하는 과정이 될 수 있도록 조직 차원의 효과적인 준비가 필요하다. 우선적으로는 슈퍼바이저 역량 모형에 따라 슈퍼바이저의 자신감과 역할 안정성을 강화하기 위한 훈련과 교육프로그램을 제공하는 것도 중요하겠다. 더불어 슈퍼바이저로서의 혼란과 불안을 살펴보고 적절한 대처기술을 개발할 수 있도록 지원하는 슈퍼비전과 숙련된 슈퍼바이저가 신규 슈퍼바이저의 멘토로 연결되어 피드백을 제공하는 구조가 마련되어야 한다. 새로운 슈퍼바이저가 되기 위한 축복된 여정의 출발을 위해서 슈퍼비전에 대한 슈퍼비전이나 멘토링이 가장 적절한 방법이라고 보고되고 있기도 하다. 또한 슈퍼비전이 협력적 파트너십을 기반으로 진행되는 것임을 감안하여 슈퍼바이지들의 슈퍼비전 인식화를 촉진할 수 있는 오리엔테이션 차원의 교육을 필수적으로 실시하는 것이 적절하다.

슈퍼비전 교육과정에 대한 예시는 다음의 〈표 3-1〉과 같다.

〈표 3-1〉 **슈퍼비전 직무교육과정 예시(내부)**

<table>
<tr><th>구분</th><th>교육내용</th><th>적정시기</th><th>필요성</th></tr>
<tr><td rowspan="5">기본
교육</td><td>사회복지 슈퍼비전 개요
(필요성, 개념, 역사, 슈퍼비전 윤리, 구성요소, 성공요인 등)
슈퍼비전 권리와 의무/자기개발계획</td><td>- 체계구축 단계
- 신입직원 교육 시
- 연 1회 보수교육
- 슈퍼바이지 교육</td><td rowspan="5">- 슈퍼비전 이해증진
- 슈퍼비전 필요성
- 인식, 동기화
- 슈퍼비전 기본 역량 강화</td></tr>
<tr><td>슈퍼비전 관계</td><td rowspan="4">- 체계구축 단계
- 연 1회 보수교육</td></tr>
<tr><td>슈퍼비전 가치와 윤리</td></tr>
<tr><td>슈퍼비전 역량(슈퍼바이저/슈퍼바이지)과 역할(기능)</td></tr>
<tr><td>슈퍼비전 과정과 방법</td></tr>
<tr><td rowspan="6">심화
교육</td><td>사회복지 슈퍼비전의 개요와 모델 활용</td><td rowspan="6">- 슈퍼바이저 대상
연 1회 보수교육
- 직급별, 직종별 교육
연 1회 택일</td><td rowspan="3">- 슈퍼비전 효과점검
- 모델 활용
- 슈퍼바이저 역량강화</td></tr>
<tr><td>슈퍼비전 기법 개발/공유</td></tr>
<tr><td>슈퍼비전과 조직체계</td></tr>
<tr><td>슈퍼비전 이슈와 딜레마</td><td rowspan="3">- 욕구에 따른 지속적 교육
- 만족도 증진</td></tr>
<tr><td>슈퍼비전 적용 사례 분석</td></tr>
<tr><td>슈퍼비전 연구 분석, 동향</td></tr>
</table>

지속적인 교육이 제공되지 않으면, 슈퍼비전의 효과 및 만족도가 떨어지고 결국 직원들 사이에서 다른 업무도 많은데 슈퍼비전을 꼭 해야 할까 하는 의문을 갖다가 결국 중도에 포기하게 될 수 있다. 시행과정에서 오는 어려움을 나누고, 슈퍼비전 전문역량을 갖추기 위해서 지속적인 교육을 제공하여야 한다.

(3) 담당부서(직원)의 선정 및 기관의 연간 슈퍼비전 계획 수립

기관의 연간 슈퍼비전 계획 수립을 위해 업무총괄 담당직원을 배치하는 것은 슈퍼비전 실행을 효과적으로 할 수 있는 좋은 방법이다. 슈퍼비전을 각각의 슈퍼바이저에게 자율적으로 시행하도록 하는 것은 '시행하지 않아도 좋다'라는 이중적인 메시지처럼 들릴 수 있다. 물론, 자율적인 시행 후에 사업평가나 개인평가 시스템에 의해 슈퍼비전에 대한 모니터링이 가능하긴 하나, 슈퍼비전 체계가 원활히 작동되도록 총괄 담당직원을 배치하여 지원하는 것이 매우 효과적이다. 제한된 인력 내에서 담당업무를 맡을 직원을 배치하는 일이 현장에서 쉽지는 않겠지만, 담당직원의 배치는 슈퍼비전의 실행에서 생각보다 큰 효과를 가져온다. 일반적으로 사회복지조직의 경우에는 기획, 행정 및 지원 역할을 담당하는 총무나 기획팀에서 맡아서 진행하는 경우가 일반적이며, 각 시설의 환경에 따라 담당자를 지정하여 실시하는 것을 권한다. 슈퍼비전 담당자는 연간 기관 슈퍼비전 계획을 수립하여 책임자의 결재를 득한 후, 전 직원에게 협조전 등을 통해 공지하며, 개별슈퍼비전 계획서를 작성하도록 안내한다.

(4) 물리적 환경의 조성

슈퍼비전을 공식화시키기 위해서는 슈퍼비전을 위한 안정감 있고 집중할 수 있는 물리적 환경을 조성하는 것이 중요하다. 일대일 개별슈퍼비전의 경우, 특히 슈퍼바이지가 존중받고 있다고 느끼며 비밀보장을 할 수 있는 공간을 준비한다. 업무수행과 구별되지 않는 자리에서 다른 사람들에게 노출되는 상태로 하는 것은 슈퍼비전의 실행을 어렵게 한다. 분리된 별도의 장소에서 비밀보장을 받고 있음을 느끼며, 집중하여 나눌 수 있는 별도의 공간을 마련할 필요가 있다. 기관 차원에서 공식적인 슈퍼비전 장소를 지정하는 것이 적절하다. 물론 각 회기별로 목적에 따라 장소를 변경하여 실시할 수 있으나, 초기에는 기관 내 정해진 장소를 활용하여 구조화할 것을 권한다. 기관 내에

회의실 혹은 일정한 장소를 슈퍼비전 장소로 지정하여 우선순위를 두어 사용하도록 배려하는 것이 좋다. 특히 슈퍼비전실을 지정했다면 명패를 부착하여 전체 구성원이 슈퍼비전을 공식적으로 진행하는 장소임을 명확히 하는 것이 적절하다. 장소를 지정하고 명패를 부착하는 것 또한 조직의 정책을 시행해 나가는 중요한 과업 중 하나이다. 조직원들이 해당 장소의 명패를 볼 때마다 슈퍼비전을 생각하도록 하는 동인이 되며 외부인들에게도 사회복지조직의 슈퍼비전이라는 제도가 인적자원개발의 고유한 특성임을 설명할 수 있는 공간이 되기도 한다. 정기적인 슈퍼비전을 위한 공간이 있는 것이 가장 이상적인 것은 분명하고 집단활동 공간이나 외부에서의 만남, 온라인 공간 등 상황과 목적에 따라 장소를 다르게 선정할 수 있다.

2. 슈퍼바이저와 슈퍼바이지의 준비

1) 슈퍼바이저와 슈퍼바이지 공통 준비과업 확인

슈퍼비전 실행을 위해 슈퍼바이저와 슈퍼바이지 모두에게 요구되는 공통 준비과업은 슈퍼비전 필수교육 이수, 기관 슈퍼비전 지침의 명확한 이해, 슈퍼비전 욕구와 내용의 탐색, 효과적인 슈퍼비전 관계성 수립을 위한 준비이다.

(1) 슈퍼비전 필수교육 이수

슈퍼바이저와 슈퍼바이지는 슈퍼비전을 시작하기 전에 슈퍼비전 필수교육 과정을 이수하도록 계획하는 것이 좋다. 내부적으로 계획된 경우는 그 체계를 따르면 되지만, 내부 교육체계로 부족하다면, 외부의 교육과정을 통해서라도 기본 교육 정도는 이수한 후 시작할 수 있도록 준비한다.

앞에서 언급한 것처럼 기본 교육에 속한 사회복지 슈퍼비전의 개요, 슈퍼비전 관계, 슈퍼비전 가치와 윤리, 슈퍼바이저와 슈퍼바이지의 역량 등의 교육내용은 이수를 권한다. 슈퍼비전의 경험이 전혀 없을 경우, 슈퍼비전을 업무지도, 실습슈퍼비전 등과 구별하기 어려울 수 있다. 기본 교육내용 중에서도 특히, 전문적 관계에서의 슈퍼비전에 대한 개요 등은 필수적으로 이수하도록 한다.

(2) 슈퍼비전 지침의 명확한 이해

합의하여 세성한 기관의 슈퍼비전 지침에 대해 명확하게 이해하고, 특히 슈퍼비전 실행 시 사용되는 양식의 활용방법, 작성요령 등을 슈퍼바이저와 슈퍼바이지 모두 동일하게 이해하고 있어야 한다. 슈퍼바이저와 슈퍼바이지가 함께 지침에 대해 한 번 더 확인하고, 숙지하는 과정을 거치는 것이 좋다. 슈퍼바이지로서 처음 역할을 부여받았을 때, 지침과 관련한 교육을 별도로 실시하여 명확하게 이해하도록 돕는 것이 필요하다.

(3) 슈퍼비전 욕구 확인 및 내용 탐색

슈퍼바이지는 본인이 슈퍼비전을 통해 얻고자 기대하는 바를 명확히 파악히여 슈퍼비전 욕구로 성리해 낼 수 있어야 한다. 시작하기에서 도구들을 통한 욕구수렴의 방법에 대해서 제시하겠지만, 준비하기 단계에서는 사회복지조직의 실천가로서 본인 자신을 성찰하여 자신의 욕구에 대해 기록해 보는 것이 좋다. 슈퍼비전을 처음 경험한 사람과 수년간 슈퍼비전을 받아온 경험이 있는 사람은 슈퍼바이지로서의 욕구도 큰 차이가 있을 수 있다. 본인의 발달단계에 맞추어 지금 현재의 욕구에 대해 집중하여 파악하려는 노력을 한다.

슈퍼바이저는 시간이나 빈도, 기법 등의 기본 실행틀을 갖추는 것도 중요하지만, 무엇보다 슈퍼비전 시에 다루어야 할 내용을 개발해야 할 필요성이 있다. 특히, 사회복지실천 영역에서 슈퍼바이지들에게 어떠한 내용으로 슈퍼비전을 주어야 할 것인지를 고민해 보고, 슈퍼비전 내용을 구성하는 것이 요구되고 있는 상황이다. 슈퍼바이저 개인이 슈퍼바이지와 함께 나눌 내용들에 대해 미리 고민해 보는 과정이 필요하다. 슈퍼바이지도 수동적으로 슈퍼비전에 참여하는 것이 아니기에 스스로 본인의 슈퍼비전 욕구와 슈퍼비전 받고 싶은 내용을 탐색하여야 한다.

다음은 일반적으로 다루는 슈퍼비전의 주요 내용이다. 참조하여 슈퍼비전 주제를 정할 때 활용하도록 한다(안정선, 2007; 최원희 외, 2019 수정보완).

- **필수내용:** 슈퍼바이지의 현 담당 직무(직무기술서, 직무명세서/지침 확인/직무성과지표 등)
- **해당 전문직 표준직무 및 역량 검토**
- **일반주의실천(Generalist) 기반 핵심지식과 기술**
  - 클라이언트 체계 개입을 위한 내용: 프로그램계획, 실행, 평가, 면접, 사정, 평가 및 종결, 집단개입, 의뢰 및 사례관리 등
  - 전문적 발달을 위한 내용: 자신의 실천 활동에 대한 평가, 전문적 성장에 대한 책임감, 자기인식, 전문직 가치와 윤리의 내면화 등
  - 기본적 대인관계기술 내용: 의사소통기술, 대인관계기술 등
  - 행정적 측면의 기술 내용: 조직 내에서 기능하는 능력, 기록 유지와 기록 활동, 기관의 특성, 미션과 비전, 가치에 대한 이해 등
  - 지역사회·정책적 측면의 기술 내용: 지역사회 이해, 관련 정책 및 서비스 전달체계(연계망 등) 이해, 자원개발 및 관리 등
- **직무수행 제반 영역**
  - 전문가로서의 태도 및 시간·건강관리 등 자기관리
  - 재정관리, 인력관리, 문서관리 등 기관행정
  - 직무관련 영역 동향과 변화추세
  - 지역사회문제해결을 위한 실천 제반지식과 기술
  - 직무관련 신규 이론과 지식
- **전문직 가치와 철학 측면**
  - 전문직 가치와 윤리를 점검하기 위한 내용: 전문직 윤리강령 점검, 사회문제를 바라보는 관점 점검
  - 기관의 미션과 비전의 확인 및 개인과의 연결점 찾기 : 기관의 존재 이유와 개인의 존재 이유 사이의 상관관계 점검
  - 개인의 성찰적 자기인식을 위한 내용: 실천과정을 통한 성찰적 자기인식을 다룸

(4) 슈퍼비전 관계성을 위한 준비

준비하기는 슈퍼바이저와 슈퍼바이지의 관계에 대한 기초를 세우는 단계이다. 슈퍼바이저는 슈퍼바이지의 가치, 문화, 경험, 습관, 심지어 취미와 같은 배경에 친숙하도록 노력할 필요가 있다. 슈퍼바이저는 슈퍼바이지가 있어야만 하는 곳이 아니라 '슈퍼바이지가 있는 그곳'에서 출발해야 한다. 슈퍼바이저는 슈퍼바이지에 대해 비합리적인 기대를 갖지 않고 목표에 도달하기 위한 이슈들에 대해 직접적으로 소통하고 자유롭게 대화할 수 있어야 한다.

지침을 통해 누구에게 슈퍼바이저의 자격을 부여하고, 누가 누구에게 슈퍼비전을 주는가를 정했다면, 이제 둘 간의 관계성을 위한 준비가 필요하다. 슈퍼바이저는 팀장급 이상의 직책을 가진 직원으로서 슈퍼바이저 관련 내부교육 또는 기관에서 인정한 외부교육을 이수한 자로 정한다. 필요할 경우 선임이나 주임 중에서 기관의 재가를 득하여 슈퍼바이저 교육을 이수한 자로 할 수 있다. 슈퍼바이저와 슈퍼바이지 관계는 기관의 조직도를 중심으로 상급자가 하급자에게 주는 체계를 따른다. 조직의 위계와 슈퍼비전의 체계를 분리할 수 없다. 예를 들어, 관장은 부장에게 슈퍼비전을 주고, 부장은 팀장에게, 팀장은 팀원에게 슈퍼비전을 주는 체계를 따른다. 임의로 판단하여 조정하는 것은 부적절하다.

슈퍼비전 관계가 설정이 되면, 슈퍼바이저와 슈퍼바이지 간의 관계성을 위한 준비를 해야 한다. 슈퍼비전 체계가 공식화되면 슈퍼비전 관계로서 처음 마주하는 관계일 수도 있지만, 기존에 동료관계에서 슈퍼비전 관계로 변경된 경우도 있을 수 있고, 오랫동안 업무지도 관계를 유지해 온 관계 중에 슈퍼비전 관계로 관계 설정을 다시 해야 하는 경우도 있을 것이다. 어떠한 경우라도, 슈퍼비전 관계로서는 다시 시작하는 마음으로 관계를 재정립하는 것이 좋다. 슈퍼비전 관계의 요소와 이슈에 관한 내용은 6장에서 구체적으로 다룬다.

2) 슈퍼비전 역량강화

(1) 슈퍼바이저의 슈퍼비전 역량강화[2)]

슈퍼바이저의 역량이란 슈퍼바이저로서의 직무수행에 있어서 충분하고 성공적인 성과를 달성하기 위한 필요기술이나 특성, 능력이라고 할 수 있다. 전통적으로 슈퍼바이저는 슈퍼비전 실행에 있어서 슈퍼비전을 구성하는 핵심요소로서 슈퍼바이지를 통해 클라이언트에게 제공되는 서비스의 수준과 질에 간접적인 영향을 주는 중요한 존재로 거론되어 왔다. 이미 여러 선행연구들에서 슈퍼바이저는 슈퍼비전의 효과에 영향을 미치는 중요한 존재로 강조되어 왔다. 슈퍼비전은 충분한 훈련과 경험을 쌓은 역량 있는 슈퍼바이저에 의해 진행될 때 효과적이다. 훈련 없이 경험만으로 슈퍼비전이 제공될 경우 슈퍼비전의 효과성은 현저히 감소될 것이다. 따라서 슈퍼바이저 교육은 필수적으로 진행되어야 한다.

그렇다면 선행연구들에서의 대표적인 슈퍼바이저의 역량들은 무엇일까? 선행연구들을 통해 슈퍼바이저의 공통적인 역량을 요약하면, 전문적 지식과 실천기술, 리더십과 대인관계기술, 조직관련 지식과 인적자원 및 직무관리 능력, 슈퍼비전 지식과 헌신적 태도 등을 필요로 한다고 볼 수 있다. 보다 구체적으로 김은혜 외(2014), 최원희 외(2023)가 제시한 슈퍼바이저의 지식 및 기술, 가치 및 태도, 일반적 특성과 자격 등의 내용을 확인하면서 슈퍼바이저의 역량 사정을 해보도록 하자.

2) 구체적인 활용방법들은 공유복지플랫폼/지식공유/최쌤안쌤의 슈퍼비전(2017.7.28) 참조.

※ 슈퍼바이저의 역량 목록 1 (김은혜 외, 2014)

슈퍼바이저의 지식 및 기술	① 지식 • 자기인식과 성찰능력 • 프로그램 개발 및 관리능력 • 사회복지 윤리 및 가치 • 클라이언트 특성 이해 및 개입방법 • 담당 슈퍼바이지의 직무 • 슈퍼비전 관련 지식 • 조직관리 및 리더십 지식 • 지역사회 및 전달체계 • 사회복지 관련 정책 및 동향	② 기술 • 사회복지 전문적 실천기술 • 의사소통 기술 • 지지/격려 • 관계 형성 • 갈등중재 • 팀워크 및 집단 • 직무분석 및 조정 • 교육적 사정 및 학습 촉진 • 모니터링과 평가 • 사원분석 및 활용 • 정보수집과 기록
슈퍼바이저의 가치 및 태도	① 가치 • 전문가로서의 가치와 신념 • 지속적 성장과 학습 노력 • 전문적 성장에 대한 신념과 헌신	② 태도 • 일관성 • 사회복지 윤리의 내재화 및 준수 • 다양한 의견 수용과 관점 공유 • 업무수행 책임감 • 공정성 • 공감적 이해 • 수용과 인내 • 협력과 자율성 인정

※ 슈퍼바이저의 역량 목록 2 (최원희 외, 2023)

슈퍼비전 준비 및 진행/평가	• 슈퍼비전 기본 지식 확보 • 슈퍼비전 구조화와 구성(설계) • 슈퍼비전 촉진과 실행(학습/방법) • 슈퍼비전 평가
슈퍼비전 관계 형성 및 유지	• 슈퍼바이지 개별화 • 슈퍼비전 관계
슈퍼비전 기본 관점/태도	• 평등, 다양성, 포용 • 윤리적, 전문적 실천(책임)
슈퍼바이저 자기지식과 성장	• 슈퍼바이저 자기인식 • 슈퍼바이저 전문성 개발
슈퍼바이지 직무관리/지원	• 슈퍼바이지 직무수행 전반 관리 • 특정 사례 및 프로그램 개입 슈퍼비전 • 문서 및 기록 관리
조직 기반 관리	• 조직 기반 수행(한 방향 정렬) • 법적 및 규정 기반 관리 • 안전과 위험 관리

위에서 제시한 역량 문항들을 살펴보고 본인의 역량 보유 수준에 대해 확인하거나(현재 수준, 5점 척도), 슈퍼바이저 역할 수행에 중요하게 생각하는 중요도와 보유도를 동시에 확인하여 2가지 기준에 있어서 차이(중요도-보유도, 5점 척도)가 많은 영역부터 보완을 위한 노력을 해야 할 것이다. 다음의 질문에도 답해 보면서 스스로를 성찰해 보자.

- 슈퍼바이저로서 더욱 노력하여 스스로 확보해야 할 영역은 무엇인가?
- 기관 차원에서 교육을 통해 역량강화 계획을 수립해야 할 영역은 무엇인가?
- 슈퍼바이저로 입문하여 슈퍼비전을 처음 실행하고 있는 초보 슈퍼바이저의 슈퍼비전에서 어떤 부분을 더욱 강조하여야 할까?
- 각 문항별, 영역별 중요도와 보유도의 차이를 확인하여 역량강화 계획을 수립한다면 어떤 과업들이 포함되어야 할까?

위와 같은 무수히 많은 역량강화 과제와 함께 슈퍼바이저가 되기 위한 여정 속에서 스스로 성장하기 위해 무엇이 필요한가? 공통적으로 슈퍼바이저들은 스스로를 효과적인 슈퍼바이저로 유지하고 개발하기 위해 다음의 8가지 요소들에 관심을 갖고 노력해야 한다고 Wonnacott(2012)가 강조한 바 있다. 나의 슈퍼바이저를 최대한 활용하고, 나의 지식과 기능을 개발하고, 역할의 질을 높이고, 경험으로부터 배우고 뒤돌아보며, 나 자신에 대한 피드백을 두려워하지 않고 요청하며, 동료들의 지지를 받고 때로 동료들과 함께 학습하고, 외부의 네트워크 강화를 통해 정보와 자원을 활용하고, 나의 개인적 웰빙에 대해서도 관심을 갖고 슈퍼비전에 임하는 것이다.

(2) 슈퍼바이지의 슈퍼비전 역량강화

슈퍼바이지가 전문지식을 발전시키고 직무에 있어 전문성을 확보하도록 지원하기 위한 슈퍼바이저의 역할이 매우 중요하다는 것은 두말할 필요가 없다.

그러기에 슈퍼비전을 위한 슈퍼바이저들의 역량은 슈퍼비전에서 핵심 성공요인이며 슈퍼바이저들의 슈퍼비전을 위한 학습의 중요성과 조직적 차원에서의 교육 필요성 등은 빈번하게 거론되어 왔다. '그러나 과연 슈퍼비전에 대한 학습은 슈퍼바이저들에게만 필요한 것일까?', '슈퍼바이지들은 슈퍼비전을 제대로 모르는 채, 슈퍼비전에 참여해도 문제가 없는 것일까?', '슈퍼바이지는 슈퍼바이저의 지시와 가이드에 따르기만 하면 되는 것일까?' 아마도 위의 질문을 접한 독자들은 질문을 읽음과 동시에 당연히 '그렇지 않다'라는 답을 할 것으로 생각된다. 슈퍼바이지도 슈퍼비전을 알아야 한다. 그 이유는 다음과 같다.[3)]

① 슈퍼비전 정의 측면

슈퍼비전은 상호작용적 과정이기 때문이다. 슈퍼비전은 일방적 작용과정이 아니라 상호작용과정이다. 상호작용의 의미는 생물체 부분들의 기능 사이나 생물체의 한 부분의 기능과 개체의 기능 사이에서 이루어지는 일정한 작용을 의미하는데, 즉 작용을 상호적으로 한다는 의미이다. 현상을 일으키거나 영향을 상호에게 주어 힘이 생기고 능동적인 의미를 지향하게 되는 일련의 과정이 상호작용과정의 의미에 포함되어 있다. 슈퍼비전이 상호작용과정이 되기 위해서는 슈퍼바이저만이 슈퍼비전을 이해하고 슈퍼비전을 제공해서는 한계가 있다. 슈퍼비전의 중요성을 충분히 이해하고 있는 슈퍼바이지가 적극적으로 슈퍼비전에 참여할 때 상호작용의 힘은 위대해질 것이다.

② 슈퍼비전 윤리 측면

슈퍼바이지도 슈퍼비전에서의 권리와 의무를 알아야 한다. 대표적으로 사회복지 영역 중, 사회복지사 윤리강령(2023.4.11. 5차개정)에는 슈퍼비전과 관련한 항목들이 있다. 과연 우리들은 이 내용을 잘 숙지하고 있는가?

3) 구체적인 내용은 공유복지플랫폼/지식공유/최쌤안쌤의 슈퍼비전(2018.3.31) 참조.

III. 사회복지사의 동료에 대한 윤리기준

1) 슈퍼바이저는 슈퍼바이지가 전문적 업무 수행을 할 수 있도록 지원하고 슈퍼바이지는 슈퍼바이저의 전문적 지도와 조언을 존중해야 한다.
2) 슈퍼바이저는 전문적 기준에 따라 슈퍼비전을 수행하며, 공정하게 평가하고 평가 결과를 슈퍼바이지와 공유한다.
3) 슈퍼바이저는 개인적인 이익 추구를 위해 자신의 지위를 이용해서는 안 된다.
4) 슈퍼바이저는 사회복지사, 수련생과 실습생에게 인격적·성적으로 수치심을 주는 행위를 해서는 안 된다.

윤리강령에는 슈퍼바이저의 기본 역할과 슈퍼바이지의 태도, 어떻게 슈퍼비전을 받아야 하는지의 윤리기준 등, 간략하지만 기본 내용이 제시되어 있다. 전문직인 우리가 채택하고 있는 윤리강령의 기본 방침을 충분히 이해하고 좋은 슈퍼비전이 무엇인지를 이해하며 슈퍼비전에 참여해야 할 것이다. 결론적으로 슈퍼바이지도 슈퍼비전에서의 권리와 의무를 알아야만 한다.

③ 슈퍼비전 성과 측면

슈퍼비전 성공요인에 관한 이해 속에서 효과적인 슈퍼비전이 진행되어야 하기 때문이다. 바람직하며 효과적인 슈퍼비전은 단순히 슈퍼바이저들만의 몫은 아니다. 이는 슈퍼바이저, 슈퍼바이지, 조직 간의 공동투자와 같이 최선의 슈퍼비전을 위해 각자의 역할을 다해야 한다. 실질적으로 슈퍼비전의 성공요인으로 조직, 슈퍼바이저, 슈퍼비전 실행체계, 슈퍼비전 관계 등 여러 요인들이 검증되어 왔지만 슈퍼바이지 또한 슈퍼비전의 성공을 위한 중요한 요인으로 보고되어 왔다. 특히 최원희(2009)의 연구에서 슈퍼바이지의 지식과 기술 · 태도 · 실무경력 · 자아인식 발달요소가 성공요인으로 밝혀진 바 있다. 또한 효과적인 슈퍼비전을 위한 슈퍼바이지의 역량(안정선, 2007)에 관한 논의 또한 진행되었는데, 슈퍼바이지는 책임감과 적극적 태도, 슈퍼비전에 대한 수용과 적용 및 실행능력, 자신에 대한 인식과 자기계발 계획수립 등의 역량이 필요한 것으로 조사된 바 있다. 결론적으로 슈퍼바이지들도 바람직한 슈퍼비전이 무엇인지를 이해하고 자신들이 속한 조직에 수준 높은 슈퍼비전의 제공을 요청할 수 있는 위치로 성장해야 할 것이다. 슈퍼비전의 공동성과 창출을 위한 상생의 동반자로, 효과적 팔로워십의 실행자로 성장해야 할 것이다.

④ 슈퍼비전 관계 측면

슈퍼비전의 전문적 관계의 속성 때문에 더욱 학습이 필요하다. 슈퍼비전 관계는 사회복지학 · 간호학 · 상담학 · 교육학 등에서 효과적인 슈퍼비전을 위해 가장 중요한 요인으로 보고된 바 있다. 슈퍼바이저들은 슈퍼비전의 시작시기에 무엇보다도 슈퍼바이지와의 관계성 형성을 위해 집중하여 노력해야 한다. 슈퍼비전 관계는 슈퍼바이저와 슈퍼바이지가 클라이언트에게 양적 · 질적 서비스를 전달하기 위한 목적적 관계를 객관적으로 유지할 때에 성공적인 슈퍼비전이 가능하다. 즉, 전문적 관계성을 수립해야 한다. 슈퍼바이저와 슈퍼바이지는 클라이언트와 조직의 목적달성을 위해 '함께 일하는 동료'라는 동료의식을 갖춘 수평적 관계여야 한다. 상호이해와 존중을 바탕으로 서로의 차이를 인정하며 신뢰를 구축하고 명확한 소통과 피드백을 통해 서로 간의 동의를 근간으로 하는 공유된 의미를 만들어 나가야 할 필요가 있다. 슈퍼바이저와 슈퍼바이지는 상호성장하는 관계가 되도록 서로 헌신하며 슈퍼비전에 대한 책임을 공유하면서 협력적 파트너십을 발휘해야 한다.

이러한 파트너십과 동료의식을 기반으로 하는 전문적 관계 속에 상호존중하고 적극적으로 소통하는 슈퍼비전 관계의 속성을 볼 때, 슈퍼바이지는 일방적으로 지시받은 대로만 일을 수행해 내는 사람이 아니어야 함은 당연하다. 이러한 맥락에서 슈퍼바이지도 슈퍼비전을 알아야 한다. 슈퍼바이저와 슈퍼바이지는 클라이언트와 조직의 목적달성을 위해 힘을 합하여 서로를 돕는 진정한 협력자들이 되어야 한다. 두 사람이 가진 능력과 특성이 조화가 되어 서로를 성장시키며 새로운 협업 작품이 탄생할 수 있다.

⑤ 조직 인력관리 측면

슈퍼비전은 수년 후 먼 미래에 맡게 될 과업이 아니라 바로 내지 곧 담당하게 될 업무이기 때문이다. 일반적으로 슈퍼바이저로서의 역할을 직장 상사로서의 역할로 판단하여, 5년 후에나 필요한 먼 나라 얘기로 생각하는 경우가 있다. 그러나 사회복지 슈퍼바이저로서의 역할은 결코 그리 먼 것이 아니다. 3년의 경력이 있는 경우, 사회복지현장실습 슈퍼바이저의 역할을 담당할 수 있게 되고 또한 인턴이나 자원봉사자 관리의 경우 현장 1년차부터 담당하게 되는 경우가 허다하다. 물론, 아직 현장에서 자원봉사자 직무기술서조차 마련되어 있지 않은 경우가 많고, 자원봉사들에 대한 슈퍼비전까지 필수적으로 제공해야 하는가에 대해서는 논란이 있을 것이다. 그러나 자원봉사자와 인턴, 실습생에 대한 관리를 소홀히 하는 기관이 슈퍼바이지들을 위한 조직 차원의 전문적 슈퍼비전을 효과성 있게 진행할지에 대해서는 의문의 여지가 많다. 영예롭게 준비된 실습지도자로서 입문하고 자원봉사자들의 활동을 의미있게 원조하는 역할에 바로 주력하기 위해서라도 슈퍼바이지들은 슈퍼비전을 알아야만 한다.

이제까지 슈퍼바이지가 슈퍼비전을 알아야 하는 이유를 5가지 차원에서 살펴보았다. 직원들의 '슈퍼비전 인식화'를 더욱 향상하기 위해서는 조직 차원에서 어떤 노력들이 더욱 필요할까? 다음의 사항들을 고려해 보자.

[슈퍼바이지의 슈퍼비전에 대한 인식 확대를 위한 효과적인 방법]

첫째, 조직 차원에서 슈퍼바이지의 슈퍼비전 인식화를 위한 교육이 필요하다. 물론 슈퍼바이저들을 위한 슈퍼비전 교육만큼의 비중이거나 같은 내용으로 직무교육을 실시하라는 의미는 아니다.

둘째, 슈퍼바이지의 상황과 인식 수준에 맞게 기본 이해와 팔로워십을 중심으로 한 교육이 설계되어야 할 것이다.

셋째, 슈퍼비전 과정에 있어서 슈퍼바이지의 실무역량 외에 슈퍼비전 역량을 사정하고 성찰 과정을 가지는 것이 좋겠다. 슈퍼비전을 위한 슈퍼바이지의 기본 역량 목록 등을 활용하여 함께 논의하거나 슈퍼바이지 스스로 본인의 역량을 평가해 보도록 하는 방법을 활용할 수 있다.

넷째, 전문직으로서의 자기주도적 자기계발을 위한 명확한 계획을 수립을 할 수 있도록 슈퍼비전이나 직원개발 정책의 일환으로 기회를 제공하고 슈퍼바이지는 전문식의 사명을 가지고 지속적으로 주도적 학습을 하여야 한다.

다섯째, 슈퍼비전 참여와 준비는 상시적 업무로서 명명되어야 할 것이다. 신입직원 슈퍼비전 규정이 명확하게 준수되고 슈퍼비전 참여와 준비를 중요 업무로 실행할 수 있어야 한다. 주로 슈퍼비전 실행에 관한 슈퍼바이저의 역할을 직무기술서와 근무평정 문항에 포함하여 평가하는 경우는 찾아볼 수 있었는데 슈퍼바이지의 일상적 업무로서도 명시되고 평가받아야 할 필요가 있다.

폭넓은 슈퍼비전에 대한 인식은 슈퍼비전의 효과적 수행을 넘어 직원의 전문성이나 전문직 정체성 유지에 관한 이슈와 논란을 해결해 내고 실천현장 전반의 역량강화에 있어 제 몫을 다할 수 있을 것이다. 슈퍼바이지들도 슈퍼비전을 지속적으로 학습해야 한다. 슈퍼비전을 알아야 한다.

보다 구체적으로 김은혜 외(2014)가 제시한 슈퍼바이지의 지식 및 기술, 가치 및 태도 등의 내용을 확인하면서 슈퍼바이지의 역량 사정을 해보도록 하자. 아래의 제시한 역량 문항들을 살펴보고 본인의 역량 보유 수준에 대해 확인하거나(현재수준, 5점 척도), 중요도와 보유도를 동시에 확인하여 2가지 기준에 있어서 차이(중요도-보유도, 5점 척도)가 많은 영역부터 보완을 위한 노력을 해야 할 것이다.

※ 슈퍼바이지의 역량 목록	
슈퍼바이지의 지식 및 기술	• 자신의 담당업무 관련 전문지식과 기술
슈퍼바이지의 태도	• 직무에 대한 책임감 • 직무수행의 적극성 • 슈퍼비전 내용에 대한 자발적 적용 자세와 실행능력 • 직무수행에 대한 시기적절하고 명확한 업무보고 • 슈퍼비전에 대한 공동책임을 인식과 준비 • 슈퍼비전에 대한 수용적인 태도 및 욕구 표현
슈퍼바이지의 자아인식 발달	• 전문가로서의 자신에 대한 이해와 자아인식 발달 • 자기계발에 관한 명확한 계획 수립

위의 슈퍼바이지 역량 목록을 통해 자신의 위치를 확인하고 다음의 질문에도 답해 보면서 스스로를 성찰해 보자.

- 슈퍼바이지로서 더욱 노력하여 스스로 확보해야 할 영역은 무엇인가?
- 기관 차원에서 교육을 통해 역량강화 계획을 수립해야 할 영역은 무엇인가?
- 슈퍼비전에 처음 참여하는 슈퍼바이지에게는 어떤 부분을 더욱 인식화해야 할까?
- 위의 영역들의 중요도와 보유도의 차이를 확인하여 역량강화 계획을 수립한다면 어떤 과업들이 포함되어야 할까?

3) 슈퍼바이저의 책임과 슈퍼바이지의 권리

(1) 슈퍼바이저의 책임과 과업

슈퍼바이저로서의 역할은 선택이 아닌 의무이다. 슈퍼비전을 주지 않고 슈퍼바이지에게 모든 직무 책임을 떠넘기거나 슈퍼비전을 요구할 때만 마지못해서 주는 슈퍼바이저가 있다면 이들은 슈퍼바이저로서 직무유기에 해당된다고 할 수 있다. 왜냐하면 슈퍼바이저의 지위는 조직으로부터 부여받은 것이고 그러한 지위를 받았다는 것은 그에 따른 책임과 의무가 수행되어야 함을 전제하기 때문이다.

슈퍼바이저가 수행해야 하는 역할과 책임은 다음과 같다(김경희, 2006).

- 슈퍼바이저는 슈퍼바이지가 사회복지실천 가치와 철학을 기반으로 직무를 수행하도록 지도해야 한다.
- 슈퍼바이저는 서비스 효과성과 효율성을 창출하기 위해 실천효과성 검증 능력을 보유해야 한다.
- 슈퍼바이저는 전문적 지식 및 기술, 그리고 가치 내재화를 통해 전문적 태도를 갖춘 모델로서 직원의 역할을 보여줘야 한다.
- 슈퍼바이저는 조직의 위계적 체계 내에서 윗사람과 슈퍼바이지가 조직의 목적과 목표를 달성하도록 그들을 효과적으로 조력해야 한다.
- 슈퍼바이저는 슈퍼비전을 통해 슈퍼바이지가 서비스 성과 및 직무에 대한 책임을 지도록 지원해야 한다.
- 슈퍼바이저는 사업 및 프로그램 성과에 있어서 슈퍼바이지와 공동책임을 가져야 한다.

또한 슈퍼바이저는 슈퍼바이저의 기본 과업에 충실해야 한다(Munson, 2002; 태화기독교사회복지관, 2005 재인용). 즉, 직무 관련 서적을 탐독하여 슈퍼바이지를 지도하고 조직의 서식에 따라 실천 활동과 슈퍼비전 기록을 충실히 수행함으로써 슈퍼바이지의 본보기가 되도록 하며, 슈퍼바이지가 표현한 것 이상으로 파악하기 위해 늘 슈퍼바이지를 관찰하고 슈퍼바이지의 말에 경청하면서 말하는 기술을 활용하여 슈퍼비전을 진행하도록 해야 한다.

(2) 슈퍼바이지의 권리와 책임

슈퍼바이저는 슈퍼비전을 줘야 할 의무가 있고 슈퍼바이지는 슈퍼비전을 받아야 할 권리가 있다. 이는 슈퍼바이저가 선택적으로 슈퍼비전을 주어서는 안 된다는 의미이며, 슈퍼바이저가 주는 슈퍼비전의 질 보장을 포함하는 것이다. Munson(2002)은 특별히 클라이언트를 직접 만나는 슈퍼바이지를 위해 다음과 같은 권리장전(Bill of Rights)을 제시하였다.

- 슈퍼바이지는 일정한 빈도로 지속적인 슈퍼비전을 받을 권리가 있다.
- 슈퍼바이지는 개인의 사생활을 존중받는 성장 중심의 슈퍼비전을 받을 권리가 있다.
- 슈퍼바이지는 실천이론과 기술에 정통한 현실에 기반을 둔 슈퍼비전을 받을 권리가 있다.
- 슈퍼바이지는 직무수행에 대한 관찰을 기반으로 하고 미리 분명하게 제시된 기준에 따라 평가받을 권리가 있다.
- 슈퍼바이지는 실천에 대한 적절한 지식과 기술을 가지고 있으며 슈퍼비전에 대한 충분한 훈련을 받은 슈퍼바이저로부터 슈퍼비전을 받을 권리가 있다.

슈퍼바이지의 권리를 획득하기 위해서는 슈퍼바이지의 노력도 필요하다. 슈퍼비전 관계에서 대부분의 책임은 슈퍼바이저에 의해서 수행되지만 슈퍼바이저와 슈퍼바이지가 함께 통합하여 관리해야 효과적인 성과를 이룰 수 있음을 깨달아야 한다. 이와 관련하여 Inskipp과 Proctor(1993)가 슈퍼바이지의 책임이라고 명명하고 목록을 제시한 다음의 내용(Hawkins & Shohet, 2000)을 점검해 보는 것이 유용할 것이다.

- 슈퍼바이지는 자신에게 필요한 도움이 무엇인지 이와 관련된 실천 이슈가 무엇인지를 확인하고 슈퍼비전을 요청해야 한다.
- 슈퍼바이지는 슈퍼비전에서 공유하는 것에 점차 자유로워져야 한다.
- 슈퍼바이지는 자신이 원하는 반응이 무엇인지를 규명해야 한다.
- 슈퍼바이지는 슈퍼바이저와 클라이언트 그리고 자신에게 영향을 미치는 조직의 계약내용에 대하여 잘 인식해야 한다.

- 슈퍼바이지는 슈퍼바이저의 피드백에 대하여 개방적이어야 한다.
- 슈퍼바이지는 정당화시키거나 방어하는 자신의 경향을 점검해야 한다.
- 슈퍼바이지는 자신에게 유용한 피드백이 무엇인지를 구별하는 능력을 개발해야 한다.

4) 슈퍼비전의 가치와 윤리 원칙

슈퍼비전 관계 설정에 있어서 기본이 되는 것 중 하나는 슈퍼비전이 지향하는 가치와 윤리원칙을 이해하는 것이다. 슈퍼바이저가 슈퍼비전의 기본 가치를 기반으로 슈퍼바이저로서의 윤리원칙[4]을 잘 이행한다면 슈퍼비전 관계의 갈등을 방지할 수 있고 보다 효과적인 슈퍼비전 관계를 가져올 수 있다.

슈퍼비전은 다음과 같은 가치에 기반을 두고 실행되어야 한다(Brown & Bourne, 1996).

- 슈퍼비전 욕구는 조직과 사회의 구조적 맥락 내에서 고려해야 한다.
- 사회복지실천은 팀 협력을 기본으로 하므로 슈퍼바이저와 슈퍼바이지의 상호의존적 관계가 중요하다.
- 슈퍼비전은 직무수행과 규정준수 등의 통제기능뿐 아니라, 인적자원개발과 슈퍼비전 관계 등 인간중심적 활동이어야 한다.
- 슈퍼비전의 내용과 과정은 클라이언트와 슈퍼바이지 둘 다 역량강화되는 것을 전제로 하며 반억압적이고 반차별적인 활동이어야 한다.
- 슈퍼바이지와 슈퍼바이저는 성인학습자임을 인식하여 자기지향적이고 자기주도적으로 슈퍼비전이 이루어져야 한다.
- 정규적인 슈퍼비전은 모든 직원들에게 주어지는 자격조건이다.
- 슈퍼바이저는 슈퍼바이지가 윤리적으로 실천하도록 지도해야 한다.

---

4) 슈퍼비전의 가치와 윤리는 슈퍼비전을 실행함에 있어서 기준이 되는 것으로 사회복지의 가치와 윤리와는 구별된다.

- 슈퍼바이저는 조직과 슈퍼바이지 사이에서 조정자 역할을 하고, 슈퍼바이지와는 전문적 관계를 유지해야 한다.

슈퍼바이저가 슈퍼비전에 임하는 윤리적 자세는 6가지로 제시되고 있다(Hawkins & Shohet, 2000).

- 슈퍼바이저는 슈퍼바이지의 자율성을 존중하면서 직무에 대한 책임을 공유한다.
- 슈퍼바이저는 슈퍼바이지가 자율적으로 실천에 임하는 것을 존중하지만 동시에 클라이언트의 보호와 안녕을 고려한다.
- 슈퍼바이저는 자신의 능력 범위 내에서 행동한다.
- 슈퍼바이저는 슈퍼바이지와의 약속을 지키고 신뢰를 준다.
- 슈퍼바이저는 반억압적 실천을 보인다.
- 슈퍼바이저는 슈퍼바이지의 도전과 피드백에 대하여 개방적인 자세로 임하고 지속적인 학습을 위해 노력한다.

또한 슈퍼비전 윤리와 관련하여, 슈퍼바이저는 슈퍼바이지가 윤리적 실천을 하도록 지도해야 할 의무를 가진다. 슈퍼바이지의 실천적 경험은 주로 슈퍼바이저를 통해서 배우게 되며 윤리적 실천 역시 슈퍼바이저의 실천 행동에서 영향을 받게 된다. 그러므로 슈퍼바이저는 슈퍼바이지가 윤리적 갈등 상황을 해결할 수 있도록 윤리강령과 윤리적 의사결정과정에 대한 지식을 보유하고 있어야 하고, 이를 다양한 슈퍼비전 기법을 통해서 전수해야 한다.

3. 슈퍼바이저와 슈퍼바이지의 상호 이해

새로운 슈퍼비전 관계 속에서 서로를 성장시키기 위한 상호작용을 시작하기 위해 슈퍼바이저와 슈퍼바이지는 무엇부터 해야 할까? 서로를 알아나가야 한다. 그것이 공식적 슈퍼비전 관계를 위한 출발이다. 슈퍼바이저와 슈퍼바이지의 만남은 명확한 목표를 성취하기 위한 의도된 만남이며 서로를 충분히 이해할 수 있도록 정보를 공유해야 한다. 이를 위해서 프로파일을 작성하고 서로를 소개하는 시간을 가져야 한다. 서로를 알게 되면, 일단 어느 정도의 긴장이 해소된다. 각자의 성격특성과 관심사, 경험, 인생의 비전 등을 이해하게 되면 조직의 사명을 위해 함께 나아가는 데에 보다 손쉽게 협력할 수 있다. 상대에 대한 예측력은 긴장과 불안, 때로는 분노감마저 덜어 내는 데에 도움이 될 수 있다. 프로파일을 작성하고 나눔의 시간을 갖는 것이 쑥스러울 수도 있지만 '서로를 아는 것'의 중요성을 인식한 만큼 이겨낼 필요가 있다.

1) 슈퍼바이저/슈퍼바이지 프로파일 작성과 공유[5)]

준비단계 공통 양식으로 제시한 프로파일 서식을 활용해도 좋겠고 다음과 같은 기본 내용을 토대로 구체적으로 작성한 뒤 서로를 소개하는 시간을 갖도록 한다. 이 책 5장에서 서식과 가이드를 참고하기 바란다.

(1) 슈퍼바이지 프로파일 작성 주요 내용 목록

- 인적사항: 학력(주요 전공 분야, 석사학위자 이상은 연구 분야 등)과 소유 자격증과 주요 이수증, 성격 및 학습 유형 등을 기록
- 실습 및 인턴십 등 훈련 경험: 어디에서 어떠한 실습과 인턴십 경험이 있는지에 대해 기록(초보 실천가 및 신규 임용 직원의 경우에는 특히 정보 수집 필요)
- 기존 경력 및 개발 계획: 어떤 기관에서 어떤 직무를 중심으로 어느 정도 기간 동안 무슨 일을 했었는지를 기록, 앞으로의 개발 계획, 현재의 관심

5) 활용방법은 공유복지플랫폼/지식공유/최쌤안쌤의 슈퍼비전(2016.3.30) 참조.

사 및 비전 등

- 슈퍼비전 경험: 이제까지 어떤 슈퍼바이저로부터 어떤 슈퍼비전 경험이 있는지, 슈퍼비전 이력 파악에 초점 두기(부록 목록 참고)

(2) 슈퍼바이저 프로파일 작성 주요 내용 목록

- 인적사항: 전공학력과 소유 자격증, 성격 및 학습 유형 등을 기록
- 슈퍼비전 관련 교육 경험: 교육명, 주관기관, 기간, 수료/자격 여부
- 슈퍼비전 경험: 실행 기관, 기간, 대상, 슈퍼비전 내용
- 기존 경력 및 개발 계획: 어떤 기관에서 어느 정도 기간 동안 무슨 일을 했었는지를 기록, 앞으로의 개발 계획, 현재의 관심사 및 비전 등

위와 같은 프로파일을 상호 작성한 후, 먼저 공식적인 슈퍼비전 관계로 만나게 된 것을 축하하고 내용을 공유하는 시간을 갖는다. 슈퍼바이저와 슈퍼바이지 각자에 대해 간단히 소개하고 적극적인 참여로 서로 성장하고 서비스의 질을 높이는 데 도움이 되는 슈퍼비전이 되도록 이야기를 나눈다. 존중하고 지지하는 모습 속에 서로에게 신뢰감을 가질 수 있도록 한다.

2) 라포 형성을 위한 방법 모색

새로 설정된 슈퍼비전 관계일 경우, 준비단계의 라포 형성은 매우 큰 의미를 갖는다. 준비단계의 만남에 있어서 실행 자체에 초점을 두고서 급하게 과업지향적으로 들어가지 않도록 슈퍼바이저는 사전에 라포 형성을 위한 준비를 한다. 최근에는 길지 않은 동영상 자료를 쉽게 구할 수 있는데, 함께 나누고 싶은 짧은 동영상을 하나씩 선정하여 같이 보고, 관련된 이야기를 나누는 것은 초기 라포를 형성하는 데 도움이 된다. 슈퍼바이저는 슈퍼바이지의 관심사에 집중하여 이야기를 듣고, 반응해 줌으로써 긴장도 완화하고 좋은 관

계 속에서 슈퍼비전을 시작할 수 있다. 첫 회기에는 함께 식사를 나누면서 자신의 삶에 대해 자연스럽게 나누는 것도 좋다. 다만, 슈퍼비전의 체계 안에서 슈퍼비전임을 서로 인식한 상태에서 초기 신뢰관계 구축을 위한 노력들을 하는 것이 좋다.

3) 슈퍼바이지의 과거 슈퍼비전 이력 파악

슈퍼비진에 대한 느낌과 생각은 대부분 본인이 경험해왔던 것을 통해서이다. 슈퍼비전 관계에서 가장 큰 오해는 바로, 슈퍼바이지도 슈퍼바이저와 같은 것을 기대할 것이라는 추측이다. 이는 슈퍼비전 관계에 부정적인 영향을 줄 수 있다. 슈퍼바이저가 슈퍼바이지와의 관계를 발전시키기 위해서 사용하는 유용한 방법 중 하나는 바로 슈퍼바이지가 과거에 경험했던 슈퍼비전에 대하여 알아보는 것이다. 이전 슈퍼바이저와의 관계는 현재 슈퍼비전 관계에 영향을 주는 강력한 요인이므로 이에 대한 탐색이 중요하다.

슈퍼바이지의 슈퍼비전 경험을 파악하기 위해 영국 전역에서 활용되고 있는 슈퍼비전 이력 질문지(Wonnacott, 2012)를 활용해 보는 것도 좋다. 슈퍼비전 이력 질문지는 슈퍼비전 관계의 초기에 사용하는 것이 효과적이며 슈퍼비전 시간에 작성할 수도 있고 슈퍼바이지가 작성해온 것을 토대로 토의하는 것도 가능하다. 질문의 내용은 과거의 슈퍼바이저를 상기하고, 실천 활동에 도움이 되었던 슈퍼비전 스타일과 방해가 되었던 슈퍼비전 스타일을 작성한 후, 그때 슈퍼바이저에게 어떻게 대응했는가를 묻는 것으로 구성된다. 이때 슈퍼바이지가 편안하게 자신의 스타일을 드러낼 수 있도록 슈퍼바이저는 자신의 감정이 드러나지 않도록 조심해야 한다. 이 활동을 통해서 슈퍼바이저는 슈퍼바이지 개개인이 도움이 된다고 생각하는 방식을 적용함으로써 효과적인 슈퍼비전 관계를 이끌어낼 수 있게 된다.

[준비단계에서의 확인 사항]

☑ 슈퍼비전의 조직 요인을 확인하고 우리 조직을 위한 성공 요인을 분석하였는가?

☑ 슈퍼비전 체계 구축과 실행을 위해 조직을 종합적으로 사정하였는가?

☑ 실제인 슈퍼비전 제도화 설계 및 실행안을 마련하였는가?

☑ 슈퍼비전 장소는 독립적인 별도의 공간에서 진행하는가?

☑ 슈퍼바이저와 슈퍼바이지의 공통 준비 과업을 확인하였는가?

☑ 슈퍼바이저의 슈퍼비전 역량강화를 과정이 마련되어 있는가?

☑ 슈퍼바이저는 역량강화를 위해 주도적으로 노력하고 있는가?

☑ 슈퍼바이지의 슈퍼비전 역량강화 과정이 마련되어 있는가?

☑ 슈퍼바이지는 역량강화 과정에 적극 참여하고 있는가?

☑ 슈퍼바이저와 슈퍼바이지의 책임과 권리를 확인하였는가?

☑ 슈퍼비전의 가치와 윤리인식을 검토하였는가?

☑ 슈퍼바이저와 슈퍼바이지는 프로파일 작성과 공유 등 상호 이해를 위해 노력하였는가?

준비단계의 이슈와 솔루션

CHAPTER 04

❑ 준비단계에서 필요한 솔루션 목록

- **준비이슈1** 슈퍼비전 체계구축을 어떻게 하는지 모르겠어요.
- **준비이슈2** 팀장님과 부장님이 서로 다르게 슈퍼비전을 해요.
- **준비이슈3** 슈퍼바이지로부터 신뢰받는 슈퍼바이저가 되고 싶어요.
- **준비이슈4** 이제 막 슈퍼바이저가 되었는데 뭘 해야 할지 막막해요.
- **준비이슈5** 슈퍼바이저와 슈퍼바이지의 직종이 달라서 힘들어요.

[준비이슈1] 슈퍼비전 체계구축을 어떻게 하는지 모르겠어요

우리 기관은 슈퍼비전이 필요하다고 생각하여 외부 교수님을 모시고 슈퍼바이저 교육을 2회 받았습니다. 그러나 슈퍼비전 체계가 구축되지 않아 제대로 이루어지지 못하고 있습니다. 슈퍼바이저들이 슈퍼비전에 관심은 있지만 슈퍼비전 체계를 구축하려면 많은 시간과 에너지가 필요하다 보니 자기의 주요 업무로 받아들이고 싶어 하지 않아 누군가 시작을 해야 하는데 진행이 되지 않습니다. 이런 상태에서 슈퍼비전 활동을 시작하려면 어디서부터 시작해야 할까요? 조직의 구성원들이 슈퍼비전의 과정에 적극적으로 참여하고 긍정적인 동기부여가 될 수 있도록 하기 위해서는 어떤 지원이 있어야 할까요?

솔루션 슈퍼비전 업무 담당자를 지정하고, 슈퍼비전 규정과 서식을 마련하면서, 슈퍼비전의 인식화를 위한 전 직원 교육을 실행해 보세요.

슈퍼비전을 체계적으로 실행하고자 슈퍼바이저들을 대상으로 교육까지 받았지만 막상 시작하려고 하면 막막할 수 있습니다. 슈퍼비전이 조직성과를 창출하는 대표적 조직관리 기제로 기능하기 위해서는 슈퍼비전 체계 구축에 충분한 시간을 가지고 준비해야 합니다. 슈퍼비전은 조직적 지원하에 이루어지는 슈퍼바이저와 슈퍼바이지의 상호작용과정이기 때문에 조직적 차원의 준비는 물론이고 슈퍼바이저 그리고 슈퍼바이지 모두의 준비가 필요합니다.

무엇보다 조직 차원의 준비가 중요하다고 하겠습니다. 가장 먼저 시작해야 하는 것은 바로 슈퍼비전 업무담당자를 일임하는 것입니다. 담당자가 지정되어야만 그 일이 적극적으로 추진될 테니까요. 슈퍼비전 담당자는 슈퍼비전에 대한 이해도가 충분하고 전 직원으로부터 참여와 협조를 이끌만한 위치에 있는 부서장급 이상의 직원이 바람직합니다.

다음으로는 슈퍼비전 실행을 위한 규정과 지침을 준비해야 합니다. 슈퍼비전 지침서를 개발하는 것이 어렵나요? 다른 조직의 지침이나 문헌에서 제시하는 슈퍼비전 표준안과 가이드라인을 참고하세요. 직원들의 논의를 거쳐 마련되는 지침은 슈퍼비전 실행의 매우 중요한 토대라고 할 수 있고, 특히 직원들의 슈퍼비전에 대한 동기부여를 촉진하게 됩니다.

또한, 슈퍼비전 동기부여를 위한 다각적 차원의 교육도 필요합니다. 슈퍼바이저들이 자신감을 갖고 중요한 책임으로 인식하기 위해서는 단회성의 특강 형식만으로는 부족하고 지속적인 스터디와 논의과정을 함께 하는 것이 효과적입니다. 외부의 검증받은 슈퍼비전 교육과정에 참여하여 이러한 제도가 사회복지계 전반에서 요구되는 과업임을 확인하는 것도 도움이 되고, 슈퍼비전에 관한 우수사례나 효과를 제시한 연구물을 함께 리뷰해 보는 것도 방법입니다. 그리고 슈퍼바이지를 포함한 전 직원 슈퍼비전 교육으로 슈퍼비전의 필요성과 효과에 대한 모든 직원의 공유가 이루신다면 슈퍼비전 실행에 대한 동기부여를 강화시킬 수 있습니다. 물론 최고 리더인 기관장의 관심과 의지는 슈퍼비전 실행이 동력을 받을 수 있는 가장 중요한 요인이겠지요. 기관장으로서 먼저 슈퍼비전을 학습하고 그 중요성을 지속적으로 강조하면서 지원하고자 하는 의지를 전 직원들에게 표명한다면 슈퍼비전의 체계적 실행력을 높일 수 있습니다.

이와 같은 다양한 방법들을 통해 아직 슈퍼비전 제도가 낯선 그리고 때로는 피하고 싶은 조직 구성원들에게 '아마도 슈퍼비전은 우리 조직과 나에게 긍정적인 영향을 미칠 수 있을 것이다'라는 생각이 들 수 있도록 초기 과정이 이루어져야 합니다. 이러한 공식적 문서 마련 및 인식화가 이루어지면 구체적인 연간 직원슈퍼비전 계획이 주무부서에 의해 수립되고 관리되어야 하는 것이죠.

[준비이슈2] 팀장님과 부장님이 서로 다르게 슈퍼비전을 해요

> 직원 6명이 일하는 소규모 시설입니다. 팀장님은 아직 실무경험이 많지 않아서 부장님이 일일이 직원들에게 슈퍼비전을 주십니다. 말로는 팀장님이 슈퍼비전을 주라고는 하시는데 결국 일을 진행하다 보면 또 부장님의 슈퍼비전에 따르는 경우가 발생합니다. 때에 따라서는 팀장님이 주는 슈퍼비전과 부장님이 주는 슈퍼비전이 달라서 혼선이 일어나는 경우도 있었습니다. 어차피 부장님의 슈퍼비전대로 일을 해야 하니 팀장님의 슈퍼비전은 더 효력이 없게 느껴집니다. 작은 조직이라 체계적으로 일할 시간도 부족한데, 두 번 일을 해야 하나 그런 생각이 들곤 합니다. 이와 같이 2명이 슈퍼바이저 역할을 하는 상황의 경우, 슈퍼비전 체계는 어떻게 이루어지는 것이 적절한 것인지요?

솔루션 슈퍼바이저의 직책에 따라 수행해야 하는 역할과 범위를 조직 차원에서 규명하여 역할의 중첩을 피하는 것이 필요합니다.

2명의 슈퍼바이저가 동일 업무에 대하여 서로 다르게 슈퍼비전을 한다면 슈퍼바이지 입장에서는 곤란할 수밖에 없죠. 둘 다 조직의 슈퍼바이저들이고 이들의 역동도 살펴야 하니 마음이 무거울 것 같습니다. 슈퍼비전을 준비함에 있어서 조직 규모를 막론하고 슈퍼바이지와 슈퍼바이저는 명확하게 1:1 매칭을 원칙으로 합니다. 슈퍼바이저는 제1선 슈퍼바이저와 제2선 슈퍼바이저가 있는데, 우리가 보통 공식적 슈퍼바이저로 정하고 슈퍼비전을 실행하는 것은 제1선 슈퍼바이저인 직속상사를 의미해요. 제2선 슈퍼바이저는 동일한 조직과 부서 내에서 제1선 슈퍼바이저의 슈퍼바이저를 의미합니다. 이 사례에서 제1선 슈퍼바이저는 팀장이, 제2선 슈퍼바이저는 부장이 역할을 수행하게 됩니다. 제1선 슈퍼바이저와 제2선 슈퍼바이저, 좀 더 규모가 큰 조직은 제3선 슈퍼바이저가 있게 되는데 이들의 역할을 구분하는 것이 우선되어야 합니다.

먼저 조직에서 슈퍼비전 제도를 수립하고 공식적으로 팀장에게 슈퍼바이저 역할에 관한 권한을 주고 이를 시행하도록 했다면, 팀장의 경험이 적고 역량이 부족하더라도 수시로 부장이 슈퍼바이지의 직무수행을 모니터링해서 즉각적으로 슈퍼비전에 개입하는 것은 적절하지 못합니다. 조직관리의 기본적인 원칙 중 하나인 명령계통의 원리에서 벗어나는 것이지요. 이러한 상황이 지속될 경우에 슈퍼바이지들의 혼란이 가중됨은 물론 팀장의 슈퍼비전 역량 또한 위축되고 무기력해질 가능성이 있습니다.

위와 같은 조직의 경우, 소규모 조직이라 하더라도 슈퍼비전 관계도(매칭)를 명확화하고 명령계통 원리 준수를 강조하며 소통과 의사결정체계를 재확립할 필요가 있습니다. 제1선 슈퍼바이저(직속상사, 팀장)와 제2선 슈퍼바이저(부장)의 역할 또한 정리할 필요가 있습니다. 기본적으로는 제1선 슈퍼바이저인 팀장이 4명 팀원의 슈퍼비전에 대한 책임을 모두 가져야 하지만, 소규모 조직이기 때문에 조직 업무수행상 어려움이 있고 경험이 충분히 쌓일 때까지 주제별로 슈퍼비전 구조를 조정할 수는 있습니다. 팀원 개개인의 자기개발과 연간 성장계획 관련 개별슈퍼비전은 팀장이 지속적으로 담당을 하고, 특정 주제 또는 조직 전체에 영향을 미치는 직무 영역은 부장이 집단슈퍼비전 형태로 담당하는 체계를 수립하는 것이 효과적일 겁니다. 그러나 이러한 경우에라도 '일정한 시기'를 정해두고 체계를 운영하는 것이 중요합니다. 제1선 슈퍼바이저의 충분한 경험이 확보되었음에도 굳어진 체계로 의존화될 수 있기 때문이지요.

기본적으로 제1선 슈퍼바이저인 직속 상사(중간관리자)는 슈퍼바이지 개개인의 직무수행을 점검하고 업무에 대하여 구체적인 피드백을 제공하여 그들의 실천적 역량과 책무성을 높이는 역할을 합니다. 주로 일대일 개별슈퍼비전의 형태로 정기적으로 진행되죠. 제2선 슈퍼바이저(상급관리자)는 부서장에게 슈퍼비전을 함으로써 슈퍼바이지의 실천에 간접적인 슈퍼비전을 준다고 보면 됩니다. 즉, 직접 부서원에게 슈퍼비전을 주지 않고 부서장을 통해서 이루어지는 형태가 바람직해요. 또한 부서장이 부서원들에게 어떠한 슈퍼비전을 주고 있는지를 점검하고 슈퍼바이저로서의 역할과 역량을 향상시키는 데에 주력해야 합니다. 소규모 조직이어도 공식적 조직이므로 조직 특성에 맞는 적절한 슈퍼비전 체계를 마련하고 실행하도록 논의해 보세요.

[준비이슈3] 슈퍼바이지로부터 신뢰받는 슈퍼바이저가 되고 싶어요

저는 슈퍼바이저로 역할을 한 지가 벌써 10년차가 됨에도 불구하고 슈퍼비전이라는 이름하에 이루어지는 활동들은 이 낱말이 주는 무게감 때문인지 굉장히 부담스럽고 책임감이 많이 느껴집니다. 훌륭한 슈퍼바이저가 되려면 물론 지식적으로 어느 정도의 준비가 되는 것은 기본이고 슈퍼바이지들이 슈퍼바이저를 신뢰할 수 있어야 할 것 같아요. 슈퍼바이지들이 슈퍼바이저를 신뢰할 수 있고 어려운 일이 생기면 편안하게 의논할 수 있게 하려면 슈퍼바이저로서 어떻게 역할을 수행해야 할까요? 어떤 준비가 필요한가요?

솔루션 슈퍼바이지가 수행하고 있는 직무의 어려움을 격려하고, 슈퍼바이지 욕구를 기반으로 함께 슈퍼비전 계획을 수립하며, 슈퍼바이저로서 필요한 역량을 갖추려고 노력하는 모습을 보여주세요.

슈퍼바이지들이 슈퍼바이저들을 신뢰하고 어려운 일이 생기면 편안하게 의논하며 슈퍼바이저가 슈퍼바이지를 포용하고 받아들이는 슈퍼비전, 모두가 원하는 슈퍼비전 관계라 할 수 있죠. 이 사례의 슈퍼바이저는 슈퍼비전을 허투루 여기지 않으며 책임감을 가지고 수행하고 신뢰 있는 슈퍼비전 관계를 위해 상당히 노력하는 마음이 느껴집니다. 이런 지지를 드리는 이유는 슈퍼비전을 수행하기 위한 슈퍼바이저 역량 중에 가장 중요하다 할 수 있는 것이 슈퍼바이지 중심의 관점과 태도이기 때문입니다.

물론 슈퍼바이저가 기본적으로 갖추어야 하는 무수히 많은 역량 목록과 KSA(Knowledge, Skill, Ability & Attitude) 내용들이 이미 제시되어 있습니다. 기본 역량 확보를 위해 부단한 노력을 해야겠지만 슈퍼바이지의 신뢰를 얻기 위해서는 기본적으로 슈퍼바이지 개인과 슈퍼바이지의 수행 직무를 충분히 이해하고 슈퍼바이지 성장에 대한 소명으로 직접적인 촉진과 조력자 역할을 수행하는 것이 우선입니다. 슈퍼비전이 사회복지조직의 사명과 목표를 성취하는 대표적인 조직관리 기제인 것은 분명하나, 슈퍼비전의 핵심내용이 슈퍼바이지의 욕구나 희망이 아닌 슈퍼바이저의 요구나 조직적 지시와 명령에만 중심이 있을 때에 슈퍼비전은 '피하고 싶은 채찍'으로 오인되어 오히려 궁극적인 조직성과 달성에 장애물이 될 수도 있습니다. 따라서 슈퍼비전 내용을 선정할 시에도 슈퍼바이지의 욕구와 어려움, 자기개발 계획 등을 우선적으로 확인하여 슈퍼비전 계획을 수립할 필요가 있어요. 이러한 과정 자체가 슈퍼바이저와의 신뢰관계에 지대한 영향을 미친다는 것을 기억하고 시작해 보면 좋겠습니다.

신뢰를 얻는 슈퍼바이저가 되고 싶으십니까? 먼저 역량 있는 슈퍼바이저가 되셔야 하겠지요. 슈퍼바이저가 갖추어야 하는 역량에 대해 몇몇 연구자들이 현장의 의견을 토대로 제시한 내용들이 있습니다. 수십 개의 슈퍼바이저 역량 내용을 몇 가지로 정리하면 결국, 슈퍼비전에 관한 지식과 기술, 슈퍼바이지 개인 특성과 슈퍼바이지 업무에 대한 이해, 기본 업무수행능력(프로그램 개발, 사례관리, 소통과 상담 등), 슈퍼바이저 자신에 대한 이해 등입니다. 슈퍼바이저의 지식 · 기술 · 태도 역량을 참고하셔서 자신에 대한 인식강화와 지속적인 자기개발을 위해 스스로 노력할 필요가 있겠습니다. 여기에 슈퍼바이저들을 위한 교육을 조직 내에서 실시한다면 더욱 좋겠죠. 신뢰라는 것이 사실 단시간에 쌓이기가 쉽지 않은데, 기본적으로는 슈퍼바이저에 대한 존경과 슈퍼바이지로서 존중받는다는 느낌을 가질 수 있는 슈퍼바이저의 태도를 보여주는 것이 중요합니다.

또한 신뢰를 더욱 단단하게 하는 것은 슈퍼바이저의 책임감 있는 업무수행, 바로 일선에서 지속적으로 슈퍼바이저가 본인의 업무를 책임감 있게 수행하는 것을 보여주는 것에 있다고 할 것입니다. 사실 슈퍼바이지들이 슈퍼바이저들에게 크고 거창한 것을 원한다고 생각하면 도저히 그 부담스러움에 슈퍼비전을 실행할 수가 없겠지요. 앞에서 언급한 것들을 염두에 둔다면 어렵지 않게 신뢰받는 슈퍼바이저가 될 것입니다.

[준비이슈4] 이제 막 슈퍼바이저가 되었는데 뭘 해야 할지 막막해요

> 저는 사회복지사 경력 5년 차에 중간관리자가 되고 처음으로 슈퍼바이저가 되었습니다. 그러다 보니 제 고유 업무 이외에 다른 직원들의 업무에 대해 파악하고 슈퍼비전을 제공하는 역할에 대한 부담감이 매우 큰 상황입니다. 막상 다른 직원들에게 슈퍼비전을 제공하려고 보니 어디까지 봐줘야 하는 것인지, 구체적으로 무엇을 제공해야 하는지 고민이 되고 시간도 너무 많이 듭니다. 이러다가 처음으로 맡겨진 중간관리자로서의 저의 업무도 처리하지 못할 것 같은 두려움이 생기고 슈퍼비전을 주려면 제가 어떻게 해야 하는지도 막막해집니다.

솔루션 슈퍼바이저의 시작 지침, 슈퍼비전의 단계와 기능별로 슈퍼바이저의 역할 등을 먼저 숙지해야 합니다. 또한 본인도 슈퍼바이저가 있다는 것을 기억하고 도움을 받으면서 슈퍼바이저의 역할을 수행하세요.

처음 슈퍼바이저가 되었을 때 가장 먼저 해야 할 일은 본인에게도 슈퍼바이저가 있다는 사실을 인식하는 것입니다. 나의 슈퍼바이저(상급관리자)에게 슈퍼바이저(중간관리자)로서의 역할과 고민을 함께 나누는 시간이 필요합니다. 슈퍼바이저 역할에 대한 부담감, 슈퍼비전 내용 및 방법에 대한 걱정, 슈퍼바이저이기도 하지만 슈퍼바이지로서 자신의 업무수행 처리도 안 될 것 같은 두려움 등 말이에요. 슈퍼바이저는 승진에 의해 조직으로부터 슈퍼바이저로서의 권한을 부여받지만 그렇다고 슈퍼바이저의 역할도 저절로 알게 되는 것은 아니죠. 따라서 조직 차원에서 예비슈퍼바이저와 초보슈퍼바이저를 위한 교육을 하는 것이 바람직하지만 현실은 그렇지 않은 경우가 대부분입니다. 내부교육이 어렵다면 외부의 슈퍼바이저 교육 참여를 권장하거나 의무화할 필요가 있습니다.

먼저, 슈퍼바이저의 시작 지침에 해당되는 다음의 8개 사항을 고려하면서 슈퍼비전을 시작해 보세요. ① 슈퍼바이지가 할 일을 명확히 설명하기, ② 정기적으로 슈퍼바이지의 실천을 관찰하기, ③ 슈퍼바이지가 기대하는 것을 중심으로 슈퍼비전 목록 만들기, ④ 슈퍼바이지의 교육배경이나 경험 및 전문성에 대하여 비난하지 않기, ⑤ 슈퍼바이지는 경험이 적다는 것을 고려하여 슈퍼비전 하기, ⑥ 슈퍼바이지 간의 업무수행을 비교하지 말기, ⑦ 슈퍼바이저가 보유하고 있는 실천지식과 기술을 슈퍼바이지와 공유하기, ⑧ 슈퍼바이지의 실천뿐 아니라 슈퍼비전 과정 자체에 대해서도 평가하기 등입니다.

무엇보다 중요한 것은 슈퍼바이저의 역할과 슈퍼비전의 내용을 알아야 한다는 것입니다. 슈퍼비전의 과정(단계)마다 슈퍼바이저가 확인해야 할 사항을 이해하고, 슈퍼비전의 내용(기능)에 따라 슈퍼바이저의 과업이 무엇인지도 파악해야겠죠. 먼저 슈퍼비전의 4단계(준비단계-시작단계-실행단계-평가단계)를 따라가면서 슈퍼바이저의 역할을 찾아볼까요? 슈퍼비전 준비와 시작단계를 거친 후에 실행단계에 도착했다면 이미 조직 차원의 연간슈퍼비전 계획이 수립되었고, 누가 나의 슈퍼바이저이고 누가 나의 슈퍼바이지인지 서로 알고 있는 상태가 됩니다. 또한 슈퍼바이지의 현재 상황에 대한 교육적 사정을 토대로 개인 및 집단별 슈퍼비전 계획서도 이미 작성 및 확인이 되어 슈퍼비전의 구조화가 이루어진 상태일 테고요. 그런데 만약 슈퍼비전 준비와 시작단계 없이 슈퍼비전을 실행하려고 한다면 슈퍼바이저 입장에서는 어떤 슈퍼바이지에게 어떤 내용의 슈퍼비전을 주어야 할지 막막해질 수 있습니다. 그러니 일단 슈퍼비전의 과정마다 해야 할 과업을 확인하는 것이 중요하겠죠?

슈퍼비전의 기능은 슈퍼비전이 이루어져야 하는 내용과 범위를 어느 정도 알려줍니다. 행정적 슈퍼비전, 교육적 슈퍼비전, 지지적 슈퍼비전, 중재적 슈퍼비전이라는 말은 많이들 이해하고 계시더라고요. 그런데 각각의 영역에서 슈퍼바이저가 어떠한 일을 해야 하는지 역할을 알고 각 기능이 균형적으로 이루어질 수 있도록 해야 합니다. 균형을 이룬다는 의미는 슈퍼바이지의 실천 경력의 많고 적음, 슈퍼바이지 개개인의 성향, 그리고 각 슈퍼바이지가 담당하는 직무특성에 따라 달라야 한다는 것입니다.

슈퍼비전 과정의 단계별로 해야 할 역할과, 슈퍼비전의 각 기능별로 슈퍼바이저의 과업이 무엇인지에 대하여서는 이 책의 내용을 공부하면서 적용해 보세요.

[준비이슈5] 슈퍼바이저와 슈퍼바이지의 직종이 달라서 힘들어요

- 사회복지사가 아닌 직원이 슈퍼비전을 왜 받아야 하냐면서 거부하는데, 슈퍼바이저인 저도 그 부분에 대한 답이 궁색합니다. 사회복지 슈퍼비전은 말 그대로 사회복지사에게 필요한 것이 아닌가요? 사회복지사에게는 슈퍼비전을 제공하고, 다른 직종이나 다른 전공자에게는 공식적이고 정기적인 슈퍼비전을 하지 않고 업무수행만 확인해도 되는지 궁금합니다.
- 저는 장애인복지관에서 팀장 역할을 하고 있는 언어치료사입니다. 우리 팀에는 언어치료사도 있고 작업치료사도 있으며 사회복지사도 있습니다. 언어치료사인 슈퍼바이지에게 슈퍼비전을 주는 것은 어렵지 않은데, 사회복지를 전공하지 않은 제가 사회복지사인 슈퍼바이지에게 전문적인 슈퍼비전을 줄 수 없기 때문에 슈퍼비전에 대한 부담이 매우 큽니다. 이때 어떻게 해야 할까요?

솔루션 슈퍼비전은 클라이언트의 삶의 질 향상이라는 조직의 목표달성을 위해서 하는 것이므로 조직구성원은 전공 여부와 관계없이 슈퍼비전에 임해야 하는 것임을 인식시켜야 합니다. 서로의 전공이 다른 경우에는 슈퍼바이저의 지식으로만이 아닌 해당 전문가를 함께 활용해 보세요.

사회복지 슈퍼비전은 클라이언트의 삶의 질 향상을 위해 최상의 서비스를 제공하려는 조직의 책무성을 이행하기 위한 것으로, 조직의 모든 직원들의 실천 역량을 강화하는 것을 목적으로 합니다. 조직의 목표달성, 즉 사회복지 실천을 위해서 모든 직원이 한 방향으로 나아가는 것을 사회복지 슈퍼비전의 궁극적인 목표로 삼아야 하는 것입니다. 그러니 사회복지 슈퍼비전의 대상이 사회복지사만이어서는 안 되는 것이죠. 사회복지를 실천하는 조직 그 자체, 즉 조직구성원 전체가 슈퍼비전의 대상인 것입니다.

사회복지사가 아닌 슈퍼바이지가 왜 슈퍼비전을 받아야 하는지 묻는다면 '당신이 사회복지조직에서 일하기 때문'이라고 말해주세요. 사회복지사가 아니더라도 사회복지기관에서 일하기를 선택했다면 사회복지의 기본 가치와 사명에 동의한다는 것임을 인식시키는 것으로부터 슈퍼비전이 시작되어야 합니다. 또한 사회복지실천과 슈퍼비전은 분리해서 생각할 수 없다(조휘일, 2004)고 해요. 사회복지 슈퍼비전의 궁극적인 목표가 '클라이언트의 문제해결과 삶의 질 향상'인데, 이는 사회복지조직의 목표와도 동일하죠. 그렇기 때문에 슈퍼비전의 가장 기본은 슈퍼바이가 수행하는 업무가 우리 조직의 목표와 어떤 관련성이 있는지를 다루는 것입니다. 이것이 곧 슈퍼비전의 방향과 내용이 되는 것이고요. 따라서 슈퍼바이지가 사회복지사가 아니더라도, 슈퍼바이저가 사회복지사가 아니더라도, 서로의 직종이 다르더라도 슈퍼비전은 이루어져야 합니다.

그렇다면 전공과 직종이 다르고, 하는 일도 다른데 어떻게 슈퍼비전을 줄 수 있는가에 대하여 생각해 보죠. 슈퍼바이저가 슈퍼바이지에게 구체적인 업무피드백을 주는데 부담을 가지기 때문에 슈퍼비전 자체를 포기하거나 지지적 슈퍼비전만 수행하기도 합니다. 슈퍼바이저가 모든 영역의 전문가일 수 없고, 슈퍼바이지 업무에 대한 전문성이 부족한 상태에서 섣불리 슈퍼비전을 해서도 안 되겠죠. 슈퍼바이저가 모든 것에 전지전능한 사람이 되라는 의미가 아닙니다. 슈퍼비전의 본질과 목적을 상기하면서 슈퍼바이저의 역할을 수행하면 됩니다. 슈퍼바이저는 슈퍼바이지가 수행하고 있는 직무의 전문성 논의에 앞서 먼저, 우리 조직의 목표와 슈퍼바이지 본인의 업무가 어떻게 관련되는지를 슈퍼바이지가 인식하는 데 초점을 두어야 합니다.

슈퍼바이저가 역량을 높이기 위해서 끊임없이 공부하고 노력하는 것은 훌륭한 자세이지만, 주변의 자원을 충분히 활용하는 슈퍼비전 시간을 설계하는 것도 필요합니다. 슈퍼바이지가 할 일을 제대로 하고 있는지 점검하면서 슈퍼바이지에게 필요한 슈퍼비전 내용을 찾게 됩니다. 그 과정에서 전문분야의 슈퍼비전이 필요하다면 유용한 인적·물적자원을 찾아서 연계하는 것이 바람직합니다. 즉, 다른 전문가를 활용해서 슈퍼바이지의 전문성 부분을 충족시키고 그것을 통해 슈퍼바이지가 직무를 수행하는데 어떻게 적용하는지를 슈퍼비전에서 다루도록 해보세요.

준비단계의 서식과 작성 가이드

CHAPTER 05

❑ 준비단계에서 필요한 서식 목록

서식명	작성자	개요	중요도
1-1. 연간 기관슈퍼비전 운영계획서	총괄담당자	• 담당부서에서 수립하는 기관의 연간 슈퍼비전 운영계획 • 기관슈퍼비전 운영목적과 방향성, 구조, 교육훈련 일정, 슈퍼비전 관계 설정, 모니터링 및 평가계획 포함	필수 ★★★
1-2. 슈퍼바이지 개별 프로파일	슈퍼바이지	• 슈퍼바이지 개인의 배경 및 이전 경험을 파악하기 위한 용도로 사용 • 인적사항, 현장 훈련 경험, 사회복지 실무경력을 포함	중요 ★★☆
1-3. 슈퍼바이저 개별 프로파일	슈퍼바이저	• 슈퍼바이저 개인의 배경 및 이전 경험을 공유 • 신뢰를 높이고, 적절한 기대치 설정하는 데 도움	선택 ★☆☆

※ 서식 작성자는 기관 상황 및 전문직 관리의 방향에 따라 달라질 수 있음

서식명	연간 기관슈퍼비전 운영계획서	작성자	총괄담당자	중요도	필수 ★★★

〈서식 1-1〉 **연간 기관슈퍼비전 운영계획서**

연간 기관슈퍼비전 운영계획서

작성일 : 년 월 일

1. 목적

2. 목표 및 평가방법

3. 슈퍼비전 운영개요

1) 추진일정
2) 슈퍼비전 대상 직원 수
3) 슈퍼바이저 수
4) 슈퍼바이지 수

4. 슈퍼비전 기본 구조

<table>
<tr><th colspan="3">슈퍼바이저</th><th colspan="4">슈퍼바이지</th><th rowspan="2">유형</th><th rowspan="2">연간 횟수</th><th rowspan="2">비고</th></tr>
<tr><th>성명</th><th>소속</th><th>직책</th><th></th><th>성명</th><th>소속</th><th>직책</th></tr>
<tr><td rowspan="6"></td><td rowspan="6"></td><td rowspan="6"></td><td rowspan="2">1</td><td rowspan="2"></td><td rowspan="2"></td><td rowspan="2"></td><td>개별</td><td></td><td rowspan="4"></td></tr>
<tr><td>집단</td><td></td></tr>
<tr><td rowspan="2">2</td><td rowspan="2"></td><td rowspan="2"></td><td rowspan="2"></td><td>개별</td><td></td></tr>
<tr><td>집단</td><td></td></tr>
<tr><td rowspan="2">3</td><td rowspan="2"></td><td rowspan="2"></td><td rowspan="2"></td><td>개별</td><td></td><td rowspan="2"></td></tr>
<tr><td>집단</td><td></td></tr>
</table>

* 슈퍼바이지 수와 동료슈퍼비전 및 외부자문 등 슈퍼비전 유형에 따라 칸 조정하여 사용

5. 슈퍼비전 교육훈련 일정

구분	내용	시행시기	대상	비고
슈퍼바이저 교육				
슈퍼바이지 교육				

6. 기타 유의사항 외

〈서식 1-1〉 작성 가이드

연간 기관슈퍼비전 운영계획서

※ 조직 차원의 슈퍼비전 연간 운영에 관한 방향성과 구조, 기본 내용을 명시한 서식으로 주로 총무나 기획부서의 담당자가 기술함. 조직 전체 직원의 슈퍼비전 기본 계획 및 슈퍼비전 교육훈련 일정이 명시되며 이의 수행 결과에 따른 평가서도 마련되어야 함

1. 목적

- 슈퍼비전 지침에 기재된 목적과 일치하도록 기술함
- 해당 연도에 특별히 이루고자 하는 목적이 있다면 추가 기술함

2. 목표 및 평가방법

- 슈퍼비전 실행과정에 있어 목표하는 바를 기술함
- 해당 연도에 특별히 목표로 하고자 하는 내용이 있다면 추가 기술함
- 목표의 평가방법을 기술함(실행률, 목표성취 및 운영 만족, 기록 및 운영평가회의 내용분석 등)

3. 슈퍼비전 운영개요

- 기관의 슈퍼비전 운영과 관련하여 진행된 세부일정을 작성함
- 1년간 슈퍼비전에 참여할 전체 직원 수를 파악하여 각 슈퍼바이저와 슈퍼바이지 수를 기록함
- 추진일정은 기관 전체 운영계획에 대한 운영과정이므로 총괄담당자가 기관의 연간 일정을 고려하여 계획함
- 각 단계별 실행내용과 시행시기를 정하여 둠으로써, 타 사업의 운영 및 실행과 중복되지 않도록 조정함
- 슈퍼비전 연간 추진내용과 일정에 대한 밑그림을 그려 그 일정을 사전 공유함으로써, 직원 모두 슈퍼비전 실행과 참여에 어려움이 없도록 조율함

4. 슈퍼비전 기본 구조

<table>
<tr><th colspan="3">슈퍼바이저</th><th colspan="4">슈퍼바이지</th><th rowspan="2">유형</th><th rowspan="2">연간 횟수</th><th rowspan="2">비고</th></tr>
<tr><th>성명</th><th>소속</th><th>직책</th><th></th><th>성명</th><th>소속</th><th>직책</th></tr>
<tr><td rowspan="6"></td><td rowspan="6"></td><td rowspan="6"></td><td rowspan="2">1</td><td rowspan="2"></td><td rowspan="2"></td><td rowspan="2"></td><td>개별</td><td></td><td rowspan="2"></td></tr>
<tr><td>집단</td><td></td></tr>
<tr><td rowspan="2">2</td><td rowspan="2"></td><td rowspan="2"></td><td rowspan="2"></td><td>개별</td><td></td><td rowspan="2"></td></tr>
<tr><td>집단</td><td></td></tr>
<tr><td rowspan="2">3</td><td rowspan="2"></td><td rowspan="2"></td><td rowspan="2"></td><td>개별</td><td></td><td rowspan="2"></td></tr>
<tr><td>집단</td><td></td></tr>
</table>

• 담당 슈퍼바이저와 슈퍼바이지를 명시하여 연간 슈퍼비전 관계를 명료화함
• 슈퍼바이지 수와 동료슈퍼비전 및 외부자문 등 슈퍼비전 유형에 따라 칸 조정(삽입, 삭제 등)하여 사용함
• 슈퍼비전 유형별 연간 슈퍼비전 실시 계획 횟수를 기록함
• 모든 슈퍼비전은 지침에 의한 시행 빈도를 준수함
• 지침과 달리 적용할 사항이 있을 경우 별도로 기록함(예를 들어, 슈퍼바이저의 공석이 예측되는 경우에 슈퍼바이저 역할을 대체할 직원을 정하여 기록, 출산휴가 및 육아휴직 계획에 따라 기본 구조는 변동하여 진행)

5. 슈퍼비전 교육훈련 일정

구분	내용	시행시기	대상	비고
슈퍼바이저 교육				
슈퍼바이지 교육				

• 슈퍼바이저 교육과 슈퍼바이지 교육을 사전에 계획하여 공지하고, 부족한 부분은 외부교육 등을 활용하여 슈퍼비전 역량을 향상함
• 신입직원교육 시 슈퍼비전에 대한 기본 교육 실시를 권장함
• 기관내부의 교육일정을 기록하되, 정해진 외부 일정이 있다면 기재함
• 슈퍼비전 교육훈련은 담당부서 또는 담당자 지정 등 공식적으로 주관함
• 상기 교육은 기존의 직급별 교육이나 직무교육에 포함하거나 대체 가능함

6. 기타 유의사항 외

• 기타 운영상의 실행 방안에 대해 상세히 기록하여 공유함
• 외부슈퍼비전의 경우, 별도의 슈퍼비전 운영계획안을 제출하여 기관장 및 부속 시설장의 승인을 받고 슈퍼비전 기록지 및 기타 결과물을 제출함
• 분야별 외부 슈퍼바이저를 기재함
〈예, 20**년 복지관 외부슈퍼비전 : 000교수, 000교수(A사업), 000교수(B사업),
20**년 부속시설1 외부슈퍼비전 : 000교수(직원역량강화), 000교수(사례관리)〉

서식명	슈퍼바이지 개별 프로파일	작성자	슈퍼바이지	중요도	중요 ★★☆

〈서식 1-2〉 **슈퍼바이지 개별 프로파일**

슈퍼바이지 개별 프로파일

1. 인적사항

2. 실습 및 현장 훈련 경험

기관명	기간	내용	담당슈퍼바이저

3. 기관 내 근무경험 및 담당 슈퍼바이저

부서	기간	내용	담당슈퍼바이저

4. 이전 근무경력

기관	직위명	기간	업무내용

5. 현재 및 차후 경력 개발 계획

6. 현재의 주요 관심사, 이슈

〈서식 1-2〉 작성 가이드

슈퍼바이지 개별 프로파일

※ 슈퍼바이지 프로파일 서식은 슈퍼비전을 시작할 시에 슈퍼바이저로 하여금 슈퍼바이지의 기본 인적사항과 경력, 슈퍼비전 경험 등을 이해하도록 하는 서식임. 본 프로파일 서식을 작성한 후 슈퍼바이저와의 공유를 통해 상호 이해하는 시간을 가질 수 있음(하위 목록은 조직의 특성에 따라 수정 보완함)

1. 인적사항

- 학력 및 주요 전공 분야를 기록함
- 관련 자격증 및 이수증 목록을 기록함
- 슈퍼바이저에게 자신을 소개하는 충분한 자료가 되도록 상세히 기록함

2. 실습 및 현장 훈련 경험

기관명	기간	내용	담당슈퍼바이저

- 슈퍼바이지 본인의 현장에서의 경험을 상세히 기록함
- 슈퍼바이지의 관심분야와 보유역량에 대한 확인 및 공유로서의 의미를 갖도록 실습, 자원봉사 등의 현장훈련 경험을 명시함

3. 기관 내 근무 경험 및 담당 슈퍼바이저

부서	기간	내용	담당슈퍼바이저

- 근무하고 있는 기관 내에서의 담당업무 경험에 대해 상세히 기록함

4. 이전 근무 경력

기관	직위명	기간	업무내용

• 이전 직장에서의 근무경력에 대해 상세히 기록함

5. 현재 및 차후 경력 개발 계획

• 슈퍼바이지 본인의 전문가로서의 경력 개발과 관련한 계획을 기록함

6. 현재의 주요 관심사, 이슈

• 슈퍼바이지가 현재 관심을 가지고 있는 부분에 대해 기록함

서식명	슈퍼바이저 개별 프로파일	작성자	슈퍼바이저	중요도	선택 ★☆☆

〈서식 1-3〉 **슈퍼바이저 개별 프로파일**

슈퍼바이저 개별 프로파일

1. 인적사항

2. 슈퍼비전 교육 및 현장 훈련 경험

기관명	기간	내용	담당슈퍼바이저

3. 슈퍼비전 경험

부서	기간	내용	담당슈퍼바이저

4. 이전 근무경력

기관	직위명	기간	업무내용

5. 현재 및 차후 경력 개발 계획

6. 현재의 주요 관심사, 이슈

〈서식 1-3〉 작성 가이드

슈퍼바이저 개별 프로파일

※ 슈퍼바이저 프로파일 서식은 슈퍼비전을 시작할 시에 슈퍼바이지로 하여금 슈퍼바이저의 기본 인적사항과 경력, 슈퍼비전 경험 등을 이해하도록 하는 서식임. 본 프로파일 서식을 작성한 후 슈퍼바이지와의 공유를 통해 상호 이해하는 시간을 가질 수 있음(하위 목록은 조직의 특성에 따라 수정 보완함)

1. 인적사항

- 학력 및 주요 전공 분야를 기록함
- 관련 자격증 및 이수증 목록을 기록함
- 슈퍼바이지에게 자신을 소개하는 충분한 자료가 되도록 기록함

2. 슈퍼비전 교육 및 현장 훈련 경험

기관명	기간	내용	담당슈퍼바이저

- 슈퍼바이저의 현장 경험을 상세히 기록함
- 슈퍼바이저의 관심분야와 보유역량에 대한 확인 및 공유로서의 의미를 갖도록 슈퍼비전 교육 및 주요 현장훈련 경험을 명시함

3. 슈퍼비전 경험

부서	기간	내용	담당슈퍼바이저

- 이제까지 슈퍼바이저로서 역할 수행한 경험에 대해 기록함

4. 이전 근무경력

기관	직위명	기간	업무내용

- 이전 직장에서의 근무경력에 대해 기록함

5. 현재 및 차후 경력 개발 계획

• 슈퍼바이저 본인의 전문가로서의 경력개발과 관련한 계획을 기록함

6. 현재의 주요 관심사, 이슈

• 슈퍼바이저의 현 관심 분야나 이슈에 대해 기록함

PART 02

슈퍼비전 시작단계

시작단계의 과업

CHAPTER 06

생각해보기

- 슈퍼바이저가 슈퍼비전 실행에 앞서 고려해야 할 사항들은 무엇일까요?
- 슈퍼비전을 시작할 때의 주요 과업들에는 무엇이 있을까요?
- 슈퍼비전 관계 형성이 왜 중요하며, 상호이해를 위한 효과적인 방법에는 무엇이 있을까요?

슈퍼비전을 시작하는 단계는 앞으로 진행되어야 할 슈퍼비전의 내용을 합의하고 방향을 결정하는 중요한 절차이다. 시작단계에서 중요한 이슈는 슈퍼바이저와 슈퍼바이지 간에 동의를 얻고, 상호신뢰 관계를 쌓는 것이다. 슈퍼비전이 연중으로 진행된다고 볼 때에 시작하기는 연초의 2~3회기 내에 진행되어야 할 사항들이다.

1. 슈퍼비전 관계에서의 합의과정을 위한 점검

1) 상호 욕구 차이 확인

슈퍼비전 관계에서 문제가 발생하는 이유 중 하나가 바로 슈퍼비전에 대한 슈퍼바이저와 슈퍼바이지의 욕구 차이 때문이다. 슈퍼바이지와 슈퍼바이저가 원하는 성장목표는 물론 슈퍼비전 소요시간, 시간대, 장소, 빈도, 스타일에 있어서도 다를 수 있다. 이는 조직의 슈퍼비전 규정에 따르는 것을 원칙으로 하고 있지만 그럼에도 불구하고 세부적인 사항은 규정에 포함되지 않기 때문에 여기서부터 슈퍼비전 관계가 불편하게 시작되는 경우가 비일비재하다. 슈퍼비전 시간은 어느 정도가 적당하다고 생각하는지 슈퍼바이저와 슈퍼바이지들에게 질문하면 30분, 40분, 60분, 또는 슈퍼바이지가 원하는 만큼 등 다양한 답을 듣게 된다. 한 예로 개별슈퍼비전 시간은 회당 60분 이상으로 한다고 규정한 조직이 있는데, 어떤 슈퍼바이저가 늘 3시간씩을 진행했다고 한다. 슈퍼바이지들이 이구동성으로 슈퍼비전 시간이 너무 길어서 괴롭다고 호소했다. 이처럼 슈퍼비전 관계는 서로의 성향과 발달수준에 따라 달라야 하고 무엇보다도 슈퍼바이지의 욕구를 이해하고 서로 합의하는 과정을 거쳐야 한다.

2) 슈퍼비전 합의가 필요한 이유

슈퍼비전 합의가 필요한 이유를 Morrison(2005)은 슈퍼비전 활동의 진지함을 반영해 주고, 협력하는 행동에 대한 모델링을 보여주는 것이며, 각자의 역할과 책임 및 권위와 책무성을 명료하게 제공할 뿐 아니라 슈퍼비전 관계를 발전시키는 기초를 제공하기 때문(김은혜 외, 2014)이라고 했다. 이처럼 슈퍼비전 합의과정이 중요함을 강조하면서, 권한에 대한 합의, 슈퍼바이지에 대한 관여 정도, 상충된 가치에 대한 이해, 합의서 작성, 합의서 검토 등 단계적으로 접근하도록 제안하고 있다. 다음은 합의과정에 이르기까지 점검해야 할 내용을 단계별로 질문 형태로 제시한 것이다.[6]

- 1단계: 권한 규정하기
- 슈퍼비전의 목적과 본질이 슈퍼비전 정책 내에서 어떻게 정의되는가?
- 슈퍼비전 과정 내에서 협상 가능한 것과 불가능한 것은 무엇인가?
- 슈퍼바이저가 슈퍼바이지에게 기대하는 것은 무엇인가?
- 슈퍼바이지가 슈퍼바이저에게 기대하는 것은 무엇인가?
- 슈퍼바이저와 슈퍼바이지는 각각 어떠한 책임을 가지는가?
- 비밀유지의 한계와 경계에는 어떤 것들이 있는가?
- 기록되어야 할 것은 무엇이고, 누가 보관하며, 그 목적은 무엇인가?

6) 합의서 서식은 이 책 8장의 시작단계 서식(합의질문지) 및 부록 목록의 슈퍼비전 합의서 참고

● 2단계: 슈퍼바이지에 대해 관여하기

- 슈퍼바이지의 과거 슈퍼비전의 경험은 어떠했는가?
- 슈퍼바이지가 어떠한 상황에서 동기부여가 잘되고 일을 잘했는가?
- 슈퍼바이저와 슈퍼바이지의 가치는 어떠한가? (종교, 문화, 성, 장애 등)
- 실천 목적이나 본질에 대해 슈퍼바이저와 슈퍼바이지는 어떠한 신념을 가지고 있나? (특히 클라이언트와 관련한 권위 사용 부분)
- 슈퍼바이지가 선호하는 학습스타일은 무엇이며, 슈퍼바이저가 선호하는 학습스타일과 얼마나 잘 조율되는가?
- 슈퍼바이지는 화가 났거나 스트레스를 받을 때 어떻게 대응하는가?
- 슈퍼바이지가 스트레스를 받았음을 슈퍼바이저는 어떻게 알아차리나?

● 3단계: 가치상충에 대한 이해

- 슈퍼바이지가 직무 결과에 관해 어떤 감정인지 어떻게 알게 되는가?
- 슈퍼바이지가 과업에 대한 불확실성, 불편한 감정, 불안을 탐색하고자 할 때 슈퍼비전의 역할은 무엇인가?
- 슈퍼비전에서 다루어지지 않는 업무의 어려움은 어떻게 해결하는가?

● 4단계: 합의서 작성하기

- 합의서 작성은 누가 책임지고 어디에 보관할 것인가?
- 작성된 합의서는 언제 다시 검토될 것인가?

● 5단계: 합의서 검토하기

- 합의한 내용대로 슈퍼비전이 잘 이루어지고 있는가?
- 합의한 내용대로 이행되지 않은 부분이 있는가? 그 이유는 무엇인가?
- 슈퍼비전이 어떻게 향상될 수 있을까? 그러려면 슈퍼바이저와 슈퍼바이지는 무엇을 해야 하는가?

2. 슈퍼비전 계획

1) 슈퍼바이지의 교육적 사정

일반적으로 사정이란 사회복지실천과 사례관리에서 빈번하게 활용되는 용어로 클라이언트가 직면하고 있는 문제와 상황을 확인하고 이해하기 위한 자료를 수집하여 분석함과 동시에 문제해결을 위한 계획을 확정해가는 과정을 의미한다. 슈퍼비전에서는 슈퍼바이지에 대한 교육적 사정을 수행해야 한다. 슈퍼바이지의 교육적 사정이란 슈퍼바이지가 직무수행상에 당면하고 있는 어려움과 욕구, 상황을 파악하고 이해하기 위한 정보를 수렴하고 이를 분석하여 문제해결은 물론이고 슈퍼바이지의 성장과 책무성 이행을 위한 실행계획 방향을 설정하는 과정이라고 정의할 수 있다. 슈퍼바이지의 직무역량과 학습능력을 사정하고 그에 따라 슈퍼비전 계획을 수립하고 계약을 실시하기 위한 전체적인 방향성 수립과정을 의미한다. 슈퍼비전 시작단계에서는 슈퍼바이지가 조직의 핵심역량을 갖춘 사회복지 인재로 성장하고 직무를 수행하고 책무성 있게 일할 수 있는 능력을 강화할 수 있는 측면에서 교육적 사정을 해야 한다.

그렇다면 교육적 사정은 어떠한 방법으로 해야 할까? 가장 기본적으로는 슈퍼바이지의 관점에서 그들의 욕구를 확인하는 것이 우선적이다. 이를 위해 조직 차원에서 공통적으로 사용될 수 있는 교육적 사정지 서식을 개발하여 실행하는 것이 효과적이다. 또한 조직의 핵심역량 체크리스트나 표준화된 척도 질문지 작성, 직접 인터뷰, 기존 직무수행 결과물과 보고서 확인, 관찰 등 다각적 방법을 활용하여 슈퍼바이지 개인의 슈퍼비전에 대한 욕구와 필요한 훈련의 영역을 파악한다.

(1) 교육적 사정 질문 목록의 확인

가장 기본적으로 교육적 사정 질문지[7]를 활용할 수 있는데, 교육적 사정 질문지에 포함되는 내용 목록[8]은 다음과 같다.

- 슈퍼바이지 소개: 자신의 성격적 특성, 의사소통 특성, 학습 유형 등을 포함하여 자신에 대해 소개
- 윤리적 인식: 사회복지사 윤리강령 검토 여부, 준수 정도를 확인
- 이론적 지식과 기술 숙련도: 현재 조직의 직무수행과 관련한 핵심 지식과 기술 목록에 대한 숙련도를 체크하도록 하되, 이 외 다루고 싶은 내용에 대해 추가적으로 기록
- 이전 슈퍼비전 경험: 이전에 어떤 슈퍼바이저에게, 어떠한 내용과 형태의 슈퍼비전을 경험했는지 좋았던 점과 좋지 않았던 점을 기록
- 직무수행 강점과 한계점: 직무수행에 있어 자신이 가진 강점은 무엇이고 어려움으로 작용하는 부분이 있다면 어떠한 것들인지 자신을 객관적으로 탐색
- 조직의 사명과 비전, 인재상 및 핵심역량 등에 대한 이해도: 조직의 사명과 비전, 역량모델링을 통해 규명된 인재상과 핵심역량을 이해하고 있는지와 각 역량의 보유도를 확인
- 인생의 사명과 비전 및 자기개발계획: 개인의 인생 사명과 비전은 무엇인지와 앞으로 자신의 역량을 개발하기 위해 어떠한 계획이나 전략을 갖고 있는 지 기록(기관 자체 자기개발계획을 가지고 있는 경우에는 별도 해당 양식을 활용)
- 슈퍼비전에서 다루기 희망하는 내용과 방식: 슈퍼비전에서 무엇을 다루기를 원하고 어떠한 방식으로 진행하는 것이 도움이 될지 자신의 스타일과 욕구를 기록

---

7) 활용방법들은 공유복지플랫폼/지식공유/최쌤안쌤의 슈퍼비전(2016.5.30) 참조.

8) Munson(2002), 안정선(2007), 홍순혜 외(2014), 김은혜 외(2014), 최원희 외(2019), 최원희 외(2023)의 교육적 사정 내용을 토대로 종합, 보완하여 제시.

(2) 표준화된 척도를 활용한 직무역량 사정 보완

위의 교육적 사정 질문 목록을 활용한 직접 작성과 인터뷰, 조직의 핵심역량 목록을 활용한 사정방법 외에 표준화된 직무역량 척도를 활용하여 교육적 사정을 하는 방법도 있다. 역량모델링 과정이 다소 취약한 조직은 선행연구자들에 의해 개발된 직종별 직무역량, 표준 직무 등 표준화된 직무역량 척도들을 활용하여 각 슈퍼바이지가 어떠한 위치에 있는지를 파악하고 슈퍼비전 계획을 수립할 수 있다. 표준화된 양적 설문도구들을 활용하는 경우, 각 도구들은 필요도(중요도)와 숙련도(보유수준)의 2가지 기준으로 평가하도록 하여 슈퍼비전 목표 수립 시에 우선적인 영역을 확인하는 것이 적절하다. 필요도는 직무를 성공적으로 이끌기 위해 이 능력이 필요한 정도를, 숙련도는 직무수행에 대한 개인의 능력 정도, 즉 직무수행자의 보유수준과 숙련성을 말한다.

표준화된 척도를 활용한 직무역량 사정은 개별 슈퍼바이지를 사정할 시에도 활용할 수 있지만 특히, 집단 내지 팀 슈퍼비전 기획 시에 초점을 두어야 하는 영역이다. 집단 및 팀 구성원들의 욕구와 기대를 확인하고 팀의 연간 사업목표 및 운영방향성, 팀 핵심역량을 확인한 후 각 구성원들의 강점과 약점, 팀 구성원들의 현재 위치를 확인하도록 한다. 팀 구성원들의 공통된 욕구를 중심으로 집단슈퍼비전 계획서를 구성한다.

(3) 결과분석을 통한 슈퍼비전의 욕구 최종 정리[9)]

교육적 사정도구 작성이 끝난 후 각 항목에서 전체적인 강점영역과 약점영역을 살펴보고, 중요도와 필요도는 높게 체크했지만 숙련도(보유 수준)를 낮게 체크한 항목을 집중적으로 보완해야 할 사항으로 기록한다. 또한 본인 스스로 생각하는 본인의 강약점 및 성장전략, 슈퍼비전의 욕구 및 기대 등에 대해 나누는 시간을 갖는다(슈퍼바이지 교육적 사정 및 욕구수렴 결과). 욕구

9) 활용방법들은 공유복지플랫폼/지식공유/최쌤안쌤의 슈퍼비전(2016.6.30) 참조.

및 기대에 대한 내용을 확인할 시에는 직접 인터뷰나 기록의 방법을 활용할 수 있는데 슈퍼바이지 최근의 현황과 관심사도 앞으로 슈퍼비전을 운영하는 데 참고가 될 사항이므로 함께 나누도록 한다. 슈퍼바이지가 슈퍼비전 시간을 통해 다루었으면 하는 내용과 방법은 무엇인지에 대하여 논의하고 슈퍼비전 계획 시 반드시 이를 반영하도록 한다.

2) 슈퍼비전을 위한 상호 욕구의 합의와 계약

슈퍼비전에서의 상호신뢰와 합의는 슈퍼비전에 대한 계약이나 구두 동의에 의해 이루어질 수 있다. 만약 슈퍼바이저와 슈퍼바이지 간에 상호신뢰가 없다면 슈퍼비전을 위한 계약은 의미 없는 하나의 서류조각일 뿐이다.

(1) 슈퍼비전 계약을 위한 준비

계약은 슈퍼바이저와 슈퍼바이지에게 현실적인 업무를 알게 하고, 슈퍼바이저에게는 책임감을, 슈퍼바이지에게는 안정감을 주는 도구로 활용될 수 있다. 슈퍼바이저와 슈퍼바이지는 슈퍼비전 과정 동안 주고받는 관계를 형성한다. 슈퍼비전은 절대 일방적인 과정이 아니다. 전문직의 동료로서 파트너십 관계에 있는 양자는 경험, 관심사, 아이디어 등 서로의 관점을 나눌 준비를 해야 한다.

(2) 슈퍼비전 계약을 위한 확인 목록

Fox(1983)는 슈퍼비전 계약을 확실히 하기 위하여 사전에 나누어야 할 내용을 다음의 6가지로 제시했다. 아래의 목록들을 살펴보고 질문하면서 슈퍼비전을 진행할 필요가 있다.

- 서로에게 기대하는 것: 자신들의 생각을 솔직하게 나눔

- 서로에게 줄 수 있는 것: 관심사, 아이디어(일방적 과정이 아닌 주고받는 관계)
- 목표가 동일한지의 내용 점검과 합의: 목표가 다르면 차이 논의와 합의 필요
- 목표를 성취하는 방법: 단계적 프로그램 진행에 대해 논의, 슈퍼비전 형식, 회기/시간, 횟수, 준비사항, 슈퍼비전 과정 동안의 시간 사용, 슈퍼바이지의 역할
- 제약내용: 개인적 성향이나 현재의 직무적 특성, 사원부족과 같은 조직 관련 문제, 타 조직과의 경쟁, 조직 내의 현실적 장애물 점검 필요
- 목표성취 여부의 확인 방법: 목표 및 성과지표를 선정해야 함. 슈퍼바이지의 향상도에 관심을 가져야 함

3) 공식적인 슈퍼비전 계획서 작성

슈퍼비전 준비단계에서 어느 정도 이야기가 되었을 수 있지만 시작단계인 1회기에서는 앞으로 만날 시간과 횟수 등을 확실하게 합의해야 한다. 얼마나 자주 만나서 어느 정도 소요해야 할지 등에 대해 이야기 나누 후 매달 무슨 요일 몇 시 등 슈퍼비전 시간을 확실하게 정하는 것이 필요하다. 슈퍼비전을 우선순위에 두고 일정을 잡고 다음 슈퍼비전을 준비할 수 있도록 해야 한다. 기관의 사정에 따라 변동사항이 발생할 수 있지만 전문적인 실천을 위한 필수사항으로 가급적 우선적으로 진행되는 일로 인식되도록 할 필요가 있다. 슈퍼비전이 우선적으로 배려를 받아야 하는 일로 조직 전체가 인식한 상태에서 시작하는 것이 좋다. 슈퍼비전은 당장 급해 보이지 않지만 직무수행에 중요한 일이므로, 가급적 다른 일로 인해 연기되거나 취소되는 일이 없도록 한다.

(1) 슈퍼비전 구조화와 계획서 논의

슈퍼비전 구조와 관련해서는 앞서 개관에서 슈퍼비전의 횟수와 주기, 시간 등에 대해서는 거론된 것처럼 직원의 직무 연한과 슈퍼비전의 주제에 따라 다르게 진행될 수 있다. 그러나 통상적으로 개별슈퍼비전은 월 1회 정도를 기준으로 하고 있다. 슈퍼비전은 정기적으로 실시하는 것을 원칙으로 하되 슈퍼바이지가 원할 때와 슈퍼바이저가 필요하다고 판단했을 때 언제든지 추가로 실시될 수 있다. 정기적인 슈퍼비전의 경우, 슈퍼비전 주제 및 연차에 따라서 30분에서 90분 전후로 진행된다고 보고되고 있다. 집단슈퍼비전의 경우는 주제와 방식에 따라서 장시간 소요될 수 있다.

슈퍼바이지에 대한 교육적 사정과 욕구수렴 결과에 대한 충분한 논의 후, 슈퍼비전을 진행하기 위해 슈퍼바이저와 슈퍼바이지가 할 일이나 지켜야 할 사항에 대해 언급하고 점검하는 시간을 갖는다. 이제까지의 슈퍼바이지 사정도구 기록, 욕구수렴 인터뷰, 논의 및 토론의 결과를 토대로, 슈퍼비전의 목표와 평가지표, 내용과 과정, 서로의 의무를 포함하는 슈퍼비전 계획서를 작성하여 슈퍼바이저와 슈퍼바이지가 상호협약을 맺는다.

슈퍼비전 계약은 슈퍼바이저와 슈퍼바이지의 슈퍼비전 진행에 대한 의사를 공식적으로 확인하는 것일 뿐 아니라 서로 간 역할을 제시해 주어 적극적이고 책임 있는 슈퍼비전이 이루어질 수 있도록 하는 효과가 있다. 특히, 슈퍼비전의 목표 작성 시 너무 방대하거나 무리한 목표를 설정하기보다 목표설정의 SMART(구체적, 측정가능, 성취가능, 결과지향, 적시성) 원칙을 고려하여 함께 선정한다. 슈퍼바이지에게 적절한 목표와 분량을 다루어 슈퍼바이지의 자발성을 높이고, 슈퍼바이지들에게 슈퍼비전이 또 하나의 무거운 업무로 여겨지지 않도록 해야 한다.

슈퍼비전 목표 설정과 목표문 작성에 있어 개별목표성취척도나 기능수준척도 등을 활용하는 방법도 추천한다. 슈퍼비전 목표를 정교화하는 방법으로 다음의 3단계를 제안한다.

〈1단계〉		〈2단계〉		〈3단계〉
내가 원하는 변화와 성장의 기본 개념 확인	➡	슈퍼비전을 통해 내가 성취하고자 하는 목표 관련 개념과 요소 정리	➡	단계별 변화의 예측과 수준 결정

첫째, 슈퍼비전의 방향성이 수립되면 먼저, 슈퍼비전을 통해 올 한 해 동안 내가 원하는 변화의 기본 개념을 명확히 이해해야 한다. 이를 위해 선행문헌, 기본 사전, 검색창 등을 탐색하고 목표 내용의 객관적인 개념과 척도 목록을 꼼꼼히 읽어보면서 내가 중요하게 생각하는 부분을 구체화할 필요가 있다. 둘째로 앞서 살펴본 내용들을 근거로 슈퍼비전을 통해 성취하고자 하는 목표 관련 주요 개념과 요소의 내용을 정리한다. 선행연구자들의 논의를 토대로 조직 안에서 내가 원하는 변화의 내용을 최종 정리하는 것이 중요하다. 셋째, 내가 원하는 변화, 즉 나의 성장 목표의 단계별 변화를 예측하는 것인데, 이를 위해 인간의 보편적인 변화 단계(방향)를 살펴볼 필요가 있다. 일반적으로 변화의 단계는 4단계로 정리될 수 있다.

[목표 설정을 위한 단계별 변화의 4단계]

- **1수준 :** 학습과 인식 증진 – 학습강화, 탐색, 분석, 확인, 인지, 감정 변화, 이해도, 인식 증진 등
- **2수준 :** 학습 활용과 능력 향상 – 학습의 활용력 증대, 목록화, 선택과 결정 가능, 설명 가능, 능력 향상, 태도 변화 등
- **3수준 :** 실천능력 증대 및 실행 – 실질적 활동, 실천, 준비, 행동과 기능 강화, 능력 발휘 기회 창출 등
- **4수준 :** 자주적 행동 강화와 지역사회 기여 – 실질적 참여와 실행 가능, 사회적 행동, 영향력 발휘, 생활 통합, 교류와 연계 확장 등

슈퍼비전의 목표설정은 1년간의 계획을 중심으로 이루어지지만, 슈퍼비전 관계성은 수년간 진행되는 것이 일반적이다. 슈퍼비전의 목표 또한 1단계 수

준의 학습과 인식 증진 수준에만 머무를 것이 아니라 연차와 숙련성을 고려하여 보다 높은 수준으로 확장되어 가는 것이 필요하다. 초보 슈퍼바이저의 경우, 학습에만 초점을 두어 슈퍼비전을 진행하는 경우가 있는데, 학습한 것을 활용하고 이를 점검하는 과정까지 확장될 필요가 있다. 나아가 슈퍼바이지가 보다 주도적으로 능력과 영향력을 발휘하는 등 리더로서의 역량을 확보할 수 있도록 목표의 수준을 강화해 나가야 한다.

최종 목표가 설정되면 이를 평가하기 위한 구체적인 평가방법도 계획단계에서 결정되어야 한다.

(2) 슈퍼비전 계획서 검토 기준[10)]

1차 계획서가 작성된 후에 슈퍼바이저는 다음과 같은 기준으로 큰 틀에서 내용적 측면을 검토한다.

- 슈퍼바이지의 사정 결과를 토대로 하며 연관된 내용인가?
- 기관의 사명 및 인재상과 핵심역량을 반영하고 있는가?
- 해당 직무와 직무역량을 반영하고 있는가?
- 기관과 슈퍼바이저가 보유한 자원 및 한계점을 인식하고 작성한 결과인가?
- 제1선 슈퍼바이저와의 충분한 소통과 합의를 반영한 결과인가?
- 슈퍼비전의 기본적 원칙의 토대 위에 정리된 것인가?(개별화, 욕구 및 성장 중심, 정기성, 구조 및 공식화, 상호교류 및 상호작용 중심 등)
- 전문직의 사명과 가치, 정체성의 기반 위에 작성된 결과인가?
- 작성 내용은 이론과 선행사례, 현장 기반 등의 근거와 현장의 맥락을 반영하여 작성된 결과인가?

10) 활용방법들은 공유복지플랫폼/지식공유/최쌤안쌤의 슈퍼비전(2016.9.29) 참조.

위와 같은 질문들에 의해 내용적 측면이 검토되었다면 다음과 같은 평가기준에 따라 슈퍼비전 계획서가 구체적으로 잘 작성되었는지 슈퍼바이지와 논의의 시간을 가질 수 있다.

- 욕구수렴 및 사정 결과: 다양한 방법 내지 도구로 욕구를 종합적으로 수렴하였는지, 욕구사정은 적절하며 명확히 제시되었는지의 여부
- 목표설정: 슈퍼바이지의 현실적 욕구가 잘 반영되었는지, SMART하게 설정뇌었는지, 목표 설정을 위해 협력적 노력을 하였는지의 여부
- 수행방법: 실행가능하며 구체적으로 제시된 방법, 슈퍼비전을 위한 슈퍼바이저의 면담 이외에 서적, 동영상 자료, 내외부교육, 외부강사, 자문가 등의 자원 활용의 여부
- 평가지표 및 방법: 목표달성과 직결된 평가지표 선정, 구체적으로 제시된 목표치 및 달성치의 적절성, 목표달성을 평가하기에 적절한 평가방법 선정 여부
- 실행계획: 동기부여 및 흥미 유발을 위한 다양한 실행방법을 선정, 적합한 세부계획 수립 여부

(3) 슈퍼비전 계획서는 누가 쓰는 것인가?

그런데 슈퍼비전 계획서를 쓰는 일이 만만치 않은 일이기 때문에 슈퍼비전 계획서는 '누가 작성하는 것인가?'에 대한 질문을 종종 받게 된다.

그에 대한 정답은 '함께 쓰는 것이다'이다. 그러나 누가 주도적으로 작성하는가? 라고 질문할 수 있는데, 그것은 기관이나 단체가 추구하는 방향이나 역량강화 방침에 따라서 달라질 수 있다. 일반적으로 실천현장은 1개 부서에 여러 명의 슈퍼바이지인 직원들이 근무하는 상황이다. 따라서 슈퍼비전 계획서의 경우는 1차적으로 슈퍼바이지가 작성하도록 하여 본인의 욕구를 충분히 표현하도록 하고 충분한 의견수렴과 교육적 사정 논의 절차 후, 계획서를 마무리하는 형태를 채택하고 있다. 제2선 슈퍼바이저(상급슈퍼바이저)와 기관

장에게 제출할 시에는 슈퍼바이지와 슈퍼바이저가 함께 서명을 하여 제출하는 방식으로 진행된다. 그러나 슈퍼바이저를 양성 내지 인증하는 단체나 훈련과정 등에서는 슈퍼바이저로 하여금 슈퍼비전을 실시한 계획과 기록 등을 의무 제출하도록 하는 형식을 취하고 있는데, 이는 슈퍼비전의 목적 자체가 슈퍼바이저를 훈련하는 것에 있기 때문이다. 기관의 상황에 따라 계획서 작성자는 달라질 수 있겠지만 슈퍼바이저의 직무수행 측면에서 슈퍼바이저가 책임을 가지고 완료하는 형태가 적절하다고 판단된다.

마지막으로 매회 슈퍼비전이 끝난 후 슈퍼비전 기록지를 작성해 슈퍼바이저에게 확인하도록 한다. 이는 진행된 슈퍼비전 내용에 대해 슈퍼바이지 스스로 정리하면서 업무에 적용해 보는 시간을 가지도록 하는 차원과 다음 회기 슈퍼비전을 위해 준비해야 할 사항을 기억하도록 하는 수단이 된다. 기록지에 대해서는 이 책의 11장 실행단계의 서식과 작성 가이드에서 구체적으로 다룬다.

3. 슈퍼비전 관계 형성

슈퍼비전을 시작하는 단계에서 슈퍼비전의 관계를 형성하는 것은 매우 중요하다. 슈퍼비전의 관계는 슈퍼비전 전반에 걸쳐 많은 영향력을 미치게 되며 시작단계에서 이루어지지 않는다면 슈퍼비전 실행에 있어서 방해요소로 작용할 수도 있기 때문이다. 만약 슈퍼바이지가 신입직원이라면 슈퍼비전 관계를 맺는 것이 자연스럽지만 이미 동료로 지내고 있었는데 슈퍼바이저와 슈퍼바이지로 만나서 슈퍼비전 관계를 맺는 것은 새로운 관계 형성이 요구되기 때문에 낯설고 어색할 수 있다. 슈퍼바이저의 자질이 뛰어나고 조직 차원에서 슈퍼비전의 체계성이 확보되었다 하더라도 슈퍼바이저와 슈퍼바이지의 관계가 좋지 않다면 효과적인 슈퍼비전을 기대할 수가 없다. 슈퍼비전 관계는 단순히 동료관계 이상을 의미하기 때문에 슈퍼비전 관계의 중요성을 인식하고 관계 형성을 위해 알아야 할 핵심요소들을 이해할 필요가 있다. 또한 슈퍼비전 관계가 상사와 부하직원이라는 권력관계로 이루어진다는 것을 인정하고 슈퍼비전이 이루어지는 과정에서 발생할 수 있는 저항과 회피적 상황도 고려해 봐야 한다.

1) 슈퍼비전 관계의 중요성과 의미

슈퍼비전 관계는 조직 내에서 공식적으로 맺어진 관계로 그 조직이나 팀을 떠나지 않는 한 지속적으로 유지되는 강제적 관계이며 선택할 수 없는 관계이다. 만약 서로 관계가 좋지 않다면 슈퍼바이저와 슈퍼바이지 모두 슈퍼비전을 피하고 싶어할 것이기 때문에 슈퍼비전을 통한 성과를 기대할 수 없게 될 것이다. 따라서 슈퍼바이저와 슈퍼바이지는 긍정적인 전문적 관계를 유지하기 위해서 상호 간에 노력해야 한다. 즉, 친밀감, 상호신뢰, 명확한 의사소통과 피드백, 상호이해와 존중, 동료의식, 인정과 격려, 그리고 전문적 관계를 유지하기 위한 노력을 해야 한다. 슈퍼비전 관계를 형성하기 위해서 숙지할 내용은 다음과 같다(최원희, 2009).

- 슈퍼비전 관계에서 슈퍼바이저와 슈퍼바이지의 친밀감은 슈퍼비전에 대한 만족과 직무에 대한 만족을 가져온다.
- 슈퍼비전 관계에서 슈퍼바이저와 슈퍼바이지의 상호신뢰는 슈퍼비전에 대한 긍정적인 수용을 위해서 중요하다.
- 슈퍼비전 관계에서 명확한 의사소통과 피드백은 활발한 상호작용과 슈퍼비전에 대한 공유된 의미를 설정하는데 도움이 된다.
- 슈퍼비전 관계에서 슈퍼바이저와 슈퍼바이지의 상호이해와 존중을 위해서는 서로의 관점과 생각을 자유롭게 표현하는 개방적 태도를 가지고 서로의 차이를 수용하는 것이 필요하다.

• 슈퍼비전 관계에서 슈퍼바이저와 슈퍼바이지는 슈퍼비전에 대한 공동책임을 가지고 협력해야 하는 동료의식을 가져야 한다.
• 슈퍼비전 관계에서 슈퍼바이저와 슈퍼바이지는 서로의 역량과 역할을 인정하고 격려함으로써 바람직한 관계를 형성해야 한다.
• 슈퍼비전 관계에서 슈퍼바이저와 슈퍼바이지는 실천을 위해 맺어진 목적적 관계라는 것을 명심하고, 사적 관계의 경계와 균형을 조율하면서 상호 성장하는 전문적 관계를 유지하도록 노력해야 한다.

또한 슈퍼바이저와 슈퍼바이지의 관계는 슈퍼바이지가 클라이언트와 맺는 전문적 실천 관계에 영향을 준다고 한다.[11] 슈퍼비전 상황에서 슈퍼바이저가 슈퍼바이지를 처벌적이고 지시적으로만 대한다면 슈퍼바이지가 클라이언트를 대할 때에도 이러한 모습을 재연하게 되며, 이러한 부정적 슈퍼비전 관계는 결국 슈퍼바이지가 클라이언트와 바람직한 관계를 맺지 못하게 만든다는 것이다. 이처럼 슈퍼바이저와 슈퍼바이지의 관계가 슈퍼바이지와 클라이언트의 관계, 즉 실천과정에 투영(mirroring)된다는 점에서도 슈퍼비전 관계가 얼마나 중요한지를 알게 한다.

슈퍼비전의 관계는 슈퍼바이저와 슈퍼바이지 개개인으로만 이루어지는 관계뿐 아니라 맥락 관계를 파악하는 것이 중요하다. 이는 조직적 상황이나 실천 환경, 그리고 슈퍼바이지의 욕구나 슈퍼바이지의 발달 수준에 따라 슈퍼비전 관계가 변화해야 한다는 의미이다. 특별히 Holloway(1995)는 슈퍼비전 관계의 초기에는 관계의 본질을 명확히 하고, 슈퍼비전 관계를 협력적이고 효과적으로 할 수 있는 방법을 개발하며, 슈퍼비전 계약 수립과 슈퍼바이지를 위한 지지적 교육을 계획해야 한다고 하였다(Haynes et al., 2003).

11) Wonnacott의 2004년 연구(김은혜 외, 2014)

2) 슈퍼비전 관계에서의 권력과 권위

권위(authority)란 사회적으로 인정받고 영향력을 행사할 수 있는 위신 또는 통솔하여 따르게 하는 힘을 말하며, 권위적이라는 것은 이러한 권위를 내세우는 태도를 말하는 것으로 둘은 엄연히 다르다. 예를 들어 권위 있는 부모, 그 분야에 권위가 있는 전문가, 권위 있는 논문 등 어떤 직위나 직분 또는 분야에서 영향력을 행사할 수 있는 힘을 권위라고 한다. 반면 권위적이라는 것은 그러한 것을 내세우는 태도를 일컫는 의미이므로 권위 있는 슈퍼바이저가 바람직하며 권위적인 슈퍼바이저가 되지 않도록 해야 한다. 권력(power)은 타인이나 조직의 행태를 좌우할 수 있는 능력을 말하는 것으로, 어떤 사람이나 집단이 다른 사람이나 집단에 영향력을 미치는 잠재적 능력을 말한다.

슈퍼비전 관계 역시 조직의 권력구조 안에서 형성된다. 따라서 슈퍼바이저와 슈퍼바이지의 권력의 차이는 반드시 존재하며, 이는 힘과 관여라는 구조로 나타난다. 즉, 슈퍼바이저는 조직 내에서 슈퍼바이지의 상사라는 우위직위를 가지고 있기 때문에 슈퍼바이지의 업무수행을 지도하고 점검하는 위치에 있다는 것이다. 권력의 차이를 적절히 유지하는 것이 관건이다. 권력의 차이가 너무 작으면 슈퍼바이저가 슈퍼바이지의 직무를 지도감독하기가 어려운 관계에 이르게 되고, 권력의 차이가 너무 크면 슈퍼바이지는 최선을 다하지 않고 눈치만 살피게 된다. 따라서 슈퍼바이저는 적절한 권력과 권위의 기술을 사용할 수 있어야 한다.

슈퍼바이저는 자신의 권위가 무엇이며 어디로부터 나오는지를 알아야 한다. 슈퍼바이저의 권위는 조직으로부터 부여받은 역할에 따른 권위, 전문적인 능력에서 나오는 전문적인 권위, 그리고 그가 어떤 사람이며 자기관리를 어떻게 하는가에 따라 나타나는 개인적인 권위로 구분(Wonnacott, 2012)된다. 슈퍼바이저로서 어떤 권위를 가지고 있는가를 슈퍼바이저 스스로 생각해봐야 한다. 조직에서 중간관리자이기 때문에 슈퍼바이저의 역할을 부여받은 것이 전부인지를 따져봐야 한다. 즉 전문적인 권위와 개인적인 권위가 조직에서 부여받은 권위와 통합 될 때 비로소 슈퍼바이지로부터 존경받는 슈퍼바이저가 될 수 있다는 것을 기억하고 노력해야 한다.

슈퍼바이저가 적절하게 권력을 사용하려면 권력의 근원과 유형을 이해하는 것이 도움이 될 것이다. 슈퍼바이저의 5가지 권력 유형은 다음과 같다(최원희 · 안정선, 2018에서 재인용).

- 합법적 권력(legitimate power)

슈퍼바이저가 조직으로부터 위임받은 공적인 지위로, 조직에 순응하는 것을 기본으로 하므로 슈퍼비전 관계에서 강조하면 슈퍼바이지의 직무 동기를 낮출 수 있다.

- 보상적 권력(reward power)

슈퍼바이지에게 적절한 보상을 주는 것에 해당되며, 승진이나 성과급, 급여 인상, 직무할당, 휴가, 직원연수 등과 관련된다. 슈퍼바이지들이 공정하다고 인식하는 것이 중요하며, 슈퍼바이저는 다양한 보상을 개발하고 이를 개별화하기 위해 노력해야 한다.

- 강압적 권력(coercive power)

슈퍼바이지들의 행동을 변화시키려는 일종의 벌의 형태로, 면직이나 해직, 직위강등, 훈화 등이 해당된다. 슈퍼바이지로부터 좋은 상사이고 싶거나 슈퍼바이지의 전문적 자율성을 존중하고자 하는 슈퍼바이저는 강압적 권력의 사용을 꺼린다.

- 관계적 권력(referent power)

슈퍼바이저와 슈퍼바이지의 관계로부터 출발하는 것이다. 슈퍼바이저와 슈퍼바이지가 좋은 관계를 맺거나 슈퍼바이지가 슈퍼바이저를 존경하는 것으로 설명된다. 슈퍼바이지가 슈퍼바이저를 믿고 따르며 슈퍼바이저와 동일시하는 모습으로 나타난다. 슈퍼바이저의 개인적 자질이 전제되어야 한다.

- 전문적 권력(professional power)

슈퍼바이저가 직무와 관련하여 전문적 지식 및 기술역량을 충분히 보유하고 있고 이를 적절히 적용하여 슈퍼바이지에게 직무 방향성과 비전을 제시할 때 드러난다. 슈퍼바이지는 슈퍼바이저의 조언과 슈퍼비전을 자발적으로 수용하게 된다.

합법적 권력, 보상적 권력, 강압적 권력은 슈퍼바이저의 행정가 역할에서, 관계적 권력과 전문적 권력은 슈퍼바이저 개인이자 전문가로서의 역할에서 주로 사용된다. 따라서 슈퍼바이저는 바람직한 슈퍼비전 관계를 위해 다양한 권력들을 어떻게 적절하게 사용할지 고려하면서 슈퍼바이저로서의 역량을 향상하고자 최선을 다해야 한다.

3) 슈퍼비전 회피와 슈퍼비전 게임

슈퍼비전이 지지와 격려만으로 이루어질 수는 없고 늘 성공적인 결과만을 도출할 수도 없다. 때문에, 대부분의 슈퍼바이지와 슈퍼바이저가 슈퍼비전 과정에서 어느 정도의 긴장감과 불안감을 경험하곤 한다. 슈퍼바이지는 슈퍼비전을 통해 직무수행에 대한 점검으로 자신의 역량을 평가받게 되고 부족한 수행 부분을 인정하는 과정에서 좌절하기도 한다. 슈퍼바이저는 슈퍼바이지에게 좋은 상사로 인정받고 싶은데 실제로는 슈퍼바이지를 객관적으로 평가하고 이를 인식시키면서 보완할 과제를 부여하는 역할수행으로 심리적 부담을 가지기도 한다. 특히 초임슈퍼바이저는 슈퍼바이저로서의 능력 부족과 자신이 하고 있는 슈퍼비전이 옳은 것인지에 대한 확신 부족으로 긴장과 불안을 겪을 수도 있다. 이처럼 슈퍼비전은 슈퍼바이지와 슈퍼바이저 모두에게 어느 정도의 긴장과 불안을 느끼게 한다. 긴장과 불안이 자연스러운 현상임을 인식하고 수용하는 자세가 필요하다.

이러한 불안과 스트레스를 회피하는 수단으로 사용되는 것이 바로 슈퍼비전 게임이다. 슈퍼비전 게임은 효과적인 슈퍼비전을 방해하기 때문에 게임의 불이익을 인식해야 한다. 게임의 종류는 매우 다양하다. 슈퍼바이지가 주로 거는 게임과 슈퍼바이저가 하는 게임을 파악하고 이를 거절하여 효과적인 슈퍼비전이 이루어지도록 노력해야 한다. 슈퍼비전 게임 중 슈퍼바이지가 주로 거는 게임은 슈퍼비전의 요구수준을 조정하는 게임들, 슈퍼비전 관계를 재정의하는 게임들, 슈퍼바이저와 슈퍼바이지의 권력 불균형을 감소시키는 게임들, 슈퍼비전 상황을 통제하려는 게임들로 분류한다. 슈퍼바이저가 하는 게임은 슈퍼바이지의 게임에 비하면 종류가 적지만 슈퍼바이지 입장에서 거절이 어렵기 때문에 벗어나기가 더 힘들다. 슈퍼바이저의 게임으로는 슈퍼비전 시간 대부분을 본인의 힘듦을 전하거나 슈퍼바이지에게 질문과 과제만 부여하여 책임을 회피하는 등 슈퍼바이저로서의 권력을 포기하는 게임들이 있다. 반면 권력을 주장하는 게임도 있는데, 예를 들면 슈퍼바이지의 실수를 보고하겠다고 위협하거나 어떠한 협의도 가능하지 않은 억압적인 상황 또는 슈퍼바이저인 자신이 모든 걸 잘 알고 있다면서 슈퍼바이지의 도전과 성장을 저해하는 게임 등이 포함된다.[12)]

슈퍼비전 게임에 대처하는 방법으로는 직면이 있다. 슈퍼바이지의 행동이 슈퍼비전을 회피하려는 것이라고 알려주는 것인데, 슈퍼바이지의 심리적 손상과 향후 슈퍼비전 관계가 더 나빠질 수 있기 때문에 신중해야 한다. 거절하는 방법도 있다. 슈퍼바이지가 게임을 걸 때 일단 무시하고 계획되어 있는 슈퍼비전을 진행한 다음에 그 얘기를 하자고 하는 것이다. 마지막으로 예방적인 방법이다. 미리 슈퍼바이저와 슈퍼바이지가 함께 게임의 종류를 하나씩 탐색하면서 본인이 사용할 수도 있거나 잘 걸려들 것 같은 게임에 대하여 토의하는 것이다. 슈퍼바이저와 슈퍼바이지가 서로의 슈퍼비전 게임을 알게 되

12) 공유복지플랫폼/지식공유/최쌤안쌤의 슈퍼비전(2018.7.31.부터 연속 5회) 칼럼 참조.

고 게임의 불이익에 대해서도 인식하게 됨에 따라 슈퍼비전 게임을 걸기가 어려워진다.

4. 효과적인 슈퍼비전 관계 발전

효과적인 슈퍼비전 관계를 발전시키려면 슈퍼바이저와 슈퍼바이지의 자기 인식과 상호이해 과정이 필요하다. 슈퍼비전 관계에 영향을 줄 수 있는 과거 경험을 성찰하고, 자신이 가지고 있는 편견과 고정관념 및 주요 가치를 이해하며, 선호하는 의사소통방식이나 학습스타일 등을 파악함으로써 보다 효과적인 슈퍼비전을 실행할 수 있게 된다.

1) 슈퍼비전 관계에 영향을 미치는 경험

슈퍼비전에서 슈퍼바이저와 슈퍼바이지의 과거 경험들은 현재의 슈퍼비전 관계에 영향을 주게 된다. 슈퍼바이저는 가정에서의 경험, 학교에서의 경험, 실천가로서의 경험, 슈퍼비전을 받았던 경험, 실습지도를 했던 경험 등(최원희 · 안정선, 2018)을 토대로 이러한 경험들이 슈퍼비전 관계에 어떻게 영향을 줄 것인지를 성찰해 봐야 한다. 이러한 경험들은 때로는 긍정적으로 때로는 부정적으로 표출될 수도 있으며, 단지 슈퍼바이지의 과거 경험들과 상반된다는 이유만으로도 관계를 발전시키는 데 제약이 될 수도 있기 때문이다.

- 가정에서의 경험

사람들은 자신의 성장환경에 의해서 영향을 받는데, 슈퍼비전 관계에서는 주양육자의 권력이나 권위 사용이 영향을 줄 수 있다고 본다. 부모로부터 일관성 있는 양육을 받았는지 또는 이중 메시지를 받았는지, 독재적 또는 허용적 양육 환경이었는지 등이다. 부모와의 관계가 슈퍼비전 관계와 완전하게 동일하지는 않지만 권력을 행사하거나 권위를 사용할 때 유사하게 나타난다고 한다.

- 학교에서의 경험

교사는 가족 이외에 가장 영향력 있는 외부 권위자로서 이들과의 관계 형성의 경험은 슈퍼비전 관계에도 영향을 미치는 경향을 보인다. 일관성 있고 신뢰할 만한 교사였는지, 권력에 복종해야만 하는 상황이었는지, 이러한 관계에서 가졌던 감정은 무엇이었고 어떻게 대응하였는지를 생각해 보아야 한다.

- 실천가로서 경험

슈퍼바이저는 슈퍼바이지의 선배로서 자신이 직무를 수행하면서 적용했던 지식과 기술, 실천의 지혜를 전하게 된다. 하지만 동시에 관리자로서 행정적 역할도 수행하기 때문에 슈퍼비전 관계에서 갈등이 발생할 수 있다. 이때 슈퍼바이저에게는 관계 형성 기술, 집단을 이끄는 기술, 피드백 기술 등이 요구된다.

- 슈퍼비전 받은 경험

처음 슈퍼바이저가 되면 과거에 경험했던 슈퍼비전을 떠올리고 그 중에서 도움이 되었던 것을 중심으로 자신만의 슈퍼비전 스타일을 만들어가게 된다. 그러나 본인이 좋았던 슈퍼비전이 슈퍼바이지에게도 그럴 것인지에 대하여 고민해 봐야 한다. 과거 슈퍼비전 경험이 지금의 슈퍼바이지의 특성 및 욕구와 선호에 적절한지 분석해 봐야 한다.

- 실습지도 경험

실습생을 지도했던 경험은 처음 슈퍼바이저가 되었을 때 도움이 될 수 있다. 학생슈퍼비전과 직원슈퍼비전은 학습욕구파악 및 교육과 평가에 있어서 공통점이 많기 때문에 적용할 부분이 있기 때문이다. 그러나 실습생과 직원은 직무 책임의 수준과 권력 및 권위의 차원에서 분명한 차이를 가진다. 실습생은 외부인으로 직무에 대한 책임을 가지지 않는 반면에, 슈퍼바이지는 조직구성원으로서 조직의 목표를 향해 함께 나아가는 공동책임의 관계임을 명확히 인식하고 있어야 한다.

2) 슈퍼바이저의 자기인식

슈퍼바이저의 가지는 슈퍼비전의 관계와 슈퍼비전의 내용에 영향을 미칠 수밖에 없다. 최원희(2009)는 슈퍼비전의 성공요인 32개를 밝히고 우선순위를 확인하였는데, 그 중 1위가 슈퍼바이저의 가치로 드러난 바 있다. 슈퍼바이지를 이해하는 데 있어서 슈퍼바이저 자신이 어떠한 주요 가치를 가지고 있는지 편견이나 고정관념은 없는지를 인식하는 것이 중요하다. 이는 슈퍼비전에서 슈퍼바이지와 효과적인 관계를 유지하는 데도 필요하지만 향후 슈퍼비전 실행에서 슈퍼비전 내용의 방향에도 영향을 주기 때문이다. 전문가의 도움을 받는 것도 좋지만 스스로 해보는 것도 유용한 것들이 있다. 여기서 소개하는 전문가 자기인식 보고, 자기지식 개발, 편견과 고정관념 성찰의 방법 등은 슈퍼바이저뿐 아니라 슈퍼바이지의 실천가로서의 자기인식 활동으로도 활용[13]이 가능하다. 슈퍼바이저가 먼저 해보고 교육적 슈퍼비전의 주제로 선정하여 진행해 보는 것도 추천한다.

(1) 전문가 자기인식 보고서

전문가 자기인식 보고서(문영구 외, 2008)는 사회복지사로서 자기 자신을 인식하는 방법으로 주어진 항목에 스스로 답변하여 보고서를 완성하는 형식이다. 총 세 영역으로 구성되어 있다. 첫 번째 영역은 자신의 세계관과 영성 탐색(나의 신념, 신념이 살아가는 방식에 미친 영향, 삶의 목적, 도덕적으로

13) 관련 도구들은 공유복지플랫폼/지식공유/최쌤안쌤의 슈퍼비전의 칼럼에서 참조.

좋은 사람의 이미지) 및 자신이 사랑하는 것을 적어 보는 것이다. 두 번째 영역은 자신의 가치(인종, 계급, 나이, 종교, 성과 성적 지향, 힘, 삶의 유형화)와 평소 자신의 도덕적 신념, 사회복지의 윤리적 원칙과 가치 중에서 우선순위 정해보기 등이 포함된다. 마지막 영역은 일을 통해서 추구하는 가치, 내가 생각하는 사회복지사의 이미지, 나의 가치와 윤리적 민감성을 형성 · 발전시키는 요소를 생태도로 표시하게 되어 있다.

(2) 자기지식 개발 분석틀

자기인식에서 더 발전된 자기지식(self-knowledge) 개발 개념은 과학적 지식이 강조된다. Johnson(1995)이 제시한 자기지식 분석틀(최원희 · 안정선, 2018)은 6가지 범주를 통해 자신의 생각을 정리하면서 자신에 대해 알아가게 된다. 즉, 개인의 생활방식과 인생철학, 윤리지침과 가치체계, 뿌리, 인생경험, 개인적 욕구, 개인적 기능 등의 과정을 거치게 된다.

- 생활방식 및 인생철학(Lifestyle and Philosophy of Life)

생활방식은 다른 사람들과의 상호작용, 일하고 즐기고 휴식하는 방식 등을 말한다. 객관적인 사실 자체를 기술하고 왜 이런 방식을 취하게 되었는지도 생각해 보아야 한다. 인생철학에는 사람들과 사회에 대한 신념 및 인간의 삶, 삶의 목적, 어떻게 살아야 하는가에 대한 신념 등이 포함된다.

- 윤리지침 및 가치체계(Moral Code and Value System)

윤리와 가치체계는 인생철학과 밀접한 관련성을 가진다. 윤리지침은 옳은 행동과 잘못된 행동을 판단하는 기준, 가치는 바람직하거나 선호하는 것으로 설명된다. 사람들은 자신이 가치 있다고 생각하는 행동이나 사물을 우선순위로 고려하는데, 이러한 가치체계와 윤리지침은 문화유산, 가족, 종교, 집단, 개인적 경험, 교육경험 등에 의해 영향을 받는다.

• 뿌리(Roots)

생활방식과 인생철학, 윤리지침과 가치체계는 개인의 뿌리라고 할 수 있는 문화적 · 가족적 배경으로부터 영향을 받는다. 뿌리에 대하여 생각하는 과정 자체가 자신에 대한 이해와 인간의 존재 의미를 이해하게 한다. 뿌리를 이해하는 방법으로는 자신이 속한 문화적 유산을 연구하는 방법, 최소한 3대 이상의 가계도를 그려보는 방법, 사회심리적 관점에서 가족을 바라보는 방법 등이 있다.

• 인생경험(Life Experiences)

뿌리에 관한 생각은 자신을 형성해 온 중요한 경험들을 이해하게 한다. 가정, 교육, 동료, 지역사회, 이웃, 집단, 종교, 병력, 장애, 빈곤, 경제자원 등과 관련된 경험 등, 이러한 인생경험에 대한 규명은 자신의 삶이 다른 인생경험과 어떻게 관련되는지, 어떻게 사고와 감정, 행동에 영향을 미치는지를 평가하는 데 유용하다.

• 개인적 욕구(Personal Needs)

자기지식을 개발하기 위해서는 개인의 욕구를 이해하고 그 욕구들이 어떻게 충족되는지를 이해해야 한다. 보편적인 인간의 욕구가 본인에게 어떻게 충족되었는지, 충족되지 않았던 욕구는 무엇인지를 규명해 본다. 인간의 다양성으로 인해 야기되는 욕구 및 사회체계들과의 관계를 통해 나타난 자신의 욕구를 이해하는 것도 필요하다.

• 개인적 기능(Personal Functioning)

자기지식 개발에서 중요한 또 하나는 생활방식과 인생철학, 윤리지침과 가치체계, 뿌리, 개인적 욕구 등이 일상생활에서 어떻게 기능하는지를 인식하는 것이다. 학습방법, 상황에 반응하는 방법, 편견에 대한 시각 등 자신에 대해 느끼는 것이 일상의 사회적 기능에 어떤 영향을 미치는지를 아는 것도 도움이 된다.

자기지식 개발 활동은 쉬운 일이 아니다. 이 과정에서 자신에 대한 불만, 과거 경험으로 인한 고통, 사회에서의 위치와 역할에 대한 분노 등이 나타나기도 하므로 위험부담도 따른다. 인간은 현재 처한 환경이나 경험과 시간의 경과에 따라 성장하거나 퇴보하므로 자기분석은 일정시기마다, 생애주기에 따라, 또는 특별한 사건을 경험한 후에 실시하면서 자신의 변화를 감지하는 데 활용하는 것이 좋다.

(3) 편견과 고정관념 탐색

자기를 이해하는 활동으로 편견과 고정관념을 확인하는 것도 도움이 된다. 다음의 질문들은 자신의 편견과 고정관념을 확인하고 그것이 무엇으로부터 시작되었는지 근원을 파악하며 얼마나 일반적인 생각인지를 성찰한 후 떨쳐버릴 수 있도록 하는 과정을 연습하는 데 도움을 줄 수 있을 것이다. 각 질문마다 단계를 거치면서 스스로 답을 하는 형식으로 개발하였다.[14)]

〈1단계〉 당신의 편견이나 고정관념은 무엇입니까?
〈2단계〉 당신의 편견이나 고정관념은 주로 무엇과 관련됩니까?
〈3단계〉 당신의 편견이나 고정관념이 시작된 시점은 언제부터입니까?
〈4단계〉 당신의 편견이나 고정관념은 다른 사람에게도 일반적인 것입니까?
〈5단계〉 당신의 편견이나 고정관념을 공개할 수 있습니까?
〈6단계〉 당신의 편견이나 고정관념 중 버릴 수 있는 것은 무엇입니까?

14) 공유복지플랫폼/지식공유/최쌤안쌤의 슈퍼비전(2018.11.29.) 칼럼을 통해 단계별로 따라가면서 성찰할 수 있게 개발한 것으로, 단계별 세부 내용은 칼럼 참조.

3) 상호 선호방식 이해

슈퍼바이저 또는 슈퍼바이지가 어떤 스타일의 사람인지를 이해하는 것은 효과적인 슈퍼비전 관계를 이끄는 데 매우 유용하다. 선호하는 방식이 무엇인지를 다양한 측면에서 서로 탐색할 필요가 있다. 슈퍼바이저와 슈퍼바이지가 서로 다른 성향이 있다면 가급적 슈퍼바이저가 슈퍼바이지에게 맞출 것을 권한다. 그래야 슈퍼바이지가 슈퍼비전 내용을 더 수월하게 받아들일 수 있기 때문이다. 그러나 슈퍼바이저도 독특성을 가진 인간이므로 자신의 성향과 지향을 바꾸기가 어렵다. 슈퍼바이지에게 서로가 다름을 알리고 슈퍼바이지에게 맞추려고 노력하겠다는 의지를 표명하는 것만으로도 관계 발전에 도움이 될 수 있다. 서로를 이해하기 위한 방법 세 가지(김은혜 외, 2014)를 소개하고자 한다.

(1) 의사소통방식: 시각적 방식과 언어적 방식

슈퍼바이저와 슈퍼바이지가 선호하는 의사소통방식을 파악하는 것은 서로를 이해하는데 도움이 된다. 간단하게 시각적인 소통을 선호하는가와 언어적인 소통을 선호하는가만 파악해도 이러한 방식이 서로를 판단하는 데 방해요소로 작용할 수 있음을 알게 된다. 예를 들어, 언어적 소통을 선호하는 슈퍼바이지는 논의할 내용을 구두로 진행하려 했지만 시각적 소통을 선호하는 슈퍼바이저라면 회의 준비가 미흡하다고 생각할 수 있다. 반대로 언어적 소통을 선호하는 슈퍼바이저에게 시각적 소통이 익숙한 슈퍼바이지는 슈퍼비전에 대하여 슈퍼바이저가 성의 없다고 느낄 수도 있다. 의사소통방식이 선호의 차이라는 것을 서로 이해한다면 서로의 방식을 존중하고 거기에 맞게 준비하면서 슈퍼비전을 시작할 수 있을 것이다.

(2) 업무지향방식: 과정지향과 과업지향

과업지향과 과정지향은 지향하는 지점이 다르다는 의미이다. 업무적 상황에서 과업지향적인 사람은 업무의 성과에 집중하고, 과정지향적인 사람은 업무의 진행상황에 더 많은 관심을 가지게 된다. 과업지향적인 슈퍼바이저와 과정지향적인 슈퍼바이지가 사업 종료 후 평가를 위해 슈퍼비전 상황에서 만났다고 가정해 보자. 슈퍼바이저는 사업의 성공적인 성과를 칭찬하고 미흡한 결과 부분에 대한 향후 보완점을 위주로 피드백을 주었는데, 슈퍼바이지가 원하는 것은 사업을 종료하기까지 과정에서의 노력 및 다음에 진행할 때 준비해야 할 사항들에 대한 피드백을 기대했기 때문에 슈퍼바이저의 피드백에 만족하지 못하게 된다. 반대의 경우도 있을 수 있다. 이처럼 업무지향이 다른 슈퍼바이저와 슈퍼바이지가 만났다면 슈퍼바이저가 슈퍼바이지의 지향 방식을 이해하고 슈퍼비전에서 이를 반영하려고 노력해야 한다.

(3) 학습선호방식

슈퍼비전 시작단계에서 작성하는 슈퍼바이지의 교육적 사정질문지에는 선호하는 학습스타일이 포함되어 있다. 학습스타일은 본인이 새로운 것을 배울 때 선호하는 유형을 파악하는 것이다. 교육적 환경에서뿐만 아니라 직무를 배우고 수행하는 방법에서도 적용된다. 대부분의 사람들은 자신의 학습스타일이 효과적이라고 생각하여 다른 사람을 그 방식으로 가르치려는 경향이 있다. 슈퍼바이저가 자신의 스타일로 슈퍼비전을 하거나 슈퍼바이지에게 개입하는 것이 슈퍼바이지의 학습촉진을 도울 것인가를 생각해 보아야 한다. 또한 슈퍼바이저와 슈퍼바이지가 서로의 학습스타일을 이해하게 되면 일의 방식이나 진행 속도의 조율도 가능해질 수 있다는 이점이 있다. Honey와 Mumford(2000)가 제시하는 4가지 학습스타일은 다음과 같다.

- 실무가형: 제시된 과제에 있어서 연관성이 보이고 문제해결의 방법과 일의 진행과정 대한 이해가 있을 때 가장 잘 배운다.
- 성찰가형: 행동을 실천으로 이행하기 전에 많은 생각을 깊게 하는 편이다. 가능한 모든 대안을 평가해 보고 생각이 정리되었을 때 비로소 행동을 결정하게 된다.
- 논리가형: 논리적이고 왜 이런 일을 해야 하는지 알아가는 것을 선호한다. 개념과 모델에 친숙하며 지적인 도전을 즐기는 성향이 있다.
- 활동가형: 이들은 직접 일을 시도해 보는 것을 통해서 가장 잘 배운다. 즉, 실천경험으로 얻어진 것을 편하게 받아들이기 때문에 시행착오를 두려워하지 않는다.

선호하는 학습스타일은 각 유형별로 정도의 차이가 있고 본인이 기준이 되어 상대적으로 인식할 수 있다. 예를 들어, 강한 활동가는 약한 활동가를 실무가나 성찰가로 생각하기도 한다. 따라서 특정 스타일로 누군가를 단정하지 않도록 유의하고 서로를 이해하는 도구로 활용해야 한다.

[시작단계에서의 확인 사항]

☑ 슈퍼비전에서의 합의를 위한 사전점검을 하였는가?

☑ 슈퍼바이지를 교육적으로 사정하였는가?

☑ 슈퍼비전을 위한 상호 욕구를 합의하였는가?

☑ 슈퍼비전 실행을 위한 공식적인 슈퍼비전 계획을 수립하였는가?

☑ 슈퍼비전을 시작함에 있어서 슈퍼비전 관계의 중요성을 인식하였는가?

☑ 슈퍼비전 관계에서의 권위와 권력, 슈퍼비전 게임을 이해하였는가?

☑ 슈퍼비전 관계에 영향을 미치는 과거의 경험들을 성찰하였는가?

☑ 슈퍼바이저의 자기인식의 필요성과 방법을 숙지하였는가?

☑ 슈퍼바이저와 슈퍼바이지의 상호이해를 돕는 방법들을 적용하였는가?

CHAPTER 07

시작단계의 이슈와 솔루션

❑ 시작단계에서 필요한 솔루션 목록

시작이슈1 슈퍼비전 계획 수립에서 합의가 잘 안돼요.

시작이슈2 오래된 슈퍼비전 관계라서 다룰 만한 주제가 없어요.

시작이슈3 슈퍼비전에서 다룬 내용에 대한 비밀이 보장되지 않아요.

시작이슈4 슈퍼비전 기록이 너무 힘들어요.

[시작이슈1] 슈퍼비전 계획 수립에서 합의가 잘 안돼요

저는 8년의 실천경력을 가진 2년차 슈퍼바이저입니다. 2년 경력을 가진 사회복지사와 슈퍼비전 계획 수립에 이견이 있어서 고민입니다. 저는 평소에 슈퍼바이지를 관찰하면서 나름대로 분석한 결과, 직무수행하는 과정에서 드러나는 슈퍼바이지의 약점을 보완하는 것에 중점을 둔 슈퍼비전을 계획하고 있었습니다. 그리고는 슈퍼비전 계획 수립을 위해 슈퍼바이지와의 협의과정에 임하였는데 여기서 난관에 부딪히게 된 것입니다. 슈퍼바이지는 자신의 약점을 거론하는 것 자체에 부담을 가지고 슈퍼비전 진행에 대해 상당히 부정적인 모습을 보였고, 이로 인해 슈퍼비전 진행 자체가 어렵게 되었습니다. 이처럼 슈퍼바이저와 슈퍼바이지가 추구하는 슈퍼비전 목표에 차이가 있을 경우 슈퍼바이지의 욕구에만 기반하여 슈퍼비전의 방향을 설정해야 하는지 의문입니다. 슈퍼바이지가 끝까지 제 의견에 동의하지 않는다면 어떻게 해야 할까요? 이럴 경우, 실제로 슈퍼비전 계획에 대한 협의가 가능한 걸까요?

솔루션 슈퍼바이지가 원하는 것으로 시작해야 슈퍼바이지가 자발적이고 적극적으로 슈퍼비전에 임하게 되겠죠. 먼저 슈퍼바이지의 욕구를 우선으로 반영하고 다음으로 슈퍼바이저가 원하는 것을 제시해 보세요. 강점중심의 슈퍼비전으로도 슈퍼바이지의 역량을 높일 수 있습니다.

먼저 사례에서의 슈퍼바이저가 평소에 슈퍼바이지의 업무수행 과정을 꾸준히 관찰해 왔다는 것은 매우 바람직한 자세입니다. Munson(2002)은 슈퍼바이저가 해야 할 기본 과업으로 다음의 5가지를 제시한 바 있습니다. 실천 관련 서적을 탐독하기, 기록하기, 슈퍼바이지의 말을 경청하기, 말하는 기술을 활용하기, 그리고 슈퍼바이지를 관찰하라는 것입니다. 슈퍼바이지가 보고한 것만을 근거로 한 슈퍼비전은 유의해야 합니다. 실천을 제대로 파악하기 위해서는 그들의 실천과 직무태도 등을 정기적으로 관찰하고 그에 필요한 슈퍼비전이 있어야 하는 것이죠.

그러나 이 사례에서 아쉬운 점은 슈퍼바이저가 자신의 관찰과 본인의 관점으로만 슈퍼비전의 목표와 방향을 혼자서 결정해 버렸다는 점이예요. 슈퍼바이지가 어떤 슈퍼비전을 기대하는지에 대하여 관심을 두지 않고 슈퍼바이저 자신이 원하는 것에만 우선한 거죠. 슈퍼바이저와 슈퍼바이지가 원하는 슈퍼비전 내용이나 방법이 동일했다면 아무 문제가 없겠지만 사실 그렇지 않은 경우가 더 빈번합니다. 그렇다고 무조건 슈퍼바이지가 원하는 것으로만 진행해야 한다는 의미는 아닙니다. 우선순위를 고려해 보면 어떨까요? 슈퍼바이지가 원하는 것으로부터 시작하는 것인데, 클라이언트와의 목표수립 합의과정과 유사합니다. 변화를 해야 할 대상이 먼저 원하는 것을 시작해야 적극적으로 참여하게 되고, 이러한 성공을 경험해야 이후에 또 다른 목표를 함께 만들어갈 수 있을 테니까요.

이슈 사례에서 슈퍼바이지가 동의하지 않는 이유는 약점을 보완하려는 슈퍼바이저의 계획 때문인 것으로 보입니다. 물론 슈퍼바이저로서는 약점을 보완하는 슈퍼비전이 슈퍼바이지의 업무역량에 빠른 효과가 있겠다 싶겠지만 본인이 원하지 않는다면 시작이 쉽지 않겠죠. 오히려 서로 감정적으로 불편해지기 때문에 슈퍼바이저가 원하는 대로 따라오지 않을 것이고요. '강점중심 슈퍼비전'에 관심을 가져보면 어떨까요? 슈퍼바이지들이 슈퍼비전에 대하여 부정적이거나 회피하고 싶은 이유 중 하나는 잘못된 업무에만 중점을 둔 슈퍼비전 때문이기도 합니다. 물론 업무를 더 잘 수행하도록 하기 위한 슈퍼바이저의 의도 때문이지만 이런 방식의 슈퍼비전이 지속된다면 슈퍼바이지와 슈퍼바이저 모두 피곤하고 지치게 됩니다.

슈퍼바이저와 슈퍼바이지의 관계는 슈퍼바이지와 클라이언트의 관계에 그대로 투영(mirroring)된다고 합니다. 실천의 관점은 문제중심에서 강점중심으로 패러다임이 변화했는데, 슈퍼비전 상황도 그래야겠죠. 슈퍼바이지가 클라이언트를 강점중심으로 바라보게 하려면 슈퍼바이저도 슈퍼바이지에게 그렇게 하는 것이 바람직합니다. 약점중심의 슈퍼비전, 즉 슈퍼바이지의 부족한 실천에 초점을 둔 슈퍼비전은 슈퍼바이지의 자존감을 낮추고 질책과 추궁의 시간으로 인식하여 슈퍼비전 실행 자체를 어렵게 만들 수 있습니다. 슈퍼바이지가 작은 성공들과 성취감을 경험하게 된다면 더 큰 성공을 위해 도전할 것입니다. 그러니 슈퍼바이지의 강점과 슈퍼바이지의 욕구에 집중해 보면 어떨까요?

[시작이슈2] 오래된 슈퍼비전 관계라서 다룰 만한 주제가 없어요

이용시설 근무 12년차 사회복지사입니다. 지금의 슈퍼바이저와 10년째 슈퍼비전 관계를 이어 오다 보니 발전적인 관계가 되기보다는 반복적인 관계 속에 있다고 생각됩니다. 저는 업무와 관련하여 새로운 시각으로 슈퍼비전 받고자 하는 욕구가 있습니다. 그런데 서로에게 익숙해져서인지 새롭게 다룰 아젠다를 찾기가 어렵습니다. 슈퍼비전 관계를 새롭게 만들어 갈 수 있는 방법이 없을까요?

솔루션 그동안 실천에 도움이 되었던 슈퍼비전 경험을 구체적으로 나열하면서 슈퍼비전의 긍정성과 효과를 먼저 나누는 시간을 가져보세요. 새로운 주제를 찾는 방법으로, 10년 전에 실천가에게 요구되었던 필요역량과 현재 요구되는 필요역량을 함께 논의하다 보면 슈퍼비전 주제를 발견하게 될 것입니다.

10년 이상을 슈퍼바이저와 슈퍼바이지가 서로 바뀌지 않고 슈퍼비전 관계를 유지해 왔다면 다소 지루하고 매너리즘에 빠지기도 쉬울 것입니다. 업무적 역량은 물론 개인적 취향까지도 서로 완전히 알고 있다고 생각하기 때문에 새로운 시도를 하기 어렵습니다. 그럼에도 불구하고, 현장의 많은 슈퍼바이저와 슈퍼바이지들이 더 성장하고 발전적인 관계로 나아가고자 하는 욕구를 표현하는 일이 드물지 않습니다. 먼저, 아무리 오래된 관계라 하더라도 계기와 기회를 만든다면 새로운 관계와 슈퍼비전의 주제를 만들어갈 수 있습니다. 계기와 기회를 한번 만들어 볼까요?

새로운 슈퍼비전 관계를 만들어가기 위해서 먼저 그동안의 슈퍼비전을 탐색하는 시간을 슈퍼바이저와 슈퍼바이지가 함께 가져보면 좋겠습니다. 슈퍼비전에서 중요한 것 중 하나는 슈퍼비전 과정을 평가하는 것입니다. 10년 전과 현재라는 지점이 아닌 10년 전부터 거쳐 온 과정에 집중해 보는 것입니다. 그 시간 중에는 성큼성큼 성장했던 기간도 있을 것이고, 느리게 발전해온 시간도 있을 것이며, 정체되었던 시기도 있었을 거예요. 그리고 머물고 있는가 싶으면 어느새 달라져 있는 경우도 있었을 테고요. 보이지 않게 또는 눈에

띄게 진행되면서 발전하여 현재 시점에 도달했다는 것을 서로 확인하는 시간이 필요합니다. 슈퍼비전 기록이 있다면 근거를 통해서 더 선명하게 느낄 수 있겠지만 만약 없다면 과거의 굵직한 사업성과들과 슈퍼비전을 연결해서 대화해 보는 것도 좋은 방법입니다.

새로운 슈퍼비전을 찾는 구체적인 방법으로 질문을 통해서 다음과 같이 진행해 볼 수 있습니다. 먼저, 슈퍼바이지가 10년 동안 동일한 직무를 수행해 왔는가? 새로운 직무나 동료와 함께 일했던 적이 있는가? 그때는 슈퍼비전의 주제가 풍부했나? 등에 대하여 회상해 봅니다. 그러고 나서 다음의 내용들을 순차적으로 따라가면서 슈퍼비전의 방향을 찾아갑니다. 그동안 어떤 슈퍼비전 주제를 다루었는지 생각나는 대로 모두 나열하고 각각을 통해서 슈퍼바이지와 슈퍼바이저는 어떻게 성장했는지 서로 대화하기, 현재 부족한 역량이나 필요하다고 생각하는 기대 역량은 무엇인지, 이를 향상시키기 위해서 슈퍼비전 시간에 무엇을 하면 좋을지, 그리고 우선순위를 정합니다. 그동안 슈퍼비전 계획서와 평가서가 작성되어 있다면 쉽게 할 수 있을 겁니다. 만약 기록된 자료들이 없다고 해도 실망하지 마세요. 슈퍼바이저와 슈퍼바이지의 기억에 의존하는 것도 가능해요. 중요한 것은 머릿속에 남아 있을 테니까요. 새로운 슈퍼비전의 시작은 이전 슈퍼비전의 평가로부터 출발한다는 것도 기억하세요.

또한 10년 전의 복지현장과 클라이언트의 특성을 현재의 상황에 대비하면서 달라진 점들을 토의하는 것도 유용한 주제가 됩니다. 실천의 패러다임이 변화하고 인권이 강조되는 등 우리사회와 복지환경은 매우 빠르게 변화하고 있고 실천가에게 요구되는 책무성은 더 강조되고 있죠. 이에 대한 성찰 없이 매너리즘에 빠져 습관적으로 업무를 수행하고 있지는 않은지에 대해서도 슈퍼비전에서 다룰 수 있습니다.

[시작이슈3] 슈퍼비전에서 다룬 내용에 대한 비밀이 보장되지 않아요

> 저는 사회복지사는 아니지만 사회복지관에서 4년째 근무하고 있습니다. 슈퍼비전 시간에 제 개인적인 내용을 다뤘는데, 어느 날 보니 그 내용이 팀 회의와 책임자 회의에서 공공연히 다루어지더라고요. 매우 당황스러웠고 화가 났습니다. 더 이상 슈퍼비전 관계를 지속하고 싶지 않았고 신뢰관계를 갖기 어려웠습니다. 이와 관련하여 슈퍼바이저께 불편함을 호소하며 이야기를 나눠보니, 저는 개인적인 내용이라고 생각했는데 슈퍼바이저는 그 내용을 공개적으로 다루는 것이 조직 전체에 긍정적인 영향을 미칠 것이라고 판단했다고 합니다. 제 얘기라고 말하지 않아서 괜찮다고 했지만 저는 더 이상 슈퍼비전 관계를 갖기 어려울 것 같습니다.

솔루션 슈퍼비전 과정에서 알게 된 슈퍼바이지의 개인적인 정보는 비밀이 유지되어야 하며, 클라이언트나 조직을 위해서 다루어야 하는 경우에는 슈퍼바이지의 동의가 필요합니다.

슈퍼바이지가 힘든 이유는 슈퍼비전에서 개인적이라고 생각하고 나눈 대화가 본인의 동의도 없이 공개되었다는 점일 것입니다. 그런데 불편함을 호소하는 과정에서 보인 슈퍼바이저의 태도 때문에 슈퍼비전 관계를 더 어렵게 만든 것 같아요. 이때라도 슈퍼바이지가 느꼈을 감정을 슈퍼바이저가 공감해주고 사과했다면 신뢰관계를 다시 회복할 기회가 되었을 텐데 그 시기를 놓친 것이 매우 안타깝습니다.

효과적인 슈퍼비전은 안전한 슈퍼비전 환경이 우선되어야 합니다. 그런데, 비밀이 보장되지 못한다면 과연 슈퍼바이지가 슈퍼비전 시간을 안전하다고 생각할까요? 사례와 같이, 슈퍼비전에서의 비밀보장 문제는 실천현장에서 종종 언급되고 있습니다. 슈퍼비전의 성과는 슈퍼비전 관계로부터 시작되고 관계를 구축함에 있어서 기본적인 요소[15]들이 있습니다. 그 중 가장 우선되는 것이 바로 슈퍼바이저와 슈퍼바이지의 '상호신뢰'입니다. 슈퍼비전에서 이루어졌던 내용이 슈퍼바이지의 동의 없이 공개된다면 슈퍼바이저에 대한 신뢰

15) 슈퍼비전의 관계를 위한 기본 요소로는 상호신뢰, 명확한 의사소통과 피드백, 이해와 존중, 동료의식, 친밀감, 인정과 격려, 전문적 관계유지 등이 있음(최원희, 2009).

가 무너지겠죠. 이 사례에서 슈퍼비전 관계의 신뢰문제는 비밀보장의 영역과 관련됩니다. 슈퍼바이저는 슈퍼바이지의 신상만 비밀보장 대상이라고 판단한 반면 슈퍼바이지는 그 내용까지 포함하여 비밀보장이 필요하다고 생각하는 것이지요.

그렇다면 비밀보장의 범위를 어떻게 설정해야 할까요? 먼저, 클라이언트와의 면담 내용에 대한 비밀보장은 어떤지 생각해 볼까요? 클라이언트와의 면담 내용은 효과적인 서비스 계획 수립을 위해 전문가들 간의 정보를 공유하는 것이 가능하죠. 사례회의 등을 통해서 공개적으로 다루어지거나 개인적 신상을 보호하는 선에서 학문적 자료로 활용되기도 하고요. 그러나 이때에도 클라이언트의 동의는 필수사항이죠.

슈퍼비전 관계에서도 동일한 시각으로 바라봐야 합니다. 어쩌면 더 민감해야 하는 상황이기도 하고요. 일례로, 실천현장에서 교육을 하면서 취합된 슈퍼바이저와 슈퍼바이지의 의견 등을 강의 시 인용이나 자료로 활용하는 것에는 쉽게 동의하지만, 조직 내에서의 공유는 절대 안 된다는 경우가 흔합니다. 그 이유는 개인 신상이 보호된다 하더라도 내용만으로 누구인지 유추가 가능하다고 생각하기 때문이죠. 이처럼 슈퍼비전 관계는 클라이언트와 실천가의 전문적 관계에서의 비밀보장 이상으로 민감하게 다루어져야 합니다.

그럼에도 불구하고 이러한 이슈가 발생하는 이유는 슈퍼비전에서의 비밀보장에 대한 인식 부족 때문이라고 봅니다. 슈퍼비전의 신뢰관계가 무너진다면 슈퍼비전 실행 자체를 보장하지 못하게 됩니다. 비밀보장의 문제가 발생하면 수습과 해결이 어렵기 때문에 예방 장치가 필요합니다. 예방을 위해서 미리 고지하는 방법이 좋습니다. 슈퍼바이저와 슈퍼바이지가 일대일로 작성하는 슈퍼비전 계약서 또는 기관의 슈퍼비전 규정 내에 포함시킬 필요가 있습니다. 즉, '슈퍼비전 시간에 알게 된 개인적 정보에 대하여서는 비밀을 준수해야 하며, 비밀보장이 어려운 상황이라면 슈퍼바이지의 동의가 있어야 한다는 것'을 알려줘야 합니다. 비밀보장의 이슈가 슈퍼비전 실행을 방해하지 않도록 주의를 기울여야겠습니다.

[시작이슈4] 슈퍼비전 기록이 너무 힘들어요

> 저는 입사 2년차 슈퍼바이지입니다. 한 달에 한 번씩 9년차 과장님(슈퍼바이저)한테 개별슈퍼비전을 받으며 첫 직장생활임에도 잘 적응하고 업무 파악하는 것에도 많은 도움을 받고 있습니다. 그런데 슈퍼비전 시간은 유익한데 슈퍼비전 받은 내용을 기록으로 쓰는 작업이 제게는 너무나 힘듭니다. 기록 꼭 해야 하나요? 기록을 잘 하려면 어떻게 해야 하나요?

솔루션 슈퍼비전 기록은 슈퍼비전의 지속성과 평가를 위해서 필요하며 기관의 슈퍼비전 서식에 따라 작성하면 됩니다. 이번 슈퍼비전 시간에 진행된 내용과 이를 어떻게 실천에 적용할지를 위주로 작성해 보세요.

번거롭더라도 기록은 꼭 해야 합니다. 사회복지실천에서 기록은 실천의 효과성을 검증함에 있어서 가장 기본적인 도구이며, 사례관리에서는 사례의 지속성으로 기록이 강조되기도 합니다. 사회복지실천과 마찬가지로 슈퍼비전 역시 계획-실행-평가라는 일련의 과정으로 진행됩니다. 따라서 사회복지실천 기록이 필요한 것과 동일한 이유들로 슈퍼비전 기록도 필요한 것입니다. 이전 슈퍼비전 기록을 보면서 슈퍼비전 내용을 업무에 적용하는지를 확인하여 수행이 안 된다면 관련한 슈퍼비전이 추가로 진행되어야 합니다. 또는 슈퍼비전 목표를 다시 수립해야 하는 경우도 있어요. 또한 슈퍼비전 기록은 슈퍼비전에 대한 피드백 및 평가를 위한 근거가 되어 슈퍼비전을 통해 슈퍼바이지가 어떻게 역량이 향상되었는지를 확인하기 위해서도 필요합니다. 개별슈퍼비전이든 집단슈퍼비전이든 회기별로 슈퍼비전이 진행된 후 그 내용을 기록해 두지 않으면 연말에 슈퍼비전에 대한 평가를 할 때 근거를 찾기 어렵겠죠. 1년 동안 진행하여 작성된 개별 및 집단슈퍼비전 기록지들은 슈퍼바이저 및 조직에 의해 모니터링되고, 연말에 슈퍼비전 평가를 할 때 슈퍼바이지별 슈퍼비전 목표성취 여부를 판단할 수 있는 근거자료로 활용됩니다. 본인의 슈퍼비전 성취도도 알게 되고, 어떤 슈퍼비전이 본인에게 어떻게 도움이 되었는지, 어떤 슈퍼비전 유형이 유익했는지 또는 도움이 안 되었는지 등을 파악할 수도 있습니다. 이를 통해서 궁극적으로는 실천가로서의 역량과 실천 효과성을 확인하고 향후 필요한 슈퍼비전 계획을 수립하게 되는 것이죠.

그렇다면 슈퍼비전 기록을 어떻게 해야 할까요?[16] 체계적인 슈퍼비전이 이루어지지 않는 조직이라면 슈퍼비전 기록은 더 어렵게 생각되기도 합니다. 사실, 슈퍼비전 계획서에 의해 정기적으로 진행된다면 슈퍼비전 기록에 무엇을 작성해야 하는지는 간단합니다. 기관마다 준비된 슈퍼비전 기록지 서식이 있을 겁니다. 서식에 준하여 각 항목에 무엇을 기록해야 하는지를 이해하고, 앞서 말한 슈퍼비전의 지속성을 위해 필요한 내용을 포함시킨다고 생각하면 됩니다. 그럼에도 불구하고 기록 자체에 대한 불안감이나 어려움이 있다면 '기록기술'에 대한 슈퍼비전을 요청해 보는 것도 좋겠습니다. 사회복지기록에 대한 역량은 모든 곳에서 통합니다. 실천기록을 잘하는 실천가는 슈퍼비전 기록도 효과적으로 잘 하는 경우가 많습니다. 슈퍼비전 기록이 어렵다면 슈퍼비전 기록 역량을 높임으로써 실천 기록의 역량도 향상할 수 있다는 것을 기억하고 이를 위해 시간을 투자해 보세요.

기록기술 향상을 본인의 슈퍼비전 목표로 설정하는 것도 하나의 방법입니다. 개별슈퍼비전 계획서는 슈퍼바이지의 교육적 사정과 욕구수렴 및 합의를 토대로 연간목표를 세우고, 이를 달성할 수 있는 수행방법과 평가지표까지 작성하죠. 슈퍼바이저는 슈퍼바이지 직무에 필요한 기록기술의 확보 및 전수를 위해 슈퍼바이지를 교육훈련하며 교육적 슈퍼비전을 제공할 것입니다. 슈퍼비전을 통해 슈퍼바이저와 함께 기록하는 방법에 대해 배울 수 있는 기회를 확보하기를 바랍니다. 하루아침에 기록기술 역량이 늘지는 않겠지만 교육과 연습이 병행된다면 분명 좋아집니다.

16) 관련 내용은 공유복지플랫폼/지식공유/최쌤안쌤의 슈퍼비전(2022.05.25.,05.27) 참조.

시작단계의 서식과 작성 가이드

CHAPTER 08

❑ 시작단계에서 필요한 서식 목록

서식명	작성자	개요	중요도
2-1. 교육적 사정 기본 질문지 (보급형/표준형)	슈퍼바이지	• 슈퍼바이지의 소개, 윤리적 자각, 학습스타일, 지식수준, 자기개발계획 등 교육적 사정을 위한 기본 질문 목록들	필수 ★★★
2-2. 교육적 사정 참고 도구 (표준화 질문지 목록들)	슈퍼바이지	• 슈퍼바이지의 교육적 사정 시, 활용할 수 있는 도구들(역량과 직무 관련한 표준화된 설문지 등) • 1차적으로는 슈퍼바이지가 작성하나 슈퍼바이저와 의견이 다를 경우에는 논의 필요	선택 ★☆☆
2-3. 교육적 사정 결과지	슈퍼바이지 및 슈퍼바이저	• 교육적 사정 최종 논의를 위한 정리도구 및 슈퍼비전 욕구수렴과 합의를 위한 정리 및 질문지	선택 ★☆☆
2-4. 슈퍼비전 욕구수렴 및 합의 질문지	슈퍼바이지 및 슈퍼바이저	• 슈퍼비전 최종 욕구수렴과 합의를 위한 질문 목록 도구 • 욕구 및 합의를 위한 회합 진행은 슈퍼바이저가 담당	중요 ★★☆
2-5. 슈퍼비전 계획서 (개별/집단)	슈퍼바이지 (개별계획서)	• 개별슈퍼바이지의 교육적 사정 결과를 포함하여 연간 슈퍼비전의 목표, 내용, 구조, 방법 등을 정리	필수 ★★★
	슈퍼바이저 (집단계획서)	• 해당 팀 내지 동종 직무자 집단의 연간 슈퍼비전의 목표, 내용, 구조, 방법 등을 정리	

※ 서식 작성자는 기관 상황 및 전문직 관리의 방향에 따라 달라질 수 있음

서식명	교육적 사정 기본 질문지	작성자	슈퍼바이지	중요도	필수 ★★★

〈서식 2-1-1〉 **교육적 사정 기본 질문지(보급형)**

교육적 사정 기본 질문지(보급형)

1. **슈퍼바이지 소개:** 기본 소개는 슈퍼바이지 프로파일로 대체 가능함

2. 윤리적 인식

3. 직무수행 관련 지식과 기술

- 기관과 팀에서 필요한 직무역량/ 표준화 설문도구 등을 추가, 활용하여 작성함

필요역량	전혀 모른다 1	약간 알고 있다 2	알고 있으나 적용할 줄 모른다 3	약간 적용할 수 있으나 자신이 없다 4	잘 알고 적절히 적용할 줄 안다 5

4. 직무수행에 있어서의 강점과 한계점

5. 자기성장 계획과 슈퍼비전 희망 내용

6. 이전 슈퍼비전 경험 및 원하는 슈퍼비전 방식

〈서식 2-1-2〉 교육적 사정 기본 질문지(표준형)

교육적 사정 기본 질문지(표준형)

1. 슈퍼바이지 소개: 기본 소개는 슈퍼바이지 프로파일로 대체 가능함

2. 윤리적 인식

• 윤리강령 인식도 및 준수 정도를 확인함

〈문항 예시〉

– 한국사회복지사협회에서 제정한 '사회복지사 윤리강령'을 읽어본 적이 있습니까?

□ 예 □ 아니오 □ 모르겠음

– 읽었다면, 언제 읽었고 점검의 계기는 무엇입니까?

(처음 읽은 시기와 계기 :

가장 최근에 읽은 시기와 계기 :

– 사회복지사 윤리강령 준수 정도를 체크한다면 어느 정도입니까?

	읽어본 적 없음	매우 낮음	낮음	보통	높음	매우 높음
윤리강령 준수 정도						

※위와 같이 체크한 이유는 무엇입니까?

( )

3. 직무수행 관련 지식과 기술

• 기관과 팀에서 필요한 직무역량/표준화 설문도구 등을 추가, 활용하여 작성함

지식과 기술내용 (직무역량중심)	전혀 모른다 1	약간 알고 있다 2	알고 있으나 적용할 줄 모른다 3	약간 적용할 수 있으나 자신이 없다 4	잘 알고 적절히 적용할 줄 안다 5

4. 직무수행에 있어서의 강점과 한계점

5. 기관의 사명과 인재상 및 핵심역량 등에 대한 이해도

▸ 사명과 인재상 '이해도'

	매우 낮음	낮음	보통	높음	매우 높음
사명과 인재상					

▸ 핵심 역량 '보유도'

	매우 낮음	낮음	보통	높음	매우 높음
역량1					
역량2					
:					

6. 인생의 사명과 비전/자기성장계획

7. 학습스타일 및 학습방해요인

8. 이전 슈퍼비전 경험 : 도움이 된 슈퍼비전/방해가 된 슈퍼비전

9. 슈퍼비전에서 다루기 희망하는 내용과 방식

※ 위의 기본 요소들을 중심으로 기관의 상황에 맞게 수정 보완하여 효과적으로 활용 가능

〈서식 2-1-2〉 작성 가이드

교육적 사정 기본 질문지(표준형 기준)

※ 교육적 사정 기본 질문지는 슈퍼비전에서 다루어야 할 내용을 결정하기 위해 슈퍼바이지의 수준과 욕구를 파악하기 위해 작성하는 양식임. 먼저, 슈퍼바이지가 스스로를 분석하고 자신의 슈퍼비전 관련 욕구들을 정리함. Munson(2002)과 안정선(2007), 교육복지 현장과 아동복지영역의 슈퍼비전 매뉴얼을 제시한 홍순혜 외(2014), 최원희 외(2019)의 교육적 사정 요소의 내용을 토대로 수정·보완하여 개발함

1. 슈퍼바이지 소개

- 자신의 성격 특성, 의사소통 특성, 학습 유형 등을 포함하여 소개함
- 기본 소개 내용은 슈퍼바이지 프로파일로 대체 가능함

2. 윤리적 인식

– 당신은 한국사회복지사협회에서 제정한 '사회복지사 윤리강령'을 읽어본 적이 있습니까?

□ 예　　□ 아니오　　□ 모르겠음

– 읽었다면, 언제 읽었고 점검의 계기는 무엇입니까?

(처음 읽은 시기와 계기 :　　　　)

(가장 최근에 읽은 시기와 계기 :　　　　)

– 당신의 사회복지사 윤리강령 준수 정도를 체크한다면 어느 정도입니까?

	읽어본 적 없음	매우 낮음	낮음	보통	높음	매우 높음
윤리강령 준수 정도						

– 위와 같이 체크한 이유는 무엇입니까?

(　　　　)

- 사회복지사 윤리강령 숙독 및 검토 여부, 준수 정도를 기록함
- 필요시 인권 관련 국제협약 등의 내용을 추가 가능함

3. 직무수행 관련 지식과 기술

지식과 기술내용 (직무역량중심)	전혀 모른다 1	약간 알고 있다 2	알고 있으나 적용할 줄 모른다 3	약간 적용할 수 있으나 자신이 없다 4	잘 알고 적절히 적용할 줄 안다 5
:					

- 직무수행에 기본이 되는 지식과 기술의 내용(직무역량 기반)을 조직적 차원에서 공통적인 내용은 제시해 주고 그 외 슈퍼바이저와 슈퍼바이지가 공통적으로 다루고 싶은 내용에 대해 추가적으로 기록함. 조직적 차원의 공통내용이 없는 경우, 다음의 예시 등을 참고로 슈퍼바이저가 3~4개 정도 작성한 후, 빈칸을 1~2개 두어 추가로 슈퍼바이지가 작성하도록 하는 것도 방법임
- 다음과 같은 예시를 참고할 수 있음. 이론적 관점(생태체계, 강점관점 등), 위기개입, 증거기반실천, 사례관리기술, 프로그램 기획 및 성과관리, 자원 연계 및 발굴, 네트워크 관리, 관련법 이해, 특정 대상 및 문제에 대한 이해, 특정 실천 모델, 리더십 및 팀워크, 새로운 과제 관련 필요역량 등 현재 조직의 직무수행과 관련한 지식과 기술 목록에 대한 숙련도를 체크하도록 함
- 기관과 팀에서 필요한 직무역량을 추가하여 작성하며 원칙적으로는 기관에서 규명된 직무기술서와 직무명세서가 있다면 해당 표준서에 제시된 역량 내용을 확인함
- 표준화 역량 체크리스트 활용, 집단 및 팀 슈퍼비전을 위한 현황분석 자료도 활용 가능함

4. 직무수행의 강점과 한계점

- 직무수행에 있어 자신이 가진 강점은 무엇이고 어려움으로 작용하는 부분이 있다면 어떠한 것들인지 자신을 객관적으로 탐색하도록 함. 자신의 SWOT분석 발표 방법도 고려함(전략 수립)

5. 조직의 사명과 인재상 등에 대한 이해도

▶ 조직 사명 등 '이해도'

	매우 낮음	낮음	보통	높음	매우 높음
사명					
비전					
가치					
인재상					

▶ 조직 핵심역량 '보유도'

	매우 낮음	낮음	보통	높음	매우 높음
역량1					
역량2					
역량3					
:					
:					

- 소속 기관이 추구하는 사명과 비전, 인재상과 핵심역량 등을 얼마나 이해하고 보유하고 있는지와 이를 중심으로 사업수행과 역량개발 계획을 수립하고 있는지 등을 기록함

6. 인생의 사명과 비전/자기성장계획

- 슈퍼바이지의 인생 사명과 비전은 무엇인지와 이를 위해 현재 어떤 활동을 하고 있으며 앞으로의 계획들은 어떠한지, 기관 내에서는 자신의 역량과 경력 등을 개발하기 위해 어떠한 계획이나 전략을 가지고 있는지, 기관 사명과의 한 방향 정렬 등에 대한 내용을 기록함(기관 자체 자기개발계획서 - IDP: Individual development planning 양식을 가지고 있는 경우에는 해당 양식을 활용하는 것이 효과적임)

7. 학습스타일 및 학습방해요인

- 학습스타일 도구 활용 가능. 학습 유형 목록 등을 함께 숙독하고 슈퍼바이저와 슈퍼바이지 각자의 스타일을 확인, 상호작용과정에서 나타날 수 있는 역동에 대해 논의함

8. 이전 슈퍼비전 경험: 도움이 된 슈퍼비전/방해가 된 슈퍼비전

- 이전에 받은 슈퍼비전 중, 어떠한 내용과 형태의 슈퍼비전이 도움이 되었는지와 방해가 된 슈퍼비전은 무엇인지 기록함
- 이제까지의 '슈퍼비전 이력'에 대해서는 별도의 양식 내지 프로파일로 대체 가능함

9. 슈퍼비전에서 다루기 희망하는 내용과 방식

- 본 슈퍼비전에서 무엇을 다루기를 원하고(역량 측면, 구체적인 내용 등) 어떠한 방식(방법 및 기법, 학습촉진법 등)으로 진행하는 것이 도움이 될지 자신의 스타일과 욕구를 기록함

서식명	교육적 사정 참고 도구 (표준화 질문지 목록)	작성자	슈퍼바이지	중요도	선택 ★☆☆

〈서식 2-2〉 **교육적 사정 참고 도구(표준화 질문지 목록)**

교육적 사정 참고 도구(표준화 질문지 목록)

※ 본 파트는 서식은 아니지만 슈퍼바이지 사정을 돕는 다양한 활용 척도들에 대해 정리함. 앞서 기본 질문지의 내용으로도 슈퍼바이지의 교육적 사정은 가능하겠지만, 개방형 질문형태 위주의 설문은 현재의 이슈에만 초점을 두게 될 우려가 있으므로 표준화된 척도들을 활용하여 사회복지사의 역량과 직무 관련한 이론적, 일반적인 영역들을 확인할 필요가 있음. 또한 표준화된 도구들은 집단슈퍼비전을 실시하기 위해 구성원들의 역량수준 및 현황을 전체적으로 파악할 시에도 필요함

• 집단 및 팀 구성원들의 욕구와 기대, 팀의 연간 사업목표 및 운영 방향성, 팀 핵심역량을 확인한 후 각 구성원들의 강점과 약점, 현재 위치를 파악함

- 사회복지조직의 인재상(경기복지재단, 2013)
- 제너럴리스트 기반 핵심 지식과 기술 내용(Fortune, 1994)
- 사회복지사의 역량(원영희 · 안정선 · 배진형, 2010)
- 사회복지사의 세부 4가지 직무역량(경기복지재단, 2013)
  - 프로그램 개발과 관리
  - 사례관리
  - 지역사회조직화
  - 조직행정 및 관리
- 사회복지사의 표준직무
- 슈퍼바이저의 역량1(안정선, 2007)
- 슈퍼바이저의 역량2(최원희 외, 2023)
- 기타 표준화된 척도들은 선행문헌들을 참고하여 선정
  (직업기초능력, 사회복지사 임파워먼트 및 자기효능감, 전문직 정체성, 서비스 질 인식, 변혁적 리더십, 서번트리더십, 사회적 자본가 척도, 직무만족, 이직의도, NCS 등)을 활용한 슈퍼바이지의 교육적 사정이 가능함

※교육적 사정 참고 도구들은 공유복지플랫폼(서울시 복지재단)/지식공유/최쌤안쌤의 슈퍼비전 공간에 공유됨

〈서식 2-2〉 작성 가이드

교육적 사정 참고 도구(표준화 질문지 목록)

▶ 설문지 선택 및 평가 기준

- 우리 기관과 직무에 적합하다고 판단되는 표준화 척도를 선정함
- 앞서 제시한 모든 척도를 활용할 필요는 없음. 기관과 직무의 성격에 따라 핵심 척도들을 선별하고, 이 책에서 제시되어 있지 않은 도구들을 탐색해도 됨
- 각 활용도구별로 슈퍼바이지의 직무수행에 필요한 정도(필요도)와 각 역량을 보유한 수준(숙련도)의 2가지 기준(5점 척도)으로 슈퍼바이지 스스로 설문에 응답하면서 평가함

▶ 설문지 활용방법들

- 각 설문지를 준비하여 슈퍼바이지가 체크해 오도록 함. 물론 슈퍼바이저와 슈퍼바이지가 함께 문항들을 점검하면서 욕구를 확인하는 방법도 가능함
- 슈퍼바이지와 슈퍼바이저 양자가 설문 문항을 체크해 오도록 하고 차이가 나는 문항에 대해 논의하는 방법이 효과적임

▶ 설문지 평가 후의 슈퍼비전 계획 반영 내용 선정

- 표준화된 도구를 활용하여 슈퍼바이지의 현 위치를 확인한 후에 가장 우선적으로 슈퍼비전 계획에 반영해야 하는 영역은 무엇일지를 논의함
- 직무수행을 위한 필요도는 높으나, 보유한 현 수준이 낮은 역량부터 우선적으로 슈퍼비전 계획을 수립해야 함

서식명	교육적 사정 결과지	작성자	슈퍼바이지 및 슈퍼바이저	중요도	선택 ★☆☆

〈서식 2-3〉 **교육적 사정 결과지(요약)**

교육적 사정 결과지(요약)

영역	주요 사정 결과 요약 〈강점(성장영역)과 한계점(보완영역)/슈퍼비전 필요 영역〉
• 조직측면 : 사명과 비전/인재상과 가치/ 핵심역량	
• 직무측면 : 이론적 지식과 기술 숙련도/실천의 강점과 한계점/팀 및 직무역량	
• 전문직과 윤리 측면 : 윤리적 인식 및 전문직 정체성	
• 자기개발과 관리 측면 : 자기개발/학습스타일/ 자기주도학습 등	
• 기타 (표준화된 도구 외)	

▶ 올해 슈퍼비전의 주요 목표는 무엇으로 하겠는가?

• 최종 종합 사정 결과에 따른 방향을 정리함

▶ 올해 슈퍼비전의 주요 내용과 방법은 무엇으로 하겠는가?

• 올 한 해 집중적으로 슈퍼비전에서 다룰 내용과 선호하는 방법을 정리함

〈서식 2-3〉 작성 가이드

교육적 사정 결과지(요약)

※ 슈퍼비전 계획을 슈퍼바이저 의도 위주로 정리하거나 슈퍼바이지 혼자 짜오도록 해서는 슈퍼비전의 상생효과는 있을 수 없는 것임. 본 서식을 통해 슈퍼바이지의 현 위치를 최종적으로 정리하고 슈퍼비전의 욕구를 확인한 후, 합의를 통해 슈퍼비전 계획을 수립하도록 정리함

• 본 서식은 1차적으로는 슈퍼바이지가 스스로를 성찰하며 작성해도 좋겠지만, 슈퍼바이지가 작성한 교육적 사정 기본 질문지와 다양한 사정도구 체크리스트 작성 결과를 토대로 슈퍼바이저가 간단히 정리하는 것이 적절함

영 역	주요 사정 결과 요약 〈강점(성장)과 한계점(보완)/주요 슈퍼비전 필요 영역〉
• 조직측면 : 조직 사명과 비전/인재상과 가치/조직핵심역량	
• 직무측면 : 이론적 지식과 기술 숙련도/실천의 강점과 한계점/팀 및 직무역량	
• 전문직과 윤리 측면 : 윤리적 인식 및 전문직 정체성	
• 자기개발과 관리 측면 : 자기개발/학습스타일/자기주도학습 등	
• 기타 (표준화된 도구 외)	

• 슈퍼바이지의 현 위치를 파악하기 위해 기본 질문지와 다양한 교육적 사정도구를 활용하여 각 체크리스트를 작성한 이후에는 주요 영역별로 강점 부분과 한계점 부분을 확인함. 또한 문항별로 중요도(필요도)는 높게 체크했지만 숙련도(보유도)를 낮게 체크한 항목을 집중적으로 보완해야 할 사항으로 기록함

• 대부분 이러한 체크리스트에서 중요도는 매우 높은 수준으로 체크를 하기 때문에 중요도만을 조사했을 경우에는 우선적으로 슈퍼바이지에게 보완이 필요한 역량이 무엇인지에 대해 확인을 할 수 없는 경우가 있으므로 보유도와의 비교를 시행하여야 함. 또한 연간의 슈퍼비전을 통해 모든 슈퍼바이지의 직무역량을 강화할 수는 없으므로 우선순위를 가지고 선별하도록 함

• 부서나 팀 내에서 공통적으로 필요한 내용은 집단슈퍼비전 내지 팀 슈퍼비전에서 담당하도록 하고, 개별슈퍼바이지별로는 본인의 고유 직무역량 중에서 중요도는 매우 높으나 현재의 보유수준이 가장 낮은 역량을 중심으로 슈퍼비전에서 논의될 수 있도록 하는 것이 적절함

• 다양한 표준화 척도 중 조직에서 필요하다고 판단되는 척도들을 선택하여 활용하거나 한 해 동안의 주요 초점에 따라 선정하는 방법도 있음
〈척도 선정 예시 : Generalist 기반 핵심지식과 기술 내용, 사회복지사의 자기효능감, 임파워먼트, 서비스 질 인식, 슈퍼바이저 역량, 서번트리더십, 변혁적 리더십 등, 사회복지인재상, 사회복지사 역량, 사회복지사 직무표준, NCS, 사회적 자본가, 사회복지사 주요 직무역량, 직무만족 및 이직 의도, 팀워크 등〉

서식명	슈퍼비전 욕구수렴 및 합의 질문지	작성자	슈퍼바이지 및 슈퍼바이저	중요도	중요 ★★☆

〈서식 2-4〉 **슈퍼비전 욕구수렴 및 합의 질문지**

슈퍼비전 욕구수렴 및 합의 질문지

작성일 :
작성자 :

1. 교육적 사정질문 및 다양한 도구 활용 결과에 대한 슈퍼바이지(들)의 소감 및 기대하는 방향은 무엇인가?

2. 서로에게 기대하는 것은 무엇인가?(슈퍼바이저/슈퍼바이지)

3. 서로에게 줄 수 있는 것은 무엇인가?(슈퍼바이저/슈퍼바이지)

4. 최종적으로 올해 슈퍼비전의 주요 내용은 무엇으로 하겠는가?(최종합의)

5. 올해 슈퍼비전의 주요 목표는 무엇으로 하겠는가?(최종합의)

6. 선정한 슈퍼비전 목표의 주요 성취 방법, 목표성취 여부의 확인 방법(성과지표 선정)은 무엇인가?(최종합의)

7. 목표성취에 있어서 현재의 장애물, 제약 내용은 무엇이 예상되는가? 그 장애물은 어떻게 해결할 것인가?(최종합의)

〈서식 2-4〉 작성 가이드

슈퍼비전 욕구수렴 및 합의 질문지

※ 슈퍼비전 계획서 작성을 위해 본인 스스로 생각하는 본인의 강약점 및 성장전략, 슈퍼비전의 욕구 및 기대 등에 대해 슈퍼바이저와 나누는 시간을 갖도록 함. 본인 스스로 다양한 사정도구를 활용하여 자신을 분석한 결과에 대한 슈퍼바이지의 의견을 수렴함

- 슈퍼비전이 필요한 영역에 대한 욕구의 차이를 아래의 질문들을 통해 조율함
- 욕구 및 기대에 대한 내용을 확인할 시에는 직접 인터뷰나 기록의 방법을 활용할 수 있는데 슈퍼바이지 최근의 현황, 관심사도 앞으로 슈퍼비전을 운영하는데 참고가 될 사항이므로 함께 이야기하도록 함
- 슈퍼바이지가 슈퍼비전 시간을 통해 다루었으면 하는 내용과 방법은 무엇인지에 대해 최종 소통하는 시간을 갖도록 하며 슈퍼비전 계획 시 반드시 이를 반영함

※ 본 과업은 슈퍼비전 계획서를 작성하기 전 단계에서 이루어지는 작업이므로 충분한 논의를 통해 슈퍼비전 계획을 세부적으로 정리하는 데에 어려움이 없도록 해야 함

- 이러한 합의과정과 준비 없이 슈퍼비전 1차 계획서를 슈퍼바이지에게 무조건 써오도록 요구하는 경우, 슈퍼바이지는 첫 출발에서부터 슈퍼비전을 부담스럽고 일방적인 과업으로 인식할 수 있음을 유의함
- 또한 슈퍼비전은 슈퍼바이지의 개인적 성장에만 초점이 있는 것이 아니라 직무수행과 조직 책무성 이행 등 조직목표달성에 목적이 있으므로 슈퍼바이저는 이러한 측면을 고려하여 슈퍼비전 내용과 방법의 합의를 이루어야 함

1. 교육적 사정질문 및 다양한 도구 활용 결과에 대한 슈퍼바이지(들)의 소감 및 기대하는 방향은 무엇인가?
   - 다양한 슈퍼비전 사정도구를 활용하여 본인의 역량수준을 확인한 결과에 대해 먼저 슈퍼바이지의 소감과 성장전략, 보완계획을 확인함

2. 서로에게 기대하는 것은 무엇인가?
   - 역량 및 직무수행, 조직에서의 적응 등 자신들의 생각을 솔직하게 나눔

3. 서로에게 줄 수 있는 것은 무엇인가?
- 관심사, 아이디어, 관점 논의, 기술 전수 등 일방적 과정이 아닌 주고받는 관계임을 강조함

4. 최종적으로 올해 슈퍼비전의 주요 내용은 무엇으로 하겠는가?
- 올 한 해 집중적으로 슈퍼비전에서 다룰 내용을 선정, 슈퍼바이지의 의견을 최종적으로 충분히 수렴함

5. 올해 슈퍼비전의 주요 목표는 무엇으로 하겠는가?
- 목표방향이 동일한지, 차이가 있다면 합의 논의함

6. 선정한 슈퍼비전 목표의 주요 성취 방법, 목표성취 여부의 확인 방법(성과지표 선정)은 무엇인가?
- 단계적 프로그램 진행에 대해 논의, 슈퍼비전 형식, 회기/시간, 횟수, 준비사항, 슈퍼비전 과정 동안의 시간 사용, 슈퍼바이지의 역할/목표 및 성과지표를 선정함
- 슈퍼바이지의 향상도에 관심을 가지고 지속적으로 모니터링하고 달성 여부를 확인함

7. 목표성취에 있어서 현재의 장애물, 제약 내용은 무엇이 예상되는가? 그 장애물은 어떻게 해결할 것인가?
- 개인적 성향이나 현재의 직무적 특성, 자원부족과 같은 조직 관련 문제, 타 조직과의 경쟁, 조직 내의 현실적 장애물을 점검함

서식명	슈퍼비전 계획서 (개별/집단)	작성자	슈퍼바이지(개별) 슈퍼바이저(집단)	중요도	필수 ★★★

〈서식 2-5〉 **슈퍼비전 계획서(개별/집단)**

슈퍼비전 계획서(개별/집단)

1. 일반적 사항

- 슈퍼바이저 : (부서, 슈퍼비전 경력 등 명시)
- 슈퍼바이지 : (부서, 현 직무 담당 시작일 명시)

2. 슈퍼바이지 사정 및 욕구수렴 결과 요약(별도 서식 사용 가능)

3. 슈퍼비전 목표와 수행방법 및 평가방법

목표	수행방법 (달성전략)	평가방법

4. 슈퍼비전 연간 계획

1) 슈퍼비전 빈도와 횟수 : 월 ( )회/연간 총 ( )회

2) 연간 주요 내용(분기별 주요 계획)

1분기	2분기	3분기	4분기

5. 슈퍼바이저 및 슈퍼바이지의 역할

〈서식 2-5〉 작성 가이드

슈퍼비전 계획서(개별/집단)

※ 개별슈퍼비전 계획서는 슈퍼비전 교육적 사정과 욕구수렴 및 논의(합의) 시간 후에, 슈퍼바이지가 작성하여 슈퍼바이저와 검토시간을 가지는 것이 용이함

※ 집단(팀)슈퍼비전 계획서는 슈퍼바이저가 작성하기를 권장하나, 조직의 환경에 따라(예를 들어, 슈퍼바이저가 업무가 과다한 경우) 집단슈퍼비전 회기에서 기록자 역할을 했던 슈퍼바이지 내지 슈퍼바이지 대표가 기초자료를 작성한 후 슈퍼바이저가 최종 보완하는 방식을 사용하는 것도 가능함

1. 일반적 사항

- 슈퍼바이저 : (부서, 슈퍼비전 경력 등 명시)
- 슈퍼바이지 : (부서, 현 직무 담당 시작일 명시)

2. 슈퍼바이지 사정 및 욕구수렴 결과 요약

- 사정지를 별도로 사용하지 않는 경우, 슈퍼바이지 사정질문 기록 내용과 인터뷰, 논의 등의 결과를 토대로 핵심 내용을 정리함
- 슈퍼바이지 사정 결과지, 슈퍼바이지 욕구수렴 및 합의 질문지를 별도로 사용하는 경우에는 관련 서식과 작성 내용들 참고함
- 슈퍼바이지 사정 내용과 욕구수렴 도구들을 활용하여, 해당 연도의 슈퍼비전 목표로 삼을 수 있는 욕구를 기록함
- 집단(팀)슈퍼비전에서는 슈퍼바이지들의 공통적인 직무역량 내지 팀 역량을 중심으로 사정 평가함
- 집단슈퍼비전의 경우, 집단구성들의 욕구와 기대 확인결과를 기록함. 기관 및 해당 팀 내지 집단의 연간 사업목표 및 운영방향을 고려하여 정리함

3. 슈퍼비전 목표 및 평가방법

목표	수행방법 (달성전략)	평가방법

- 욕구수렴 결과 정리와 연관된 연간목표를 세우고, 목표를 달성할 수 있는 수행방법과 이를 평가할 수 있는 평가방법을 선정함

- **목표**는 성과를 중심으로 성과목표로 작성하며 올 한해 달성(측정)가능한 2~3개 이내의 목표를 문장형으로 기술함. 목표선정 시 SMART 원칙(구체성, 측정 가능성, 행동지향성, 현실성, 적시성)에 맞춰 기술하며 1개의 목표에 최소 2개 이상의 방법이 포함되도록 하며, 우선순위(시간)별로 측정 가능하게 작성함
- **수행방법**은 목표를 달성하기 위해 무엇을 해야 하는지 활동 위주로 작성하며, 토론, 사례 발표, 프로포절 작성, 독서 및 적용점 논의, 교육 수강 및 보고, 참관과 관찰, 가정방문 동행, 과제 활용, 정보수집과 분석, 소논문 작성, 분기별 업무성과 발표 등 슈퍼바이저와 합의된 구체적인 내용들을 정리함
- 또한 **수행방법**은 슈퍼비전 목표를 달성하기 위한 활동이기에 목표와의 연결성이 있어야 하며, 연간 기관의 전반적인 사업운영 상황 또한 고려하여 작성함. 수행방법은 슈퍼비전을 진행해 나가면서, 슈퍼바이저 및 슈퍼바이지 상호의 합의를 통해 보다 효과적인 방법으로 변경 및 보완 가능함
- **평가방법**은 목표 평가를 중심으로 작성하되 수행방법의 활동 결과를 포함하여 작성함. 평가방법에는 목표가 달성되었는지를 무엇으로 확인할 것인지 평가지표를 포함하여 구체적으로 작성하며 성과목표 및 수행활동의 평가지표와 확인방법이 명시되어야 함
- 평가방법에서 **평가지표**를 선정하는 경우에는 실행도 외에 도달하고자 하는 지식과 기술의 습득, 역량향상도 등 성과 중심으로 구체적으로 명시하는 것이 평가에 도움이 됨. 1개의 성과목표에 다수의 지표와 평가방법이 설정될 수 있음

4. 슈퍼비전 연간 계획

- 슈퍼비전의 빈도 및 연간 총 몇 회를 계획하고 있는지를 정리함
- 기관의 규정(지침)에 의한 시행빈도를 준수하여 계획을 수립함
- 계획은 분기별로 대략적인 계획을 핵심 내용과 수행 방법 중심으로 작성함
- 회기별로 세부계획을 작성할 시에는 일반적으로 첫 회기에는 슈퍼비전에 대한 이해 및 연간 목표를 다룬 내용 기술, 마지막 회기에는 연간 슈퍼비전 진행에 대한 평가시간을 가짐

5. 슈퍼바이저 및 슈퍼바이지 역할

- 연간 슈퍼비전 진행시의 슈퍼바이저와 슈퍼바이지 각자의 담당역할을 정리함(기록 담당, 공간 준비, 원칙이나 태도 등)
- 슈퍼비전 준비(공간, 자료 등), 기록담당, 원칙이나 태도, 과업수행, 보고 등이 포함되도록 작성함

PART 03

슈퍼비전 실행단계

실행단계의 과업

CHAPTER 09

생각해보기

- 슈퍼비전을 진행하기 전에 슈퍼바이저는 무엇을 준비해야 할까요?
- 정기적 슈퍼비전의 매 회기는 어떻게 진행되나요?
- 슈퍼비전을 실행할 때 유용한 형태와 기법들은 무엇이 있나요?
- 강점중심의 슈퍼비전 실행은 어떻게 하나요?

실행단계는 슈퍼비전 과정의 핵심단계라고 할 수 있다. 그러나 이전 준비단계와 시작단계의 과업들이 잘 수행되지 않는다면 슈퍼비전 실행의 효과를 기대할 수 없다. 따라서 슈퍼비전 실행단계의 첫 단추는 이전 단계의 과업들이 잘 수행되었는지를 점검하고 미흡한 부분을 보완하는 것이어야 한다.

슈퍼비전 실행은 슈퍼바이저와 슈퍼바이지가 업무에 대한 느낌을 서로 나누는 시간을 갖고 행정적인 업무에 대한 보고를 하며 사회복지실천과 관련된 지식 · 기술 · 가치 등의 문제에 대해 집중적으로 토론하고 업무에 대한 이해를 도모하는 내용으로 진행된다. 슈퍼비전을 실행하기 위해서는 슈퍼비전을 위한 준비에서부터 활용도구 및 방법의 결정, 슈퍼비전의 실질적인 과정과 단계에 대한 지식이 요구된다. 또한 실제 슈퍼비전 회기에서 다룰 내용과 어떻게 진행할 것인지의 구조적인 것도 고려해야 한다.

1. 슈퍼비전 실행을 위한 준비

1) 슈퍼비전 환경

슈퍼비전 실행을 위한 준비로는 먼저, 슈퍼비전의 환경을 확보하고 슈퍼비전의 기본 원칙에 기반하여 실행구조를 마련해야 한다. 슈퍼비전의 정기적 실행, 슈퍼비전의 빈도와 시간, 슈퍼바이저와 슈퍼바이지의 매칭, 슈퍼비전의 장소, 슈퍼비전 기록 등이 규정이나 지침을 통해서 조직 차원에서 공식적으로 실행될 수 있게 직원들에게 안내되어야 한다.

(1) 슈퍼비전 장소

슈퍼비전에서 물리적 환경은 슈퍼비전의 효과와 직결되므로 준비단계의 과업으로 설명하였지만 실행을 위한 준비사항으로 다시 한번 강조하고자 한다. 정기적 슈퍼비전을 위한 독립된 공간 마련은 슈퍼비전 실행과정에서 슈퍼바이지에게 안정감을 제공한다. 독립된 공간이라는 의미는 슈퍼비전을 진행하고 있는 슈퍼바이저와 슈퍼바이지 이외에 다른 사람이 없어야 한다는 것이다. 즉, 슈퍼비전의 내용이나 슈퍼비전 진행 분위기 등이 외부로 노출되지 않는 환경에서 이루어져야 한다. 별도의 슈퍼비전실이 가장 좋지만 기관의 여건이 어렵다면 다른 용도로 사용되고 있는 공간을 공용으로 활용하는 것이 대안이 될 수 있다. 공용 공간이라도 슈퍼비전실 명패를 추가로 부착한다면 슈퍼비전이 조직 차원에서 공식적으로 진행된다는 것을 조직의 내외부적으로 알리는 데에 효과가 있다. 만약 이마저도 여건이 어렵다면 이동형 테이블 네임택을 준비해서 슈퍼비전을 할 때 슈퍼바이저와 슈퍼바이지 앞에 세워두고 진행해 볼 것을 제안한다. 이렇게 하면 슈퍼비전 실행에 더 집중할 수 있을 것이다. 긴급한 상황이나 즉각적인 슈퍼비전이 실행될 때에도 슈퍼비전이 이루어지는 장소가 외부의 방해를 받지 않고 슈퍼바이지가 슈퍼비전 내용에 집중할 수 있는지를 염두에 두어야 한다.

(2) 슈퍼바이지 인원

슈퍼바이저 한 명이 감당할 수 있는 슈퍼바이지는 몇 명일까에 대하여 많은 문헌들이 공통적으로 4명 이내를 언급하고 있다. 일반적으로 슈퍼바이저라 함은 중간관리자인 부서장을 지칭하는데 중간관리자는 슈퍼바이저 역할만 수행하는 것이 아닌 본인의 고유직무를 함께 수행하게 된다. 이와 함께 슈퍼바이지 개개인의 직무를 점검하고 역량강화를 위한 슈퍼비전 계획을 수립하여 이에 따라 실행한다고 볼 때, 슈퍼바이저 한 명이 감당할 수 있는 슈퍼바이지 최대 인원은 4명[17]으로 보는 것이다. 만약 조직의 팀제 특성상 슈퍼바이지가 5명 이상이라면 대안을 마련하여 효과적인 슈퍼비전이 실행되도록 지원해야 한다. 예를 들어 슈퍼바이저의 고유 업무량 조정, 제2선 상급슈퍼바이저와 역할 협력, 슈퍼바이저 훈련을 통해 팀 내 선임 직원을 활용하는 등 다각도의 방안을 모색해야 할 것이다.

2) 슈퍼비전 실행구조

슈퍼비전의 실행구조는 슈퍼비전의 정규성과 빈도, 슈퍼비전 회기 진행 시간의 적절성, 슈퍼비전의 기본 내용과 기록 등에 관한 것으로 조직 차원에서 원칙이 정해져야 한다.

(1) 슈퍼비전의 정규성

슈퍼비전은 구조화된 과정과 절차에 의해 정기적이고 지속적으로 실행되어야 한다. 슈퍼비전의 정규성은 슈퍼비전의 체계성과 효과성을 담보하는 가장 기본적인 원칙이다. 업무수행을 위해 필요할 때마다 수시로 이루어지는 업무지시와 업무지도만으로는 슈퍼바이지의 성장을 기대할 수 없다. 정해진 시간에 일정한 간격을 두고 공식적으로 실행되는 슈퍼비전이 이루어질 때 슈퍼바이지는 실천에 대한 성찰과 필요한 역량을 탐색하게 되며, 슈퍼바이저는 슈퍼바이지의 성장을 위해 요구되는 슈퍼비전 내용을 준비할 수 있게 된다. 따라서 조직의 슈퍼비전 규정에 따라 슈퍼바이지와 슈퍼바이저가 만나는 시

17) 공공영역 최초로 내부슈퍼비전을 제도화한 드림스타트는 현장 슈퍼바이저 1명당 슈퍼바이지를 최대 4명으로 정하고 슈퍼바이지가 5명 이상이 되면 슈퍼바이저를 추가배치하도록 하고 있다.

간을 정하여 실행하도록 한다.

(2) 슈퍼비전 빈도

슈퍼비전의 빈도는 슈퍼바이지의 실천경력 및 업무특성에 따라 다르게 계획될 필요가 있다. 신입직원과 경력직원이 차이가 있지만 경력직이라고 해도 현재의 직무를 수행한 기간이 기준이 되는 것이 바람직하다. 경력이 있는 상태에서 이직 또는 부서 이동이 있다면 초기에는 신입직원과 같은 빈도와 내용이 이루어지는 것을 권장한다. 업무특성에 따라서는 클라이언트를 대면하는지 행정업무만 하는지, 대면하더라도 클라이언트의 삶에 영향을 주는 변화에 관여하는지, 프로그램을 진행하거나 단순 서비스 참여로 만나는 것인지를 고려하여 빈도가 정해지는 것이 효과적이다. 이는 조직의 슈퍼비전 규정 또는 지침을 통해서 원칙을 정해두어야 한다. 한국에서는 개별슈퍼비전 최소 월 1회 이상[18], 집단슈퍼비전 또는 동료슈퍼비전 형태로 주 1회 정도가 일반적이다.

(3) 슈퍼비전 회기별 시간

슈퍼비전 시간은 연간 총시간이 아닌, 슈퍼비전 회기별 시간, 즉 한 번 슈퍼비전을 하는 데 소요되는 시간을 의미한다. 슈퍼바이저와 슈퍼바이지가 일대일로 이루어지는 개별슈퍼비전은 30분에서 60분 정도가 일반적이며 매월 1회 이상 진행한다는 전제하에 1시간을 넘지 않는 것이 좋다. 집단슈퍼비전은 90분에서 120분 정도로 진행하며 참여자 인원과 주제에 따라 시간을 조정한다. 특히 슈퍼바이지의 직종이나 업무특성에 따라서 회기별 시간을 미리 정하여 진행하는 것이 바람직하며, 이는 슈퍼비전 시작단계에서 슈퍼비전 계

18) 싱가포르(2021)의 사회복지 슈퍼비전 가이드에서는 실무경력을 기준으로 1년까지는 주 1회, 1~3년 격주 1회, 3~10년 월 1회, 10년 이상은 격월 진행을 제안하며, 회기당 시간은 90분을 제시하고 있음.

약서 또는 동의서 작성에 포함하는 것이 좋다.

(4) 슈퍼비전 내용

슈퍼비전 내용은 슈퍼바이지의 담당직무와 요구, 슈퍼바이저의 슈퍼비전 세부직무(슈퍼바이지 이해, 행정 · 교육 · 지지 · 중재적 슈퍼비전, 슈퍼비전 준비 · 실행 · 평가), 실천가의 표준직무, 사회복지윤리와 관련 규정, 실천가로서의 핵심지식과 기술영역 등으로 구성될 수 있다. 이러한 공통적인 슈퍼비전 내용을 조직 내의 슈퍼비전 규정 또는 지침에 명시하는 것이 좋다. 이를 토대로 슈퍼바이지의 경력과 역량수준, 욕구에 따라서 보다 질적인 향상과 내용 개발을 위한 노력이 수반되어야 한다.

(5) 슈퍼비전 기록

슈퍼비전 기록은 슈퍼비전에 대한 피드백 및 평가를 위한 근거가 된다. 정기적으로 실행되는 슈퍼비전에 대한 기록을 남김으로써 지속적으로 기록이 유지되고 조직 차원에서 모니터링되어야 한다. 조직 차원에서의 모니터링은 슈퍼비전 기록을 통해 중간관리자인 슈퍼바이저의 슈퍼비전 내용을 검토할 수 있다는 것이다. 즉, 팀원인 슈퍼바이지에게 적절한 슈퍼비전을 실행했는지를 슈퍼비전 기록을 통해 상급관리자가 확인하고 필요하다면 중간관리자의 슈퍼바이저로서 역량 향상을 위한 슈퍼비전을 진행할 필요가 있다. 따라서 슈퍼비전에서 기록이 매우 중요하므로 조직 차원에서 작성해야 할 서식을 마련하여 이를 기록에 남기도록 독려해야 한다.

2. 슈퍼비전 회기 진행

1) 슈퍼비전 요청서 확인

슈퍼비전 실행단계에서는 슈퍼비전 계획서에 따른 회기별 슈퍼비전 내용을 진행한다. 슈퍼바이지는 슈퍼비전이 진행되기 약 5일 전에 슈퍼비전 요청서를 작성하여 슈퍼바이저에게 제출한다. 정기적 슈퍼비전일 경우에는 이미 계획된 슈퍼비전 내용을 먼저 작성하고, 추가로 슈퍼비전을 요청하고 싶은 내용이 있다면 그 내용을 포함해서 작성하면 된다. 계획된 슈퍼비전이 아니라 긴급하게 슈퍼비전을 요청하는 경우나 수시로 요청할 경우에는 슈퍼비전 받고 싶은 내용을 바로 작성하면 된다. 슈퍼비전 요청서를 통해 슈퍼바이지는 본인의 욕구를 표현할 수 있으며, 슈퍼바이저는 요청서를 토대로 슈퍼바이지에게 줄 수 있는 슈퍼비전을 준비하는 시간을 확보할 수 있다. 종종 슈퍼바이저 혼자 답변할 수 없는 내용의 슈퍼비전 요청이 있을 때에도 상급슈퍼바이저와 논의할 시간을 확보할 수 있기 때문에 슈퍼비전을 실행하기 전에 슈퍼비전 요청서를 작성하고 이를 검토하는 것이 필요하다. 슈퍼비전 요청시는 슈퍼바이지가 일정 서식에 구애받지 않고 자유롭게 작성하도록 하는 것이 좋고, 일반적으로 슈퍼바이저 이름, 슈퍼바이지 이름, 슈퍼비전 요청일, 슈퍼비전 요청 내용 등이 포함된다.

2) 슈퍼비전 계획서 검토 및 진행

슈퍼비전 실행단계에서는 시작단계에서 계획한 슈퍼비전 계획서에 근거한 내용 및 슈퍼바이지의 직무수행에 대해 회기별로 점검 및 관리를 한다. 슈퍼바이저는 정기적으로 진행되는 슈퍼비전 시간을 통해 슈퍼바이지의 직무를 점검하고 슈퍼비전 계획서에 따라 월별로 개별 및 집단슈퍼비전을 진행하게 된다. 효과적인 슈퍼비전을 하기 위해 슈퍼바이저는 개별 및 집단슈퍼비전 계획서를 검토하여 슈퍼비전에서 다루어질 주제를 선정하고 슈퍼바이지의 욕구를 파악하며, 슈퍼바이지는 회기별로 진행된 슈퍼비전 내용을 개별 및 집단슈퍼비전 기록지에 반드시 작성해 두어야 한다. 지난 슈퍼비전 시간에 과제가 있었다면 그 과제를 확인하고 함께 논의하는 시간도 갖는다. 슈퍼바이지가 수행하는 직무에 대한 소감을 슈퍼바이저와 함께 대화하고 사회복지실천과 관련된 지식, 기술, 가치 등의 문제에 대해 서로 토론하는 시간으로 진행한다.

3. 슈퍼비전 유형과 기법 활용

1) 슈퍼비전의 몇 가지 유형들

슈퍼비전은 슈퍼바이지의 욕구 및 슈퍼비전 내용에 따라 적절한 유형을 두 가지 이상 혼합하여 사용하는 것이 효과적이다. 슈퍼비전 유형은 참여범위, 슈퍼비전 제공시기, 접촉방법, 참여인력 등에 따라 구분(양옥경 외, 2021)할 수 있지만, 이 책에서는 실제 현장에서 자주 활용되는 유형인 개별슈퍼비전, 집단슈퍼비전, 동료슈퍼비전, 자기슈퍼비전 등 4개 유형을 소개하겠다.

(1) 개별슈퍼비전(individual supervision)

개별슈퍼비전은 슈퍼바이저와 슈퍼바이지가 일대일로 만나서 진행하는 것으로 가장 일반적이고 효과적인 유형이다. 슈퍼비전을 체계적으로 진행한다는 의미는 개별슈퍼비전을 정례화한다는 것과 동일하게 취급될 정도로 개별슈퍼비전은 반드시 실행해야 한다. 슈퍼바이저는 슈퍼바이지를 개별화하여 지도하고 슈퍼바이지 개인에게 많은 시간을 투입함에 따라 슈퍼바이지별 개별목표에 초점을 둘 수 있다. 이렇듯, 개별슈퍼비전은 슈퍼비전을 통한 슈퍼바이지의 성장과 발전 향상도를 쉽게 확인할 수 있다는 장점이 있지만 너무 세부적인 슈퍼비전이 지속되는 경우 슈퍼바이저에 대한 의존도가 높아진다는 단점을 가지기도 한다. 따라서 슈퍼바이지의 실천경험 및 발달수준을 반영하여 개별슈퍼비전을 진행하는 것이 바람직하다.

(2) 집단슈퍼비전(group supervision)[19]

집단슈퍼비전은 슈퍼바이저 한 명이 슈퍼바이지 여러 명을 모아 놓고 진행하는 것이 가장 일반적인 구조이다. 슈퍼바이지 개인이 혼자 성취하기 어려운 목표를 함께 달성해 나간다는 점에서 유용하다. 집단슈퍼비전은 직원회의(팀회의, 책임자회의, 부서회의 등)와 사례회의, 기획회의, 팀스터디, 아이디어회의, 소집단세미나 또는 집단토론 등 다양한 활동에서 활용하고 있다. 간혹 집단슈퍼비전을 단순히 여러 명의 슈퍼바이지를 한 공간에 모아놓고 슈퍼비전을 하는 것이라고 주장하는 조직이 있는데, 집단의 리더로서 그 집단의 상호작용을 활성화하지 못하는 일방적인 업무지시 형태는 집단슈퍼비전이라고 할 수 없다. 집단슈퍼비전을 실시하는 슈퍼바이저는 집단지도에 상당한 지식과 기술이 있어야 하며, 집단슈퍼비전의 실행구조, 다루어질 주제, 활용기술, 집단역동에 따른 대처방법 등에 대하여 미리 검토하고 준비해야 한다. 집단슈퍼비전의 구조를 가지고 슈퍼바이저가 슈퍼비전을 진행한 후에는, 반드시 기록을 남기도록 한다. 계획과 기록이 있을 때에만 집단슈퍼비전으로 인정할 수 있다.

(3) 동료슈퍼비전(peer supervision)

동료슈퍼비전은 주제를 선정하여 슈퍼바이지들끼리 정기적으로 함께 토론하고 배우는 형태로 진행되므로 동료 간의 지지와 문제해결, 정보공유 등을

19) 집단슈퍼비전 실행에 대한 자세한 내용은 공유복지플랫폼/지식공유/최쌤안쌤의 슈퍼비전(2023.4.~2023.8.) 칼럼 참고.

위해 활용되고 있다. 슈퍼바이저 없이 편안한 의사소통이 가능하고 구성원 간의 응집력이 높다는 장점이 있지만 동료 간 이루어진 슈퍼비전이 실천에 적용되었을 때 책임성을 담보할 수 없다는 문제와, 관계에 치중하여 '불평집단'으로 변질될 우려가 있다는 단점을 가지고 있다. 이를 해소하는 방법으로 반드시 계획에 의해 진행되고 기록이 남아야 하며, 슈퍼바이저가 동료슈퍼비전의 내용들을 점검하는 과정이 필요하다. 동료슈퍼비전에 참여하는 슈퍼바이지들의 역량과 경력 수준을 고려해야 한다. 자기주장이 강한 직원이나 근무경력을 내세워 슈퍼바이저 역할을 수행하려는 참여자가 있을 수도 있기 때문이다.

(4) 자기슈퍼비전(self supervision)

자기슈퍼비전은 상담분야에서 발전된 슈퍼비전 유형으로 자신의 실천에 대한 성찰과정을 강조한다. 자기슈퍼비전을 위한 방법으로 클라이언트의 행동과 관련되는 실천가 본인의 생각과 행동을 고찰하는 '자기관찰'과, 클라이언트의 반응에 의한 실천과정을 평가하는 '자기사정'을 통해 실천가가 스스로 성장하도록 하고 있다. 그러나 사회복지 슈퍼비전에서는 자기슈퍼비전과 조직 책무성의 균형을 고려해 봐야 한다. 만약 사례관리 업무를 수행하는 실천가라면 사례에 대한 통찰을 높이는 데 자기슈퍼비전을 적용하는 것 또한 유용하다. 이때 성찰질문지 등 어느 정도 구조화된 도구를 활용하고 정기적인 슈퍼비전 시간을 통해서 진행하는 것이 좋다. 다만 자기슈퍼비전이라는 유형을 적용하기로 슈퍼바이지와 합의가 되었다면, 혹시 슈퍼바이지가 제대로 성찰하지 못하더라도 슈퍼바이저가 이를 평가하는 행위는 피해야 한다. 특히 객관적인 분석과 성찰이 부족한 실천가에게 자기슈퍼비전은 스스로를 왜곡시킬 우려가 있다. 슈퍼바이저는 이 점을 고려하여 활용 여부를 신중하게 검토하길 바란다.

2) 슈퍼비전의 다양한 기법들[20]

슈퍼비전 시작단계에서 진행되는 교육적 사정을 통해 슈퍼바이지의 학습 스타일이나 방해가 되는 슈퍼비전과 도움이 되었던 슈퍼비전 등 슈퍼바이지의 성향을 알게 된다. 이를 반영하여 슈퍼바이지가 선호하는 기법을 선택하는 것이 슈퍼비전 관계와 슈퍼비전 성과를 효과적으로 이끌 수 있다. 슈퍼비전의 목표달성을 위해 적절한 슈퍼비전 기법들을 혼용하는 것이 효과적이므로 다양한 기법들을 습득하는 것이 좋다.

(1) 질문 주고받기

질문을 통해 슈퍼바이저는 슈퍼바이지로 하여금 자신의 직무에 대해 생각을 정리하도록 도울 수 있다. 질문은 알기 쉽고 분명하고 간결해야 하며, 일반적으로 슈퍼바이지의 구체적인 답변을 이끌어낼 수 있어야 한다. 질문기법은 슈퍼바이지로 하여금 현재의 지식은 물론 잠재적인 지식까지도 분명히 말할 수 있도록 하는 데 사용할 수 있는 유용한 기법 중 하나이다.

(2) 기록물 활용

각종 기록서 양식을 활용한 문서화된 자료를 통해 슈퍼비전을 제공한다. 슈퍼바이지는 실천경험 그 자체를 구체적으로 기록하고 슈퍼바이저와 그 경험에 대해서 의사소통을 하게 된다. 실천기록에 대한 슈퍼비전은 실천의 효과를 평가함과 동시에 슈퍼바이지의 기록기술을 향상시키는 데 있어서도 유용하다.

---

20) 더 다양한 기법을 알고 싶다면 공유복지플랫폼/지식공유/최쌤안쌤의 슈퍼비전(2020년도 칼럼들) 참조.

(3) 슈퍼비전 시간에 제시된 과제의 활용

정규 슈퍼비전 시간에 제시된 과제뿐만 아니라, 슈퍼바이지에게 필요한 다양한 과제들을 점검하는 방법이다. 과제를 부여하기 위해서는 슈퍼바이지의 당면 문제나 과업에 관련한 주요 정보를 슈퍼바이저가 파악하고 있어야 한다. 과제를 부여했을 때에는 슈퍼비전 시간에 반드시 과제수행 여부에 대해 점검하고 확인, 평가하는 시간을 가져야 한다.

(4) 관련 도서 활용 및 스터디 활동

슈퍼비전 시간에 함께 관련 자료나 책 등을 읽고 토론의 시간을 갖는 것도 유용한 방법으로 활용된다. 이 활동이 동료 간의 소감을 나누는 정도의 스터디로 끝나게 된다면 슈퍼비전이라고 하기 어렵다. 슈퍼바이지의 직무와 관련된 주제를 선정하는 것이 중요하며 토론의 주요 핵심은 자료나 책을 통해서 슈퍼바이지의 직무에 어떻게 적용할 것인지를 위주로 슈퍼바이저가 진행하도록 한다.

(5) 액션러닝(action learning)

액션러닝은 문제해결과정 및 프로그램이면서 학습과 성찰의 지속적인 과정이라고 할 수 있으며, 사회복지조직에서 성과와 직결되는 이슈 혹은 과제를 정해진 기한까지 해결하고 이를 통해서 조직이 함께 성장하게 하는 학습기법이다. 액션러닝의 이러한 과정은 슈퍼바이지들이 서로 배울 수 있는 기회가 되고 현재 놓여 있는 상황이 혼자만의 상황이 아니라는 것을 알게 해주며, 그들이 당면하고 있는 문제에 대해서 슈퍼바이저와 슈퍼바이지가 공통의 의견을 만들어 나가는 것에 도움이 되고 있다.

(6) 참관하기

슈퍼바이저의 참관은 동시적 슈퍼비전의 대체방법으로 활용한다. 함께 업무를 수행하는 것보다는 소극적이지만, 슈퍼바이지가 진행하는 프로그램에 슈퍼바이저가 참관하여 관찰한 후 그에 대한 피드백을 제공할 수 있기 때문에 슈퍼비전 방법 중의 하나로 널리 활용되고 있다. 신입직원 슈퍼비전인 경우에는 슈퍼바이저가 신입직원이 진행하는 프로그램에 월 1회 이상 참관한 후 슈퍼비전 및 피드백을 제공하는 것이 좋다. 경력이 있는 직원이라 하더라도 새로운 프로그램을 실시하거나 참관하는 것이 도움이 된다고 판단되면, 슈퍼바이저는 적극 참관할 수 있도록 한다.

(7) 모델링과 기법 전수

모델링은 슈퍼바이저의 행동을 통해서 슈퍼바이지를 가르치는 방법이다. 슈퍼바이저의 실천현장을 관찰하면서 모방할 수 있는 기회를 제공하는 것으로 이에 대하여 슈퍼바이지가 기록하고 함께 나누며 피드백을 한다. 기법 전수는 교육적 슈퍼비전을 할 때 주로 슈퍼바이저가 이론적인 기법이나 기술 등을 직접 보여주고 전수해 주는 방법으로 활용한다. 진행되는 횟수와 빈도를 정하여 계획적으로 진행될 때 더욱 효과적인 학습의 기회가 된다. 기법 전수는 슈퍼바이지에 의해서만 진행될 필요는 없으며 동료 슈퍼바이지나 타 부서의 슈퍼바이저에 의해서 진행될 수도 있다. 다만 슈퍼바이저의 슈퍼비전을 대신하는 용도로 활용되어서는 안 되며 다른 직원의 기법 전수를 슈퍼비전 회기로 포함시키되, 슈퍼바이저는 기법 전수의 실천 적용성에 대하여 슈퍼바이지와 대화하도록 한다.

(8) 사례를 통한 활용기법[21)]

사례를 활용하는 방법으로 사례분석, 사례발표, 사례질문 등 세 가지 방법을 사용해 볼 수 있다. 사례분석은 업무과정 전반에 대한 이해를 돕는 데 유용하기 때문에 신입직원을 대상으로 하는 것이 좋으며, 이때 사례 선정이 매우

21) 상세한 진행방법은 공유복지플랫폼/지식공유/최쌤안쌤의 슈퍼비전(2020.4/2020.5) 참조.

중요하다. 슈퍼바이저가 슈퍼바이지의 수준에 적절한 기존 사례를 제시하여 분석하게 한다. 사례발표는 슈퍼바이지가 본인의 사례(또는 프로그램)를 선택하여 집단슈퍼비전 내에서 발표하고 피드백을 받는 방법이다. 사례발표는 사례회의와 달리 클라이언트에 대한 개입보다는 슈퍼바이지가 실천가로서 수행한 것에 대한 논의에 방점을 두게 된다. 강점중심으로 진행하려면, 슈퍼바이지가 성공적으로 수행했던 사례 또는 프로그램을 발표하고 함께 공유하면서 역량을 향상시키는 것도 좋다. 사례분석과 사례발표는 프로그램을 하나의 사례로 보고 적용해 볼 수 있지만, 사례질문기법은 실제 사례(클라이언트)에만 적용 가능하다. 주로 슈퍼바이지가 담당하고 있는 하나의 사례를 선택하여 질문을 함으로써 사례에 대한 통찰을 높이게 한다. 특정 클라이언트와의 관계 이슈가 있거나 슈퍼바이지의 자기인식이 필요할 때 활용한다면 유용한 효과를 가져온다.

(9) 역할극 및 사전 시연

역할극은 슈퍼바이저와 슈퍼바이지가 다양한 시나리오를 가지고 실천가와 클라이언트의 역할을 하면서 슈퍼비전이 이루어지는 방법이다. 역할극은 향후 상황이나 과거 상황 모두에 적용 가능하며 실행 후에는 토론시간을 가진다. 사전 시연은 개별상담이나 집단프로그램 진행 전에 슈퍼바이저 앞에서 계획된 활동을 시연하고 피드백을 받는 슈퍼비전 방법이다. 신입직원에게는 반복적으로 활용하며 실천가의 언어적 표현, 어투, 진행태도 등을 세세하게 점검할 수 있다는 이점이 있다. 새로운 프로그램이나 어려움이 있는 사례 등에 적용하기에 좋다.

(10) 녹음 및 녹화

녹음과 녹화기법은 슈퍼바이지의 보고나 기록에 의해 실천 상황이 왜곡되거나 누락되는 것을 방지한다는 점에서 유용한 기법이다. 특히 슈퍼바이지와 클라이언트가 함께하는 상황 전체를 시청각적으로 확인하면서 슈퍼바이지의 실천기술을 관찰하고 이를 근거로 슈퍼비전할 수 있다는 점에서 현장슈퍼비전을 대체할 수 있다. 또한 전문적 개입 및 실천기술의 적용에 대한 슈퍼비전 이외에도 클라이언트를 대하는 슈퍼바이지의 태도를 간접적으로 확인하는 것도 가능하다. 녹화기법을 자기슈퍼비전의 유형으로 적용하여 슈퍼바이지가 클라이언트와 만나는 상황에서 자신의 행동과 태도를 점검하는 것으로도 활용할 수 있다.

4. 강점중심의 슈퍼비전 실행

최근에는 실천현장의 슈퍼바이지가 강점위주 슈퍼비전에 대한 욕구를 표출하고 있고, 이를 반영하듯 사회복지조직도 강점중심 슈퍼비전에 대한 관심이 높아지는 추세이다. 강점중심 슈퍼비전이 어렵다고 말하는 슈퍼바이저 대부분은 슈퍼바이지의 능력 부족을 원인으로 꼽고 있는데, 그렇다면 강점 없는 개인이 존재한다고 생각하는지 스스로에게 한번 반문해 볼 일이다. 사회복지실천의 주요 관점이 강점관점이라는 것은 누구도 부인하지 못한다. 슈퍼비전에서 강점관점을 적용하지 못하는 슈퍼바이저가 과연 슈퍼바이지에게 강점관점의 실천과 관련한 슈퍼비전을 하는 것이 가능할까? 슈퍼바이저와 슈퍼바이지의 관계는 실천가와 클라이언트의 관계에 투영되므로(Wonacott, 2012), 슈퍼비전이 슈퍼바이지의 강점중심으로 진행된다면 슈퍼바이지 역시 강점 기반의 실천을 수행하게 될 것이다.

강점중심의 슈퍼비전 실행을 위해서는 먼저 슈퍼바이지의 욕구와 발달수준을 파악하고, 의사소통기술을 습득하여 슈퍼바이지에게 적용하며, 슈퍼바이지를 실패자로 낙인찍지 않기 위해서 필패신드롬을 이해할 필요가 있다. 또한 슈퍼바이지의 강점을 탐구한 후 강점중심의 슈퍼비전에서 활용할 만한 기법을 배우고 이를 적용해 보도록 한다.

1) 슈퍼바이지의 욕구와 발달수준 반영

강점중심의 슈퍼비전을 실행하려면 슈퍼바이지 개개인에 대한 이해가 필요하다. 슈퍼비전 시작단계의 교육적 사정과 합의과정에서 파악된 것을 슈퍼비전 실행에 반영하도록 연계함에 있어서 현재 해당 슈퍼바이지의 발달수준을 고려하는 것으로부터 출발해야 한다. 슈퍼바이저가 매우 좋은 내용의 슈퍼비전을 주었다고 해도 슈퍼바이지가 그것을 이해하고 적용할 만한 수준에 도달하지 못했다면 슈퍼바이지는 좌절하게 될 것이고, 슈퍼비전대로 적용되지 못하는 일이 반복되다 보면 슈퍼바이저는 이를 계속 수정하게 될 것이다. 이는 강점중심의 슈퍼비전에서 멀어지게 되는 원인이 된다. 따라서 슈퍼바이지의 현재 발달수준을 고려하는 것이 중요하다.

(1) 슈퍼바이지의 슈퍼비전 욕구파악

슈퍼비전의 내용과 방법은 슈퍼비전 계획을 수립하기 전에 작성하는 슈퍼바이지의 교육적 사정 질문지나 슈퍼비전 욕구수렴지 등을 통해서 파악할 수 있다.[22] 이를 토대로 슈퍼바이저와 슈퍼바이지의 논의를 거쳐 슈퍼비전 계획서와 합의서가 완성되는 것을 슈퍼바이지의 욕구파악 과정의 하나로 본다. 이때 슈퍼바이저는 슈퍼바이지가 희망하는 것만 반영하는 것이 아니라 슈바이지에게 요구되는 직무역량을 포함시키도록 노력해야 한다. 슈퍼바이지의 직무수행 과정을 지속적으로 관찰한 것을 토대로 제안하고 합의해야 한다. 즉, 슈퍼바이지의 슈퍼비전 욕구파악은 슈퍼바이지가 원하는 것(want)과 슈퍼바이지에게 필요한 것(need)을 함께 고려함을 의미하는 것이다. 그러나 이렇게 파악된 슈퍼비전 욕구를 실행에 반영할 때 강점중심의 슈퍼비전을 고려

22) 이 책의 시작단계 참조.

한다면 우선순위가 중요하다. 슈퍼바이저가 필요하다고 생각하는 것보다 슈퍼바이지가 원하는 것부터 실행하는 것이 좋다. 슈퍼바이저의 생각을 강요하지 않도록 주의해야 한다. 문헌에 따르면, 슈퍼바이저가 원하는 것과 슈퍼바이지가 기대하는 슈퍼비전은 다르다고 한다. 일반적으로 슈퍼바이지는 구체적이고 실제적인 슈퍼비전을 원하지만 슈퍼바이저는 개념적이고 이론적으로 슈퍼비전을 하려는 경향이 있다는 보고가 있다. 그러나 강점중심의 슈퍼비전을 실행하려면 슈퍼비전에 대한 슈퍼바이지의 자발적 참여와 동기유발이 선행되어야 하고 슈퍼비전 성과측면에서도 슈퍼바이지가 원하는 것으로부터 시작하는 것이 바람직하다.

(2) 슈퍼바이지가 원하는 슈퍼비전 관계

강점중심의 슈퍼비전은 슈퍼바이지의 인정이 있을 때만 그 효력이 발휘될 수 있다. 아무리 슈퍼바이저가 강점중심으로 진행했다고 생각해도 슈퍼바이지가 그렇게 느끼지 않는다면 의미가 없기 때문이다. 강점중심의 슈퍼비전에서 슈퍼비전 관계에 관심을 두는 이유이기도 하다. 슈퍼바이지가 선호하는 슈퍼비전 관계를 슈퍼바이저가 파악하고 맞추려는 노력이 필요하다. 매우 친밀한 관계를 원하는지, 공적이고 전문적인 관계를 원하는지, 어려움 없이 수시로 만날 수 있는 관계를 희망하는지, 배우고 존경할 수 있는 관계를 기대하는지 등, 좋은 슈퍼비전 관계는 슈퍼바이지의 심리적 안정감에서 오는데, 이를 위해서는 슈퍼바이지가 편하게 느끼는 관계 맺기를 적용하는 것이 효과적이기 때문이다. 물론, 슈퍼비전 관계가 공식적이고 전문적 관계이므로 슈퍼바이지가 원한다고 해서 사적 친밀감으로 발전되거나 반대로 너무 공적인 관계와 엄격함만 남지 않도록 균형을 잘 유지하는 것이 중요하다.

그렇다면 슈퍼비전 관계에서의 슈퍼바이지 욕구파악은 어떻게 해야 할까. 슈퍼바이저와 슈퍼바이지의 개인적 성향, 슈퍼바이지 또는 슈퍼바이저가 경험했던 권력관계 등이 영향을 받을 수 있음을 이해해야 한다. 슈퍼바이저와 슈퍼바이지가 마주 앉아서 과거의 경험들을 나누고 서로가 원하는 관계가 무엇인지 터놓고 대화하는 것으로 가능할까. 서로가 완전히 솔직하기도 어렵지만 그보다 자신이 진정으로 원하는 관계가 무엇인지를 스스로 인식하고 규명하기가 쉽지 않을 것이다. 그래서 과학적인 방법으로 접근해야 한다. 앞서 시작단계에서 살펴본 자신에 대한 인식, 슈퍼비전 이력, 선호학습 스타일, 부모양육 스타일, 권력과 권위의 이해, 슈퍼비전 게임 등을 적절히 활용해 보기 바란다.

(3) 슈퍼바이지의 발달수준에 따른 슈퍼비전

슈퍼바이지의 현재의 능력과 성장 수준에 따라 슈퍼비전을 다르게 진행해야 슈퍼비전의 효과를 높일 수 있다. 초보 실천가에게는 지시적이고 구체적인 슈퍼비전이 필요하지만 업무적으로 성장해감에 따라 상대적으로 덜 지시적이면서 슈퍼바이지 스스로 도전해 볼 수 있는 기회를 만들어주는 것이 바람직하다. 다시 말해, 세부적인 정보와 조언 및 기술적인 교육중심의 슈퍼비전에서 슈퍼바이지가 보다 자율적이고 성취감을 가질 수 있는 슈퍼비전 실행으로 변화해야 한다(Lewis et al., 2001; Brown, 1996). 슈퍼바이지의 발달수준 4단계(Hawkins et al., 2000; 안정선 · 최원희, 2016)를 이해하는 것이 강점중심의 슈퍼비전 실행에 도움이 될 것이다.

[슈퍼바이지의 발달수준 4단계]

- 1단계: 자기중심적 수준 – 긍정적 피드백 및 지지 위주

초보 슈퍼바이지는 자신의 능력부족에 대한 두려움으로 불안하여 슈퍼바이저에게 의존하는 특징을 보이지만 슈퍼비전에 대한 높은 동기를 가지고 있다. 이 단계의 슈퍼바이지는 실제로 발생한 일에만 주의를 기울이게 되므로 조급하게 판단하지 않도록 슈퍼바이저는 긍정적인 피드백과 지지를 해줘야 한다.

• 2단계: 클라이언트 중심적 수준 – 덜 구조적이고 덜 지시적

초보 때의 불안은 어느 정도 극복하지만 방어와 자율성, 과도한 자신감이나 전문가처럼 보이기 및 어려운 실천 사이에서 갈등하게 된다. 간혹 슈퍼바이지가 무능하거나 부적절하게 대응하는 것처럼 보이기 때문에 슈퍼바이저는 마치 청소년을 지도하는 것과 같은 느낌을 가지는 경우도 있다. 1단계의 슈퍼바이지보다는 덜 구조적이고 덜 지시적인 슈퍼비전이 적절하다. 슈퍼바이지가 실수하면서 배울 수 있도록 어느 정도의 시간과 거리를 유지하는 것도 고려해 보는 것이 좋다.

• 3단계: 과정중심적 수준 – 지식과 기술을 통합하도록 성장 지원

이 단계의 슈퍼바이지는 상황에 따라 슈퍼바이저에게 의존하기도 하지만 전문적인 면에서는 자신감이 증가된다. 통찰력이 좋아지고 안정적으로 보이며 습득한 기술을 적절히 사용하게 된다. 슈퍼바이저는 이제 지식과 기술을 전체적으로 통합할 수 있도록 슈퍼비전을 줌으로써 슈퍼바이지가 성장할 수 있도록 지원하도록 한다.

• 4단계: 맥락중심적 수준 – 예비슈퍼바이저로서의 준비 지원

슈퍼바이지가 개인적 자율성과 통찰적 인식이 높아지고 많은 지식의 획득과 통합으로 깊이를 더해하는 단계이다. 이 단계의 슈퍼바이지는 슈퍼바이저가 되어가는 과정에 있으므로 슈퍼비전에서 이를 다루어주는 것이 바람직하다.

2) 의사소통기술 활용[23)]

슈퍼비전 실행이 효과를 보려면 내용이 명확하게 전달되어야 한다. 이는

23) 서울대사회복지실천연구회(2010)가 옮긴 「사회복지실천 기법과 지침」을 참고하였음.

어쩌면 모든 슈퍼비전 상황에서 가장 중요한 조건일 것이다. 슈퍼바이저의 경청하는 자세와 말하는 기술은 슈퍼바이저의 기본 과업에 해당됨에도 불구하고, 실제 사회복지현장에서 가장 많이 언급되는 슈퍼비전 이슈는 여전히 명확한 의사소통의 어려움이다. 사실 의사소통기술은 클라이언트와의 실천 상황에서나 슈퍼비전 상황에서나 또는 일상적 생활에서도 동일하게 적용된다. 좋은 의사소통을 위한 태도와 기술은 비단 슈퍼바이저에게만 필요한 것은 아니다. 슈퍼비전 상황에서 슈퍼바이저와 슈퍼바이지 모두 명확한 의사소통을 위해 주의를 기울일 때 서로가 원하는 슈퍼비전이 이루어지고 그 성과를 달성하게 될 것이다.

(1) 좋은 의사소통

업무적 소통은 듣는 이와 말하는 이의 업무적 배경지식이 동일해야 소통이 원활하다는 것을 무엇보다도 가장 먼저 염두에 두어야 한다. 업무에 대한 이해가 부족하면 단어적 의미는 이해하더라도 어떻게 해야 하는지 방법적 이해가 어렵기 때문이다. 따라서 슈퍼바이저가 이를 고려하여 슈퍼바이지의 지식과 업무실천 경험에 따라서 쉽게 설명할 때 강점중심의 슈퍼비전이 이루어질 수 있다. 의사소통을 위한 올바른 태도로 가장 우선되는 것은, 모든 인간은 소통하면서 동시에 인식하고 해석하기 때문에 전달하는 자와 전달받는 자 사이에는 오해가 발생한다는 전제를 받아들이는 것이다. 이러한 전제를 수용한다면 오해를 줄이기 위한 소통에 중점을 두게 되므로 명확한 내용 전달의 가능성을 높이게 된다.

[좋은 의사소통을 위한 태도]

- 모든 인간은 자신의 경험을 자신만의 방식으로 인식하므로 어느 정도의 오해를 예상하면서 이를 줄여나가려고 노력한다.
- 상대방이 이해하기 쉬운 방법으로 의사소통하려고 노력한다.
- 상대방의 말을 들을 수 있도록 방어하는 자세를 줄이려고 노력한다.
- 듣고자 하는 의지를 가지고 말하고 있는 사람에게 주의를 기울인다.
- 자신의 사고와 감정 및 행동에 책임을 지도록 한다.
- 서로 잘 이해하려면 충분한 의사소통 시간을 가져야 한다.

슈퍼비전에서 가장 일반적이고 효과적인 슈퍼비전 기법은 언어를 통한 방식이다. 따라서 슈퍼바이저는 특히 말하는 기술을 발전시켜서 보다 명확한 피드백을 통해 슈퍼바이지의 실천을 지원해야 한다. 말하기 전에 먼저 메시지를 효과적으로 전달하기 위한 계획이 필요하다. 메시지의 내용에 따라 어느 정도의 시간이 필요한지, 핵심내용은 무엇인지, 오해나 혼란이 있는 부분은 없는지, 효과적인 장소와 시간, 누가 말하는 것이 좋은지, 쉽게 이해할 수 있도록 조직하는 방법 등을 미리 검토하는 것이 좋다.

[메시지 전달을 위한 사전 계획]

- 어느 정도의 시간을 할애할 수 있는가?
- 전하려는 메시지의 핵심적인 내용은 무엇인가?
- 전하려는 메시지에서 오해의 소지나 혼란스러운 부분이 있는가?
- 듣는 이가 잘 이해하고 수용하려면 메시지를 어떻게 조직할 것인가?
- 메시지를 받는 이가 언제 어디에서 가장 주의를 잘 기울이는가?
- 내가 전달하는 것이 맞는가? 메시지를 전달할 신뢰와 지위를 가지고 있는가? 다른 사람이 전달해야 하지 않는가?

(2) 말하는 기술과 발신검토기술, 듣는 기술과 수신확인기술

말할 때는 단순한 단어사용, 너무 많지 않은 정보, 복잡한 메시지를 몇 개로 쪼개서 쉽게 이해되도록 한다. 끝나고 나면 내가 말한 것이 잘 전달되었는지를 확인하기 위해서 듣고 이해한 것을 말해 달라고 요청하는 것이 필요하다. 이것을 메시지 발신검토기술이라고 한다. 일반적으로 슈퍼바이저는 슈퍼비전 준 내용을 본인이 다시 요약정리하여 명료하게 전달하려고 시도한다. 그러나 이보다는 들은 사람이 자신이 이해한대로 요약해서 말하는 것이 의사소통의 오류를 파악하기가 훨씬 더 수월하다. 이 과정을 통해서 슈퍼바이저가 전달하고자 하는 것을 더 명확히 할 수 있다. 슈퍼바이지가 슈퍼비전을 요청하거나 업무를 보고할 때도 역시 말하는 기술과 발신검토기술을 적용하도록 훈련하는 것이 필요하다.

[말하는 기술: 메시지 발신 규칙]

- 명확하고 단순한 말을 사용한다.
- 너무 빠르지 않게 그리고 분명하게 말한다.
- 전하는 메시지에 적절한 시선맞춤과 몸짓을 사용한다.
- 너무 많은 정보로 듣는 이를 압도하지 않는다.
- 복잡하고 긴 메시지는 몇 개로 나눠서 쉽게 이해하도록 한다.
- 듣는 이가 잘 이해했는지 확인질문이나 피드백을 요구한다.

[메시지 발신검토기술]

- 내가 말한 것이 잘 전달되었는지 들은 대로 말해 달라고 요청

누군가의 이야기를 들을 때는 듣고 싶다는 의지를 말이나 행동으로 보여주고, 의사소통을 중단시킬 수 있는 비판이나 논쟁을 하지 않도록 주의하며, 명확하게 이해하기 위해서만 질문을 하는 것이 좋다. 듣고 나 후에는 메시지 수신확인기술을 통해 내가 제대로 들었는지 이해한 것을 말해볼 테니 확인해

달라고 한다. 특히 슈퍼바이지가 슈퍼비전을 요청할 때 원하는 수준과 범위를 명확히 한 후 슈퍼비전이 실행되는 것이 효과적이며, 슈퍼비전 실행 후에는 슈퍼바이지가 들은 것을 말하게 하고 그 다음에 슈퍼바이저가 피드백을 추가하는 것이 좋다. 따라서 슈퍼바이저와 슈퍼바이지 모두 의사소통의 오류를 줄이기 위해서는 발신검토기술과 수신확인기술을 자연스럽게 활용할 수 있어야겠다.

[듣는 기술: 메시지 수신 규칙]

- 말하는 것을 멈추고 듣는다.
- 말하는 사람이 불안하지 않도록 편안한 분위기를 만든다.
- 듣고 싶다는 의지를 말이나 행동으로 보여주면서 주의를 집중한다.
- 참을성을 가지고 말하는 사람을 대하고 말을 끊지 않는다.
- 명확하게 메시지를 전달받기 위해서라면 질문을 해도 좋다.
- 의사소통의 문제가 될 만한 비판이나 논쟁을 피한다.

[메시지 수신확인기술]

- 내가 들은 것이 맞는지 말해볼 테니 듣고 확인해 달라고 요청

3) 필패신드롬 이해[24)]

슈퍼바이지들에게 슈퍼비전이라는 용어를 듣고 떠오르는 단어를 적어보라고 하면, 그들이 강점중심의 슈퍼비전을 받고 있는지 아닌지 알 수 있다. 강점관점의 슈퍼비전을 받고 있는 슈퍼바이지들은 지지, 격려, 방향제시, 성장, 성찰, 자신감, 비전, 기다려지는 시간, 배움 등 긍정적인 용어가 등장하지만 슈퍼바이지의 단점 위주의 슈퍼비전을 받고 있는 슈퍼바이지들은 비난, 꾸중, 피하고 싶은 시간, 비참함, 채찍, 두려움, 업무추가, 과제, 화남 등 부정적

24) Wonnacott(2012)의 'Mastering Social Work Supervision'을 참조하였음.

인 단어가 많다. 그렇다면 어떠한 슈퍼비전이 바람직한지 슈퍼바이저들은 이미 답을 알고 있을 것이다. 강점중심 슈퍼비전을 위해서 먼저 필패신드롬을 이해하고 이를 벗어나기 위해 노력해야 한다.

(1) 필패신드롬 자가점검

필패(必敗)신드롬(set-up-to-fail syndrome)이란 상사가 부하직원을 무능하다고 인식하게 되면, 일을 잘해 오던 직원도 직무수행능력이 저하되는 현상을 말한다. 한마디로 슈퍼바이저가 어떤 직원에 대하여 업무를 실패할 것이라고 단정하게 되면 결국 그 직원은 그렇게 된다는 것이다. 예를 살펴보자. 슈퍼바이저가 생각할 때 어떤 슈퍼바이지가 실수를 계속하는 무능한 직원이라고 판단하여 더 많은 시간을 투자하면서 그 슈퍼바이지의 업무수행에 주의를 주고 지침을 따르게 하는 등 세세한 내용까지 모두 확인하는 태도로 개입하였다. 이로 인해 그 슈퍼바이지는 자신감이 점차 낮아지면서 슈퍼바이저의 눈치를 살피게 되고 능력 발휘를 못하게 되는 것이다. 이러한 슈퍼바이저의 필패신드롬은 슈퍼바이지의 실제 능력보다 훨씬 더 부족한 업무수행을 하게 만드는 원인으로 작용하게 된다.

주의할 점은, 직원의 부족한 직무역량 자체에 관심을 두지 말라거나 이를 보완하기 위한 노력을 하지 말라는 것으로 착각해서는 안 된다. 필패신드롬은 그 직원을 결코 잘할 수 없다는 사람이라는 실패자로 낙인을 찍어서 옴짝달싹 못하게 하는 상황을 의미한다. 그렇다면 슈퍼바이저의 판단이 필패신드롬인지 실제 슈퍼바이지의 업무능력의 문제인지 어떻게 판단할 것인가에 대한 판단 근거가 필요하다. 이를 위해 Mansoni와 Barsoux(1999)가 제시한 자가점검 질문들과 필패신드롬 고리 끊기 5단계를 확인해 보기 바란다.

[필패신드롬 확인을 위한 슈퍼바이저의 자가점검]

- 슈퍼바이지와 상호작용이 항상 이렇게 어려웠던가?
- 이 슈퍼바이지와의 관계에서 이전과 달라진 것은 무엇인가?
- 이 슈퍼바이지가 늘 이렇게 부족한 직원이었나?
- 이 슈퍼바이지가 내가 생각하는 만큼 실제로 부족한가?
- 내가 이 슈퍼바이지를 판단하는 확실한 증거가 있는가?
- 이 슈퍼바이지는 특히 어떤 영역에서 부족한가?
- 업무 외에도 다른 이유로 이 슈퍼바이지를 능력이 부족한 직원으로 인식한 적이 있는가? 어떤 이유 때문인가?
- 왜 이런 상황에 이르게 되었으며, 이런 상황에 내 행동이 얼마나 영향을 미쳤는가?

(2) 필패신드롬으로부터 탈피

만약 슈퍼바이저로서 자가점검 질문을 통해 특정 직원에 대하여 필패신드롬이 맞다는 것을 인정하게 된다면, 이제는 그것으로부터 벗어나기 위해 노력해야 한다. 필패신드롬 고리 끊기 5단계가 도움이 될 것이다.

[필패신드롬의 고리 끊어내기 5단계]

- 1단계: 슈퍼비전의 논의를 위한 상황 마련

진실성과 신뢰, 명확한 합의에 의한 슈퍼비전이 마련되지 않는다면 민감한 내용에 대한 논의는 어렵게 된다. 즉, 심리적 · 물리적으로 안정감을 가질 수 있는 적절한 슈퍼비전 환경이 준비되어야 한다.

- 2단계: 문제에 대한 동의

더 발전하고 향상되어야 할 부분에 있어서 슈퍼바이저와 슈퍼바이지 양자의 동의가 필요하다. 이를 위해 서로의 이해를 검토할 만한 충분한 시간이 주어져야 한다.

• 3단계: 미흡한 실천 원인 이해

슈퍼바이지의 미흡한 실천의 원인이 어디에 있는가를 슈퍼바이저와 슈퍼바이지가 함께 탐색한다. 즉, 미흡한 실천의 원인이 조직이나 다른 체계로부터 온 것인지, 슈퍼비전 관계에서 비롯된 것인지를 파악하는 것이 중요한데 이때 유용한 도구 등을 활용하는 것이 효과적이다.

• 4단계: 공동목표 달성

슈퍼바이저와 슈퍼바이지는 달성해야 할 공동목표를 함께 설정하고 어떻게 도달할 것인지에 대해서도 합의해야 한다. 슈퍼바이저는 필요하다면 조직과 슈퍼바이지 사이에서 중재자 역할을 수행하거나 슈퍼바이지의 업무량 조정을 검토할 수 있다.

• 5단계: 향후 의사소통방법 동의

슈퍼바이저는 앞의 단계들을 반영하여 미래를 위한 예방책을 합의하게 된다. 슈퍼바이지가 슈퍼비전을 요청하는 것이 여전히 어렵더라도 과거보다는 빨라질 것이며, 슈퍼바이저는 문제가 악화되기 전에 슈퍼바이지에게 무엇이 필요한지 질문할 수 있을 것이다.

4) 강점중심 슈퍼비전의 적용기법

강점중심으로 슈퍼비전을 진행하려면 슈퍼바이지의 욕구와 발달수준을 반영하고, 좋은 의사소통 기술을 활용하여, 슈퍼바이지가 잘 못할 것이라는 필패신드롬을 벗어나는 것으로 시작해야 함을 확인하였다. 이제, 강점중심의 슈퍼비전을 실행에 옮기기 위해서 적용해 볼 만한 기법으로 성공질문기법, 효과적인 피드백, 행동을 강화시키는 지지적 피드백 등 3가지를 소개하고자 한다.

(1) 강점탐구 적용의 성공질문기법

강점중심의 슈퍼비전 중 하나는 강점탐구(Appreciative Inquiry: AI)의 적용이다. 강점탐구는 조직변화를 위해 시작되었으며, 직원의 강점을 강조하게 되면 직원 스스로 탐구하는 방향으로 성장한다는 가정을 전제로 한다(이찬 외, 2017). 강점탐구 활용법은 질문을 통해 긍정적인 가능성을 탐색하고 기대를 증진시킴으로써 조직구성원이 성장하게 되고 이는 조직의 역량을 강화시키게 된다. 강점탐구는 문제에 초점을 두고 이를 해결하고자 한다면 더 많은 문제가 발견될 것이고 실패에만 주목하게 된다는 관점이다. 따라서 성공적인 경험에 집중하여 조직이나 개인의 성장을 도모하려는 것이다. 슈퍼바이저가 슈퍼바이지의 직무수행을 관리하고 슈퍼비전을 제공함에 있어서 단점과 결핍 등 문제 초점에서 탈피하여 슈퍼바이지의 강점을 강화시켜 성장시키는 것에 초점을 둔다.

강점탐구를 슈퍼비전에 적용하는 방법 중 하나로 성공질문기법(Wonnacott, 2012)이 있다. 슈퍼바이지가 업무를 수행하면서 예외적인 성공에 대하여 질문을 시작하는 방식이다. 그 방법은 [그림 9-1]과 같은 절차에 따라 진행한다. 최근 슈퍼바이지의 성공적인 업무수행을 생각해 보게 하고, 그것이 일상이 된다면 어떤 변화가 일어나게 될 것인지, 이러한 변화를 일상적으로 만들려면 누구의 도움이 필요한지 등으로 질문을 통해서 진행한다. 슈퍼바이저와 일대일 개별슈퍼비전에서 실행할 수도 있고, 집단슈퍼비전에서 2인 1조 형태로 적용하는 것도 가능하다. 이 활동은 슈퍼바이지가 자신의 업무 성공경험에 대하여 말할 수 있는 기회를 갖게 되고 슈퍼바이저로부터 인정받는 경험을 하면서 자신감과 성취감을 향상시켜 더 발전적이 모습으로 성장할 동기를 부여하게 된다.

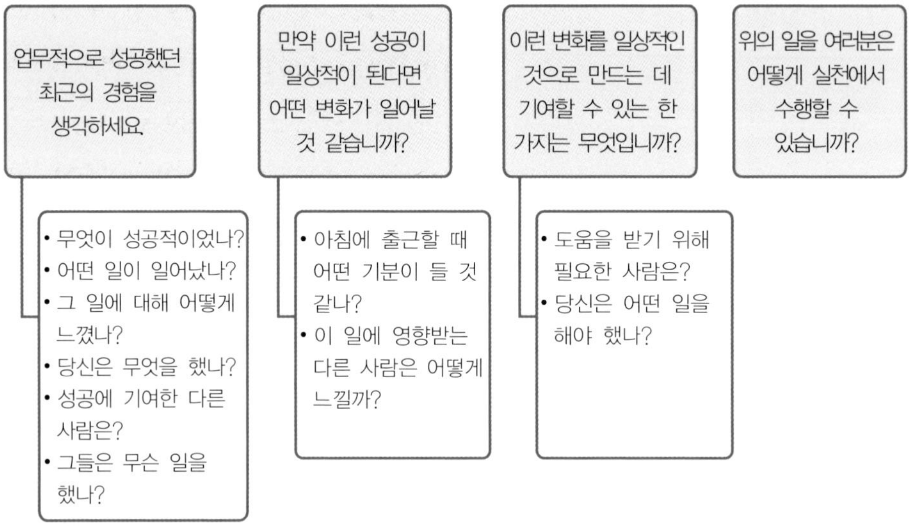

[그림 9-1] **강점중심 슈퍼비전의 성공질문기법**

(2) 효과적인 피드백

슈퍼바이저는 시기적절한 시점에서 피드백을 제공해야 하며 명확하게 이해할 수 있도록 체계적으로 제공해야 한다. 또한 일방적이 아닌 상호적이어야 하며 지금 제공하는 피드백이 문제에 접근하는 유일한 방법이 아니라는 점을 인식해야 한다(Freeman, 1985). 슈퍼비전에서 피드백은 긍정적 피드백과 부정적 피드백의 균형을 이루는 것이 중요한데, 슈퍼바이지라는 사람 자체에 대한 피드백이 아닌 슈퍼바이지가 한 어떠한 행위에 대하여 피드백해야 한다. 특별히 부정적인 피드백의 경우에는 이 점에 매우 주의해야 한다. 슈퍼바이저의 피드백은 슈퍼바이지가 무엇을 해야 하는지를 알 수 있는 건설적인 피드백이 되도록 노력해야 한다.

슈퍼비전은 슈퍼바이지가 업무를 잘 수행하도록 돕는 것이고 그러다 보니 잘못된 수행을 수정하거나 보완하는 슈퍼비전이 더 자주 이루어지게 되는 것으로 보인다. 강점중심의 슈퍼비전은 슈퍼바이저의 의지가 가장 중요하다. 부정적 피드백을 완전히 배제하라는 의미가 아니라 부정적 피드백만큼 또는 그 이상을 긍정적 피드백으로 채우도록 노력해야 한다.

Hawkins와 Shohet(1996)는 슈퍼바이저가 좋은 피드백 주는 방법과 슈퍼바이지가 좋은 슈퍼비전을 받기 위한 자세를 언급하고 있다. 이를 슈퍼바이저와 슈퍼바이지가 공유하는 것으로 강점중심의 슈퍼비전에 한발 더 다가갈 수 있을 것이다.

[슈퍼바이저가 효과적인 피드백을 주는 방법]

- Clear: 원하는 피드백을 명백히 하라. 모호한 피드백은 내용을 이해하기도 어렵지만 받는 사람이 분노를 느낄 수도 있다.
- Owned: 당신이 주는 피드백은 자신의 지각에 의한 것이지 절대적인 진리라고 생각하지 말아야 한다.
- Regular: 피드백은 정기적으로 주어져야 유용하다. 비정기적으로 몰아서 한꺼번에 주는 피드백은 받아들이기 어렵다. 또한 피드백을 주는 시점은 준비된 때에 일찍 주는 것이 좋다.
- Balanced: 부정적, 긍정적 피드백을 균형적으로 주는 것이 좋다.
- Specific: 일반화된 피드백으로부터는 배우기 어렵다. 구체적인 근거에 의해 피드백을 주어야 한다.

[슈퍼바이지가 좋은 피드백을 받는 방법]

- 만약 피드백이 만족스럽지 못하다고 생각되면, 더 분명하고 구체적으로 표현해 달라고 요구하라.
- 피드백을 진체적인 맥락 속에서 보누 경청하라. 피드백의 내용을 방어하거나 일부분만 받아들이는 것은 오해를 초래할 수 있다.
- 당신이 왜 그렇게 했는지를 변명하듯이 설명하지 말라. 다른 사람들의 피드백을 충분히 듣도록 하라.
- 피드백이 필요할 때는 요청하라. 마냥 기다리지 말고 슈퍼바이저에게 피드백이 필요함을 요구하는 적극적인 자세가 필요하다.

(3) 행동을 강화시키는 지지적 피드백

리처드 윌리엄스(2021)는 일상의 인간관계에서 이루어지는 피드백을 4개로 구분하여 지지적 피드백, 교정적 피드백, 무의미한 피드백, 학대적 피드백으로 설명하였다. 피드백의 구체적인 방향을 제시한다는 측면에서 슈퍼비전에서도 유용하게 적용해 볼 수 있다.

지지적 피드백은 보통 상대에 대한 칭찬에 해당된다. 만약 슈퍼바이지에게 '업무를 잘했다' 정도의 피드백을 한다면 슈퍼바이지는 당장 기분은 좋지만 앞으로 '이렇게 하면 되겠구나'라는 행동의 지침을 갖지는 못하게 된다. 이처럼 사람 자체를 칭찬하기보다는 무엇을 잘 했는지를 명확하고 구체적으로 알게 함으로써 그 행동을 지속하도록 하는 것이 지지적 피드백의 핵심이다. 슈퍼비전의 상황에서 지지적 피드백은 슈퍼바이지가 보인 어떠한 행동이나 업무적 결과에 대하여 슈퍼바이저가 구체적으로 표현하여 향후 그러한 행위나 성과를 지속할 수 있도록 하는 데에 초점을 두도록 해야 한다.

교정적 피드백은 슈퍼바이지가 잘못 수행한 업무에 대하여 지적하고 같은 실수를 반복하지 않게 하는 교정의 목적이다. 그러나 슈퍼바이지가 동의하거나 인정하지 않은 채 교정적 피드백이 주어진다면 실제 슈퍼바이지의 행동의 변화를 가져오기란 쉽지 않다. 오히려 슈퍼바이지를 혼내거나 지적하여 자존감을 낮추는 결과만 초래하게 된다면 피드백이 없는 편이 나을 수도 있다. 따라서 교정적 피드백은 슈퍼바이저가 먼저 제시하기보다는 슈퍼바이지가 교정하고 싶은 내용을 먼저 요청할 때 시작하는 것이 효과적일 것이다.

무의미한 피드백은 상대방에게 아무런 영향도 미치지 못하는 피드백이다. 슈퍼바이지들이 받고 싶은 슈퍼비전으로 건설적인 피드백을 희망하고 있지만 상당수의 슈퍼바이저들은 슈퍼바이지가 무엇을 어떻게 해야 하는지에 초점을 두지 않고 혼잣말처럼 그저 하고 싶은 말을 하기도 한다. 슈퍼바이저는 자신의 피드백이 무의미하여 그대로 휘발되지 않도록 주의하면서 슈퍼바이지에게 영향을 미치는 피드백을 주기 위해 노력해야 한다.

학대적 피드백은 특히 강점중심 슈퍼비전과 상반되는 피드백의 형태로, 슈퍼바이저가 의도하지 않았지만 슈퍼바이지들이 모멸감을 느끼는 경우가 있음을 유의해야 한다. 예를 들어 슈퍼바이저와 슈퍼바이지가 다른 학문적 배경임을 자주 언급, 슈퍼바이지의 업무과정이나 결과에 대하여 한숨을 쉬는 행동, 슈퍼바이지를 사람 자체로 평가하고 단정해 버리는 언사 등이 해당된다.

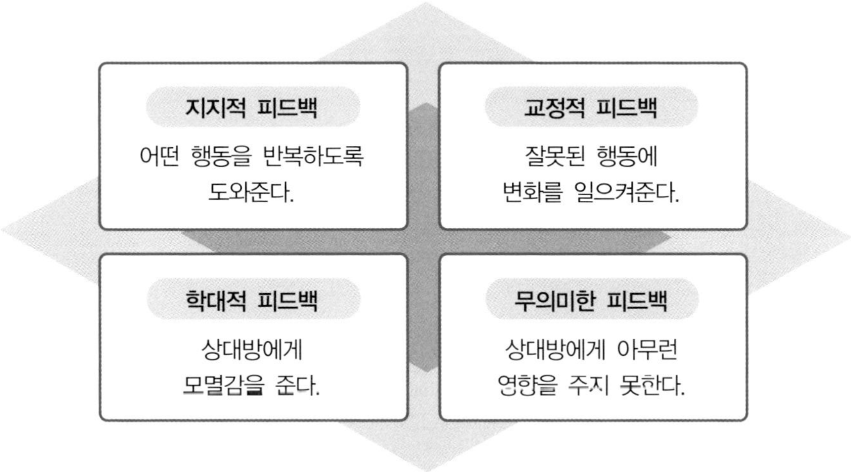

[그림 9-2] **리처드 윌리엄스(2021)의 4가지 피드백**

강점중심의 슈퍼비전에서는 지지적 피드백을 강화하면서 슈퍼바이지의 성찰을 전제로 한 교정적 피드백을 병행하여 슈퍼바이지의 성장을 지원해야 한다. 무의미한 피드백과 학대적 피드백을 피하는 것만으로도 강점중심의 슈퍼비전이 가능해짐을 기억하기 바란다.

[실행단계에서의 확인 사항]

☑ 슈퍼비전 실행을 위한 환경을 마련하였는가?

☑ 우리 기관의 슈퍼비전 실행구조(빈도, 시간, 내용, 기록 등)를 이해하였는가?

☑ 슈퍼비전 요청서와 계획서를 반영하여 슈퍼비전을 진행하였는가?

☑ 슈퍼비전의 유형의 장단점을 이해하고 적절하게 적용하였는가?

☑ 슈퍼비전의 다양한 기법들의 활용방법을 이해하고 시도해 보았는가?

☑ 강점중심의 슈퍼비전을 이해하였는가?

☑ 슈퍼바이지의 욕구와 발달수준을 반영하여 슈퍼비전을 진행하였는가?

☑ 슈퍼바이지에게 좋은 의사소통기술을 활용하였는가?

☑ 필패신드롬을 점검하고 이를 벗어나기 위해 노력하였는가?

☑ 강점중심 슈퍼비전의 기법을 적용해 보았는가?

CHAPTER 10

실행단계의 이슈와 솔루션

❑ 실행단계에서 필요한 솔루션 목록

실행이슈1 업무지시나 업무지도와는 다른 슈퍼비전을 하고 싶어요.

실행이슈2 일 잘하는 슈퍼바이지도 슈퍼비전을 원해요.

실행이슈3 열심히 슈퍼비전 줬는데 슈퍼바이지는 받지 못했대요.

실행이슈4 슈퍼비전 내용을 명확히게 이해하지 못해요.

실행이슈5 지지적 슈퍼비전을 효과적으로 하고 싶어요.

[실행이슈1] 업무지시나 업무지도와는 다른 슈퍼비전을 하고 싶어요

- 총무팀 팀장을 맡고 있는 슈퍼바이저입니다. 총무팀의 업무는 상시적 소통이 필요하여 매일 업무보고를 받으면서 그때마다 슈퍼비전을 주었는데, 이번에 현장평가에서 슈퍼비전에 대한 보완이 필요하다는 말을 들었습니다. 제가 고민스러운 점은, 슈퍼비전으로 전달하는 내용이 업무지시와 큰 차이가 없다는 점입니다. 저 또한 실무자일 때 슈퍼비전 일지에 작성한 내용이라고는 행정적 슈퍼비전에 업무지시 내용과 지지적 슈퍼비전을 기재한 것이 전부였어요. 경험치가 없으니 공부라도 해야겠다는 생각에 교육도 참여했지만 그때뿐이고 어떻게 해야 할지 모르겠습니다.

- 4년째 근무 중인 슈퍼바이지입니다. 입사 후 매주, 또는 수시로 슈퍼바이저로부터 업무지도를 받고 있습니다. 이것을 저는 슈퍼비전이라고 이해했는데 올해부터 슈퍼비전을 제대로 하겠다는 기관장의 방침으로 정해진 시간에 슈퍼비전을 하고 사전에 계획서를 제출하고 기록도 하고 있습니다. 일하기도 바쁜 와중에 계획과 기록까지 해야 하는 것이 어떤 의미로 도움이 되는지 아직은 잘 모르겠습니다. 기존에 해 왔던 방법, 즉 수시로 발생하는 업무지도는 슈퍼비전이 아닌 건가요?

솔루션 업무지시와 업무지도만으로는 슈퍼비전이라고 할 수 없으며, 슈퍼바이저는 슈퍼바이지와의 상호작용을 통해 슈퍼바이지가 자신의 실천을 성찰하고 성장할 수 있도록 지원해야 합니다.

이 이슈들에 등장하는 의미를 먼저 짚어볼 필요가 있겠어요. 업무보고, 업무지시, 업무지도, 슈퍼비전을 각각 생각해 보시겠어요? 공통적으로는 슈퍼바이지가 본인의 업무를 잘 수행하도록 하기 위함이라는 점에서 유사하네요. 그래서 혼란이 있는 것이고요. 그러나 슈퍼비전과 다른 용어들(업무지시, 업무지도, 업무보고)과 차이점이 있다면 바로 '상호작용'의 여부입니다. 사회복지 슈퍼비전의 정의를 보면, '클라이언트에 대한 최선의 서비스 제공 및 실천가의 전문성 향상을 위해 조직 차원에서 공식적으로 실행되는 기제로써, 슈퍼바이저와 슈퍼바이지에 의해 이루어지는 상호작용과정'(안정선 · 최원희, 2016)입니다. 즉, 슈퍼비전은 슈퍼바이저와 슈퍼바이지가 서로 합의하여 정해진 시간에 독립된 공간에서 만나, 미리 계획한 슈퍼비전 계획서와 요청서를 토대로 함께 이루어가는 과정이라는 것이 핵심입니다.

슈퍼비전은 슈퍼바이저와 슈퍼바이지 양자의 합의하에 계획을 세우고 지속적인 과정으로써 정기적으로 진행되며 평가까지 이루어지는 피드백 과정인데, 업무보고는 수시로 또는 슈퍼바이저의 요청이 있을 때 슈퍼바이지가 슈퍼바이저 책상 앞으로 가서 업무의 내용에 대해 보고하는 형태로 진행되곤 하죠. 이 과정에서 업무지도도 있게 되지요. 물론 긴급을 요구하는 의사결정을 위해 업무지시나 업무지도 역시 사회복지실천현장에서 슈퍼바이저가 해야 하는 과업이기도 합니다. 다만, '즉각조치'적인 업무지시와 업무지도, 그리고 슈퍼바이지의 업무보고에 따른 조언만으로 슈퍼비전을 했다고 착각해서는 안 된다는 것입니다.

슈퍼비전은 목적을 가진 계획적인 활동입니다. 따라서 준비단계를 거쳐 시작, 실행, 종결 등 일련의 단계에 따라 체계적이고 목적지향적인 슈퍼비전이 공식적, 정규적, 일관적으로 진행되도록 운영되어야 합니다. 즉, 일련의 단계와 과정을 가지고 조직의 목적과 방향에 기반한 명확한 목표와 계획을 기반으로 이루어지는 지속적 과정이며, 슈퍼비전 실행의 과정이 평가되고 성과가 창출되어야 합니다.

정리하자면, 수시로 이루어지는 업무지시와 업무지도 자체를 슈퍼비전이라 할 수 없지만, 계획된 정기적인 슈퍼비전이 진행되면서 행정적 슈퍼비전을 위해 업무지시가, 교육적 슈퍼비전으로 업무지도가 함께 병행된다면 슈퍼비전에 포함될 수 있습니다. 긴급하게 업무지시와 업무지도가 실시되었다면 정기적인 슈퍼비전 시간에 이에 대하여 슈퍼바이저의 설명과 슈퍼바이지의 생각을 나누는 시간을 가지는 것이 필요합니다.

[실행이슈2] 일 잘하는 슈퍼바이지도 슈퍼비전을 원해요

- 저는 9년차 과장으로 근무하고 있는 슈퍼바이저입니다. 3명의 팀원에게 슈퍼비전을 주고 있는데요, 이들의 업무수행능력과 이해력, 문서작성 등 역량에 차이가 많이 있어서 잘하는 직원에게 더 많은 일을 주게 됩니다. 상대적으로 부족한 직원을 가르치고 역량을 키우려고 훨씬 더 많은 슈퍼비전 시간을 투여했더니, 나머지 잘하는 팀원들은 자신에게는 일만 많이 시키고 슈퍼비전도 잘 주지 않는다고 서운해 합니다. 그렇다고 슈퍼비전에만 너무 많은 시간을 투여할 수 없으니 고민이 됩니다. 슈퍼바이지 간에 역량 차이가 심할 때 슈퍼비전은 어떤 밸런스를 유지하면서 이루어져야 하는 건가요?

솔루션 슈퍼비전은 모든 직원에게 주어지는 권리이자 의무입니다. 팀의 실적과 성과뿐 아니라 슈퍼바이지의 전문적 성장을 위해서도 슈퍼비전이 실행되어야 합니다.

슈퍼바이지마다 역량의 차이가 있는 것은 어쩌면 당연합니다. 바로 이 부분 때문에 슈퍼비전 계획수립이 필요한 것이기도 하고요. 또한 개별슈퍼비전을 진행하지 않고 집단슈퍼비전으로 대체하는 것이 효과적이지 않다는 근거이기도 합니다. 또 하나 유념할 부분은 슈퍼바이저가 생각하는 슈퍼바이지들의 역량차이가 어쩌면 성향의 차이일수도 있다는 것입니다. 이 부분은 슈퍼비전의 시작단계에서 충분히 다루기를 권합니다. 여기서는 슈퍼바이저의 역할을 확인하면서 생각해 보겠습니다.

먼저, 슈퍼바이저는 슈퍼바이지들의 기대가 무엇인지 분명하게 세부항목으로 만들 수 있어야 합니다. 슈퍼바이지의 업무수행을 다른 슈퍼바이지와 비교하지도 말아야 하고요. 슈퍼바이저는 슈퍼비전을 실행하기 전에 각각의 슈퍼바이지들이 가지고 있는 지식, 기술, 가치 및 태도에 대한 역량이 다르다는 것을 다시 한번 생각해 보아야 합니다. 어떤 슈퍼바이지는 본인의 직무에 대해 책임감 있는 태도를 가지고 직무수행을 적극적으로 하지만 어떤 슈퍼바이지는 그렇지 않을 수도 있습니다. 슈퍼바이지 자신에 대한 인식을 잘하고 자기계발을 위해 명확한 계획을 세워나가는 사람도 있지만 그렇게 하지 못하는 사람도 있다는 것을 슈퍼바이저는 이해하고 있어야 합니다. 역량이 다른 슈퍼바이지에 대해서 시작단계에서 작성된 직무역량체크리스트 등을 검토하여 슈퍼바이지가 어떤 부분을 스스로 잘할 수 있다고 생각하는지 어떤 부분을 어려워하고 있는지 파악해 볼 필요가 있습니다. 이때 단지 담당직무수행 정도에만 중점을 둔다면 일 잘하는 직원은 슈퍼비전에서 소외될 수 있다는 점을 주의하셔야 합니다. 어떤 슈퍼바이지는 이미 잘하고 있지만 전문가로서 더 성장하기 위한 슈퍼비전을 갈망할 수도 있을 테니까요. 슈퍼비전은 모든 직원에게 주어지는 권리이자 의무입니다. 일이 수행되는 것에만 초점을 두지 말고 슈퍼바이지의 전문적 성장에도 관심을 가져야 합니다.

그런 다음 슈퍼바이지 개별 욕구가 반영된 슈퍼비전이 진행되고 있는지, 이미 진행된 개별슈퍼비전 계획서 수행 정도와 집단슈퍼비전 계획서 등을 다시 한번 파악해 보세요. 집단슈퍼비전은 공통역량을 위한 주제를 선정하는 것이 가장 중요하며, 특정 슈퍼바이지에게 더 많거나 더 적은 과업이 주어지지 않도록 주의하고 지지적인 내용의 슈퍼비전으로 시작하여 행정적, 교육적 슈퍼비전으로 진행하는 것이 좋습니다. 세부 내용은 슈퍼비전의 다양한 유형과 기법들을 참고하세요. 또한 개별슈퍼비전은 슈퍼비전 욕구와 역량에 따라 개개인 슈퍼바이지별로 슈퍼비전의 시간 · 횟수 · 내용을 달리 진행하는 것도 하나의 방법입니다.

일 잘하는 슈퍼바이지가 일 못하는 같은 팀의 슈퍼바이지 때문에 본인의 업무가 늘어나게 된다면, 처음에는 어쩔 수 없이 받아들이지만 이러한 일이 지속되고 슈퍼바이저로부터 지지받지 못할 때 사직의사를 나타내는 경우도 종종 있습니다. 부서 내의 업무를 조정할 때는 먼저 슈퍼바이지에게 충분히 설명을 하고, 늘어난 업무로 인해 피로도가 생기지 않도록 여러 직무의 수행으로 인한 감정을 공유하는 시간을 가지세요. 이처럼 슈퍼바이지의 직무를 검토하여 피드백해줌으로써 슈퍼바이지가 억울한 마음을 가지지 않도록 배려해 주기 바랍니다.

[실행이슈3] 열심히 슈퍼비전 줬는데 슈퍼바이지는 받지 못했대요

• 저는 경력 15년차 부장입니다. 직원들에게 슈퍼비전을 주느라 나름 시간할애도 많이 하고 직원들과 많은 이야기도 나누려고 노력하였습니다. 그런데 얼마 전 관련 행사에 갔을 때 잘 아는 다른 기관 부장으로부터 우리 기관에서 퇴직하고 그 기관으로 이직한 직원에 대하여 듣게 되었어요. 우리 기관에서 슈퍼비전을 받지 못하고 본인 혼자 업무를 감당하는 일이 많아져서 부담이 되어 퇴사하게 되었다고 했답니다. 제가 아무리 열심히 슈퍼비전을 주어도 슈퍼바이지가 슈퍼비전을 받지 못했다고 하니 슈퍼비전 시간에 무슨 말을 해야 할지 고민입니다.

솔루션 슈퍼비전이 슈퍼바이저의 필요에 의해서만 진행된다면 슈퍼바이지는 그것을 슈퍼비전으로 인식하지 않게 됩니다. 슈퍼바이지의 욕구를 기반으로 역량 수준에 맞춰서 정해진 시간에 공식적으로 진행해 보세요.

슈퍼바이저는 없는 시간 쪼개가며 슈퍼비전을 주었는데 슈퍼바이지는 슈퍼비전을 받은 기억이 없다고 한다면 슈퍼바이저 입장에는 매우 당황스럽고 화가 날 수도 있겠어요. 이럴 때 우리는 그 이유를 먼저 생각해 봐야겠죠. 다양한 해석이 나올 수 있는데, 아마도 가장 큰 원인은 슈퍼바이지가 생각하는 슈퍼비전과 슈퍼바이저가 생각하는 슈퍼비전이 다르기 때문이 아닐까 싶습니다. 다르다는 것은 슈퍼비전의 내용적인 면과 환경적인 면으로 살펴보면 좋을 것 같아요.

내용면에서 먼저 되짚어 봐야 할 것들이 있습니다. 만일 슈퍼바이저가 슈퍼바이지의 슈퍼비전 계획서 작성에 대한 검토가 없는 상태에서 그때그때 슈퍼바이저가 필요하다고 생각하는 내용을 슈퍼비전을 주게 된다면 슈퍼바이지는 슈퍼비전이 아닌 업무지시를 받았다고 생각하게 됩니다. 슈퍼바이저가 슈퍼바이지와 함께 업무에 대해 이야기한다고 해서 이것을 모두 슈퍼비전이라고 할 수는 없습니다. 슈퍼바이지가 원하는 슈퍼비전이 이루어질 때 슈퍼바이지는 슈퍼비전을 받았다고 느낄 것입니다.

환경면에서 생각해 볼 부분은 슈퍼바이지가 슈퍼비전을 받을 준비가 되었을 때 슈퍼비전이 이루어졌는가입니다. 약속된 시간에 이루어졌는지, 매번 슈퍼바이저의 책상으로 불려가서 슈퍼비전을 받지는 않았는지, 우연히 복도에서 마주쳤을 때 슈퍼비전을 하지는 않았는지, 식사나 차를 마시다가 갑자기 이루어진 업무적인 대화를 슈퍼비전으로 생각하는 것은 아닌지에 대하여 슈퍼바이저는 되돌아봐야 합니다. 이런 상황에서 이루어진 업무지시나 업무지도를 슈퍼바이저는 슈퍼비전이라고 생각하고 슈퍼바이지는 슈퍼비전이라고 생각하지 않을 수 있습니다.

슈퍼바이지가 슈퍼비전을 받았다고 생각할 때는 조직 차원에서 공식화된 준비(슈퍼비전 체계 마련 등)를 통해서 슈퍼비전이 진행될 때, 슈퍼바이저와 슈퍼바이지의 상호작용을 통해 슈퍼비전이 진행될 때, 슈퍼비전을 위한 물리적 · 구조적 환경이 조성되어 정규적으로 마련된 시간과 장소를 통해 슈퍼비전이 진행될 때일 것입니다. 또한 슈퍼비전이 기록으로 남겨지고 그것을 토대로 점검하면서 실천적 적용이 가능해질 때 슈퍼바이지는 '제대로' 또는 '필요한' 슈퍼비전을 받았다고 느끼게 됩니다.

정리해 볼까요? 슈퍼바이저가 슈퍼비전을 주었는데 슈퍼바이지가 슈퍼비전을 받은 기억이 없다고 말하지 않도록 하기 위해서는, 슈퍼비전 시간을 공식화하고 미리 정해진 공간에서 이미 계획된 슈퍼비전 계획서에 포함된 내용을 토대로 슈퍼비전에서 다룰 주제를 선정하여 슈퍼비전을 진행하면 되겠습니다. 월별로 슈퍼바이지의 주요 업무들을 점검하고 계획대로 업무가 잘 진행되는지, 다른 어려움은 없는지 등에 대해 함께 이야기를 나누며, 지난달 슈퍼비전 과제가 있었을 경우에는 함께 과제검토 및 확인을 하며 슈퍼비전 시간을 진행하면 슈퍼바이저와 슈퍼바이지 모두에게 유익한 시간이 될 것입니다.

[실행이슈4] 슈퍼비전 내용을 명확하게 이해하지 못해요

- 저는 2년차 사회복지사입니다. 좀 더 명확한 슈퍼비전을 받고 싶어요. 뭔가 두루뭉술하고 형태가 잡히지 않아서 제 나름대로 계속 고민하게 해석하게 됩니다. 슈퍼바이저가 슈퍼바이지인 나를 정확하게 이해하고 있는 건지 의문이 듭니다. 이럴 때 솔직하게 슈퍼바이저에게 이야기하고 제가 이해할 수 있는 범위 내에서 슈퍼비전을 제공해 주길 요청해도 되는 건가요?

- 슈퍼바이저 역할을 4년째 하고 있는데 늘 힘들다는 생각이 듭니다. 특히 슈퍼바이지가 슈퍼비전 받은 내용을 충분히 이해했는지, 혹시 잘못 알아듣고 힘들어하는 건 아닌지 그 입장은 어떠한지 알고 확인하고 싶은데 구체적인 방법이 있나요? 슈퍼바이지들에게 동일하게 전달하고 한 번 확인했음에도 불구하고 슈퍼바이지들이 다 자기방식으로 받아들이고 해석하고 이해하고 판단해서 이야기를 할 경우 어떻게 해야 하는지요?

솔루션 명확한 슈퍼비전을 주고자 하는 슈퍼바이저는 슈퍼바이지의 역량수준을 고려하여 그들이 이해할 수 있게 눈높이에 맞춰 주도록 노력해 보세요. 슈퍼비전이 이해가 안 되는 슈퍼바이지는 원하는 것을 구체적으로 다시 슈퍼바이저에게 요청해 보세요.

불명확한 슈퍼비전에 대한 이슈는 슈퍼바이저와 슈퍼바이지 모두 가장 자주 언급하는 어려움 중 하나입니다. 슈퍼바이지는 명확한 슈퍼비전을 받고 싶다고 말하고, 슈퍼바이저는 명료하게 주었는데 제대로 이해하지 못한다고 고민하거든요. 사실 답은 매우 간단하지만 실행은 어렵죠. 슈퍼바이저는 슈퍼바이지의 눈높이에서 그들이 이해할 수 있는 수준의 슈퍼비전을 제공한 후 확인하면 되는 것이고, 슈퍼바이지는 슈퍼바이저에게 명확하게 말해 달라고 요청하면 되는 것입니다.

앞에 두 사례의 고민을 생각해 보겠습니다. 먼저, 명확한 슈퍼비전을 받지 못해서 어떻게 해석해야 할지 모르겠다는 슈퍼바이지와 명확하게 슈퍼비전 주었지만 자의로 해석하는 슈퍼바이지 때문에 고민이라는 슈퍼바이저. 그런데 이 두 사례의 슈퍼바이저와 슈퍼바이지가 동일인물이라고 한번 상상해 보세요. 명확하지 않은 슈퍼비전의 원인은 어디서 찾을 수 있을까요? 단, 문제의 원인을 사람에게서 찾는 것은 결코 해결책이 될 수 없어요. 슈퍼바이저가 문제라든가 슈퍼바이지가 문제가 있다는 식의 판단으로 누군가를 희생자로 몰고 가지 않도록 주의해야 합니다. 대부분의 문제는 상대적이고 쌍방이라는 것을 염두에 두는 것이 중요해요. 자, 그럼 두 가지 측면에서 원인을 찾아볼까요? 슈퍼바이저나 슈퍼바이지의 의사소통방법에 문제가 있거나 슈퍼바이저와 슈퍼바이지의 관계가 불편해서 생기는 문제일 수도 있습니다.

관계의 문제라면, 슈퍼바이저의 노력이 거의 절대적으로 필요합니다. 슈퍼바이지가 자신의 의견을 편하게 말할 수 있는 슈퍼비전 환경을 마련해줘야 합니다. 즉, 슈퍼바이저는 슈퍼바이지가 어떤 느낌이나 의견을 말해도 들을 준비가 되어 있어야 한다는 것이죠. 특히 실천과정에서의 좌절이나 실망감 등 부정적인 감정까지도 슈퍼바이지가 편하게 드러낼 수 있도록 격려해야 합니다. 더 나아가 슈퍼비전 관계 자체에 대한 느낌을 슈퍼바이저와 슈퍼바이지 모두 점차 자유롭게 말할 수 있도록 노력해야 해요.

방법의 문제라면, 슈퍼바이저의 말하는 스타일 또는 슈퍼바이지가 신입직원이거나 새로운 직무로 인한 이해 부족 등을 고려할 수 있겠지만 여기서는 가장 보편적인 의사소통의 문제를 생각해 볼게요. 슈퍼비전에서 명확한 의사소통만큼 중요한 것은 없습니다. 슈퍼비전 할 때 그 자리에서 바로 의사소통 내용을 확인하는 방법을 한번 적용해 보세요. 메시지를 들은 사람이 이해한 내용을 말한 사람에게 요약해서 말합니다. 들은 사람의 언어로 정리할 수 있어야 정확히 이해했다고 볼 수 있는 거죠. 반대로 들은 사람이 '제가 이해한 게 맞는지 확인해 주세요'라고 말하는 것입니다. 즉, 말했을 때는 내가 잘 전달했는지 당신이 이해한 것을 말해 달라고 요청하는 것이고, 들었을 때는 내가 잘 이해했는지 말할 테니 들어봐 달라고 하는 것입니다. 이 과정에서 서로 오해했거나 이해가 부족한 부분을 다시 설명해 준다면 메시지 전달의 오류가 줄고 보다 효과적인 의사소통이 이루어질 수 있습니다.

이외에도 슈퍼바이저와 슈퍼바이지가 슈퍼비전 내용을 각각 기록한 후 서로 비교해 보는 것도 효과적입니다.

[실행이슈5] 지지적 슈퍼비전을 효과적으로 하고 싶어요

- 입사 7년차 팀장입니다. 슈퍼바이지의 욕구와 상황에 맞춰 슈퍼비전을 진행하다 보니 지지적 슈퍼비전에 치중되고 있습니다. 슈퍼바이지에게 일시적인 감정적 위로 및 지지가 되기도 하지만 이런 슈퍼비전이 효과적인지 고민이 됩니다. 슈퍼비전인가 상담인가 혼란도 있고 저도 심리적으로 버거운 상태입니다. 저는 이 상황을 어떻게 받아들여야 할까요?

- 복지기관 근무 17년차인 슈퍼바이저입니다. 슈퍼바이지는 제가 직원으로서 배울 점이 많다면서 저의 업무적 역량을 인정하는 표현을 종종 하는 등 잘 따르고 있어서 슈퍼비전 관계에 어려움이 없다고 생각해왔습니다. 하지만 제가 친밀감을 표현하는 말이나 행동을 하는 것이 슈퍼바이지는 불편하다고 합니다. 슈퍼바이저는 업무와 관련된 행정적, 교육적 슈퍼비전만 받고자 하며 그 외에는 다루기를 싫어하는데, 저는 슈퍼비전이 균형적으로 이루어져야 한다고 생각합니다. 그래서 지지적 슈퍼비전도 주려고 하는데 이 갈등을 해결할 수 있을까요?

솔루션 지지적 슈퍼비전은 주는 사람이 아닌 받는 사람이 느껴야 합니다. 슈퍼바이지가 선호하는 지지를 먼저 파악해 보세요. 직무에 대한 책임을 공유하고 실천가로 인정하는 태도를 보여주는 것도 지지적 슈퍼비전입니다.

슈퍼바이저와 슈퍼바이지의 관계는 실천가와 클라이언트 관계가 아닙니다. 따라서 슈퍼비전 시간에 슈퍼바이지의 고민상담이 지속된다면 동료관계에서 치료적 관계로 전환될 우려가 있기 때문에 업무수행과 직접 관여되는 수준에서만 다루는 게 좋습니다. 만약 슈퍼바이지가 개인적 고민상담을 지속적으로 요구한다면 전문기관에 가볼 것을 권유하는 것이 더 바람직하고요. 한 가지 더 고려해 볼 사항은, 지지적 슈퍼비전의 욕구와는 별개로 슈퍼바이지가 슈퍼비전을 피하고 싶어서 '슈퍼비전 게임'을 거는 것은 아닌지를 살펴야합니다. 사례에서는 슈퍼비전 게임의 일종으로 보이기도 하네요. 슈퍼비전 게임은 슈퍼바이지 또는 슈퍼바이저가 슈퍼비전을 회피하기 위해서 사용하므로 효과적인 슈퍼비전을 방해하게 됩니다. 슈퍼바이지는 매우 다양한 형태로 슈퍼비전 게임을 시작할 수 있기 때문에 다양한 슈퍼비전 게임을 이해하고 이를 중단시켜야 합니다.[25)]

두 번째 사례에서 언급된 친밀감은 문화에 따라 그리고 개인에 따라 표현 방식 및 정도의 차이가 있음을 고려해 보세요. 슈퍼바이저가 친밀감이라고 표현하는 행동이나 언어가 슈퍼바이지에게는 불쾌감이나 불편함으로 느껴질 수도 있어요. 이는 조직문화에서 매우 민감하게 작용하기도 하죠. 따라서 친밀감의 표현이 곧 지지적 슈퍼비전이라는 생각을 버려야 합니다. 지지적 슈퍼비전은 슈퍼바이지의 업무수행을 방해하는 스트레스를 줄여주고 동기부여를 증대시켜 업무효과성을 높이는 취지에서 활용하는 슈퍼비전의 한 방법입니다. 지지적 슈퍼비전을 통해 슈퍼비이저는 슈퍼비이지와의 정서적 유대관계 속에서 슈퍼바이지의 업무스트레스 관리와 직무만족을 높이기 위해 지지 · 격려하는 역할을 하는 것이고요.

그렇다면 지지적 슈퍼비전, 어떻게 해야 하나요? 슈퍼바이저는 지지를 해줬다는데 슈퍼바이지는 받은 적이 없다는 경우가 흔하죠. 왜 그럴까요? 슈퍼바이지가 원하는 지지를 슈퍼바이저가 제공하지 못했기 때문이겠죠. 만약 슈퍼바이지가 업무와 관련된 지지만 원하고 개인적인 질문이나 관심을 원하지 않는다면 그렇게 하는 것이 좋습니다. 슈퍼바이저가 기억해야 할 것은 지지적 슈퍼비전은 받는 이를 위한 것이라는 사실입니다. 슈퍼바이지가 지지와 격려가 되었다고 느끼는 지지적 슈퍼비전을 주도록 해야겠죠. 그러려면 우리가 흔히 생각하는 정서적 지지 외에도 도구적 지지, 평가적 지지, 정보적 지지 등 다양한 지지의 방법들을 알아보고 슈퍼바이저가 선호하는 방법이 아닌 슈퍼바이지가 원하는 것을 찾아보면 좋겠습니다. 또한 슈퍼바이지를 실천가로 인정하고 직무의 어려움을 이해해 주며 직무적 책임을 공유하는 것, 해결하기 어려운 직무를 대변하거나 옹호하고 동행해 주는 중재적 역할도 지지적 슈퍼비전이 될 수 있습니다.

25) 슈퍼비전 게임은 공유복지플랫폼/공유복지/최쌤안쌤의 슈퍼비전 칼럼 참조(공유복지플랫폼의 검색창에 '슈퍼비전 게임' 검색)

CHAPTER 11

실행단계의 서식과 작성 가이드

❑ 실행단계에서 필요한 서식 목록

<table>
<tr><th colspan="2">서식명</th><th>작성자</th><th>개요</th><th>중요도</th></tr>
<tr><td colspan="2">3-1.
슈퍼비전 요청서</td><td>슈퍼바이지</td><td>• 슈퍼비전 실시 5일 전에 제출
• 슈퍼바이저와 슈퍼바이지의 슈퍼비전 준비시간 확보가 목적</td><td>필수★★★</td></tr>
<tr><td>3-2-1.
개별슈퍼비전
기록지1
(표준형)</td><td rowspan="3">택1</td><td rowspan="2">슈퍼바이지</td><td rowspan="2">• 슈퍼바이지가 작성하고(서명) 슈퍼바이저가 동의(서명)한 후 상급슈퍼바이저에게 결재
• 상급슈퍼바이저는 기록지를 토대로 슈퍼비전 내용에 대한 슈퍼비전 제공</td><td rowspan="3">필수★★★</td></tr>
<tr><td>3-2-2.
개별슈퍼비전
기록지2
(구조화형)</td></tr>
<tr><td>3-2-3.
개별슈퍼비전
기록지3
(훈련용)</td><td>슈퍼바이저</td><td>• 슈퍼바이저 훈련 및 자격 과정에서 일반적으로 사용
• 기관의 상황에 따라 슈퍼바이저가 작성 가능</td></tr>
<tr><td colspan="2">3-3.
집단슈퍼비전 기록지</td><td>슈퍼바이지
중
지정자</td><td>• 아젠다 중심으로 작성
• 슈퍼바이지 중 한 명이 기록
• 참석한 슈퍼바이지와 슈퍼바이저 모두 기록 내용에 서명한 후 상급슈퍼바이저에게 결재</td><td>필수★★★</td></tr>
<tr><td colspan="2">3-4.
슈퍼비전 중간평가서</td><td>슈퍼바이지
(개별평가서)
슈퍼바이저
(집단평가서)</td><td>• 슈퍼비전이 시행된 후 중간시점에서 진행
• 개별슈퍼비전과 집단슈퍼비전 공통으로 활용 가능
• 초기 계획서를 기준으로 목표점검과 향후 계획 위주로 평가</td><td>선택★☆☆</td></tr>
</table>

※ 서식 작성자는 기관 상황 및 전문직 관리의 방향에 따라 달라질 수 있음

서식명	슈퍼비전 요청서	작성자	슈퍼바이지	중요도	필수 ★★★

〈서식 3-1〉 **슈퍼비전 요청서**

슈퍼비전 요청서

작성자명:
작성일자:

슈퍼바이저	슈퍼바이지	슈퍼비전 희망일

▶ **슈퍼비전 요청 내용**

– 정기적 슈퍼비전 주제(슈퍼비전 계획서와 이전 회기 기준)

– 추가 요청 사항(정기 주제 외, 고민되는 점 및 기타)

〈서식 3-1〉 작성 가이드

슈퍼비전 요청서

※ 슈퍼비전 요청서는 5일 전에 제출하는 것이 효과적
- 슈퍼바이저와 슈퍼바이지가 이번에 진행할 슈퍼비전에 대한 준비를 위해서 필요함
- 슈퍼바이저는 요청서를 토대로 준비할 수 있는 시간을 확보하기 위함. 요청내용에 대한 전문적 준비 외에도 기관의 운영방침 등 슈퍼바이저가 단독으로 답변할 수 없는 내용인 경우에는 상급슈퍼바이저와 논의할 시간이 필요함
- 슈퍼바이지는 이전 슈퍼비전 기록지를 검토하여 과제 및 적용 여부를 확인하고, 이번 슈퍼비전을 준비하기 위해 필요함

※ 슈퍼비전 요청서는 슈퍼비전에 대한 소통 창구
- 슈퍼바이지가 짧은 시간에 편하게 작성하도록 하는 것이 바람직함
- 내용이 부실할 경우 슈퍼바이저가 추가로 질문하면서 서로 슈퍼비전을 준비할 수 있다는 이점이 있으므로 요청서 작성에 슈퍼바이지에게 부담을 주지 않도록 함

※ 슈퍼비전 요청서는 결재나 기관 문서로 보관하지 않아도 무방
- 요청서 기반으로 슈퍼비전이 이루어진다는 전제하에, 그 내용은 슈퍼비전 기록지에 남게 됨. 요청서는 슈퍼비전 준비를 위한 도구로 이해하도록 함
- 요청서를 기반으로 슈퍼비전이 이루어졌는지를 상급슈퍼바이저가 확인하고 싶다면 기록지를 제출할 때 요청서를 첨부하여 결재받도록 할 수 있음

▶ 슈퍼비전 희망일
- 정기적 슈퍼비전 요청서는 이미 정해진 차기 슈퍼비전 날짜를 기록하여 슈퍼바이저가 다음 슈퍼비전 일정을 기억하는 데 도움을 줌
- 정기적 슈퍼비전이 아닌 요청서는 요청자(슈퍼바이지)가 희망하는 날짜를 우선 기재하여 제출하고 슈퍼바이저와 함께 조율함

▶ 슈퍼비전 요청 내용
- 정기적 슈퍼비전 요청서는 지난 회기 슈퍼비전 시간에 정한 차기 슈퍼비전 계획을 먼저 기록하고, 다음으로 추가 요청 내용이 있다면 작성함
- 정기적 슈퍼비전 이외에 수시 요청일 경우에는 원하는 내용을 바로 작성함

서식명	개별슈퍼비전 기록지	작성자	슈퍼바이지	중요도	필수 ★★★

〈서식 3-2-1〉 **개별슈퍼비전 기록지(표준형)**

개별슈퍼비전 기록지(표준형)

<table>
<tr><td rowspan="2">슈퍼바이저</td><td>성명</td><td>(인)</td><td rowspan="2">슈퍼바이지</td><td>성명</td><td>(인)</td></tr>
<tr><td>팀명</td><td></td><td>팀명</td><td></td></tr>
<tr><td colspan="2">날짜 및 회기</td><td>년 월 일</td><td colspan="2">진행시간</td><td>: ~ : (총 분)</td></tr>
<tr><td colspan="2">이전 회기 슈퍼비전 적용 내용 점검</td><td colspan="4"></td></tr>
<tr><td colspan="2">주요 슈퍼비전 내용</td><td colspan="4"></td></tr>
<tr><td colspan="2">차기 계획 및 종합 의견</td><td colspan="4"></td></tr>
<tr><td colspan="2">슈퍼바이저 의견</td><td colspan="4"></td></tr>
</table>

〈서식 3-2-1〉 작성 가이드

개별슈퍼비전 기록지(표준형)

※ 슈퍼바이지가 작성한 기록지에 슈퍼바이저가 서명을 한 후 상급슈퍼바이저의 결재 과정을 거침

- 상급슈퍼바이저는 개별슈퍼비전 기록지 내용을 토대로 슈퍼바이저가 진행한 슈퍼비전에 대하여 슈퍼비전 시간을 가짐(슈퍼비전 환경을 비롯하여 슈퍼비전 내용, 기법, 기록 등 슈퍼바이저의 역할 위주)

<table>
<tr><td rowspan="2">슈퍼바이저</td><td>성명</td><td>(인)</td><td rowspan="2">슈퍼바이지</td><td>성명</td><td>(인)</td></tr>
<tr><td>팀명</td><td></td><td>팀명</td><td></td></tr>
<tr><td colspan="2">날짜 및 회기</td><td>년 월 일(회)</td><td colspan="2">진행시간</td><td>: ~ : (총 분)</td></tr>
<tr><td colspan="2">이전 회기 슈퍼비전 적용 내용 점검</td><td colspan="4">• 이전 슈퍼비전 회기의 진행 내용을 간략히 기록하고 과제 확인 및 적용 결과에 대하여 점검한 내용을 기록함
• 미적용 시, 이유를 기재하고 향후 실행 및 점검 시기를 협의하여 기록함</td></tr>
<tr><td colspan="2">주요 슈퍼비전 내용</td><td colspan="4">• 이번 슈퍼비전 회기에서 이루어진 내용과 과정 기재함
• 간략하지만 구체적으로 기재함(소제목 달기 추천)
• 논의 및 토론을 진행한 경우, 최종 결론 내용을 명확히 기재함
• 슈퍼바이저는 슈퍼비전 내용에 대한 적용 기한을 정해 주고 슈퍼바이지는 이에 대해 기록함</td></tr>
<tr><td colspan="2">차기 계획 및 종합 의견</td><td colspan="4">• 다음 슈퍼비전 회기에서 다루기로 한 내용을 기록함
• 차기 슈퍼비전 일정을 기재함
• 본 회기 목표달성 및 소감과 성찰, 만족도와 직무역량 향상 등에 대해 자유롭게 기록함
• 슈퍼바이저에게 건의하고 싶은 사항(회기 구조화, 방법, 내용 등) 기록함</td></tr>
<tr><td colspan="2">슈퍼바이저 의견</td><td colspan="4">※ 슈퍼바이지가 기록지를 제출한 후, 슈퍼바이저가 작성함
• 해당 회기에서 이루어진 슈퍼비전 내용 중 빠진 내용을 언급하거나 중요한 사항을 강조 또는 격려함
• 슈퍼비전 준 내용 중 핵심적인 내용이 빠져 있다면 기록 자체를 다시 하도록 슈퍼바이지에게 요청함</td></tr>
</table>

서식명	개별슈퍼비전 기록지	작성자	슈퍼바이지	중요도	필수 ★★★

〈서식 3-2-2〉 **개별슈퍼비전 기록지(구조화형)**

개별슈퍼비전 기록지(구조화형)

<table>
<tr><td rowspan="2">슈퍼바이저</td><td>성명</td><td>(인)</td><td rowspan="2">슈퍼바이지</td><td>성명</td><td>(인)</td></tr>
<tr><td>팀명</td><td></td><td>팀명</td><td></td></tr>
<tr><td colspan="2">날짜 및 회기</td><td>년 월 일</td><td colspan="2">진행시간</td><td>: ~ : (총 분)</td></tr>
<tr><td colspan="2">이전 회기 주요 내용</td><td colspan="4"></td></tr>
<tr><td colspan="2">이전 회기 적용 내용</td><td colspan="4"></td></tr>
<tr><td colspan="2">이번 회기 주제</td><td colspan="4"></td></tr>
<tr><td colspan="2">주요
슈퍼비전 내용</td><td colspan="4"></td></tr>
<tr><td colspan="2">슈퍼비전 적용 계획</td><td colspan="4"></td></tr>
<tr><td colspan="2">다음 회기 계획</td><td colspan="4"></td></tr>
<tr><td colspan="2">종합 의견</td><td colspan="4"></td></tr>
<tr><td colspan="2">슈퍼바이저 의견</td><td colspan="4"></td></tr>
</table>

〈서식 3-2-2〉 작성 가이드

개별슈퍼비전 기록지(구조화형)

<table>
<tr><td rowspan="2">슈퍼바이저</td><td>성명</td><td>(인)</td><td rowspan="2">슈퍼바이지</td><td>성명</td><td>(인)</td></tr>
<tr><td>팀명</td><td></td><td>팀명</td><td></td></tr>
<tr><td colspan="2">날짜 및 회기</td><td>년 월 일</td><td>진행시간</td><td colspan="2">: ~ : (총 분)</td></tr>
<tr><td colspan="2">이전 회기 주요 내용</td><td colspan="4">• 이전 슈퍼비전 회기의 진행 내용을 간략히 기록함</td></tr>
<tr><td colspan="2">이전 회기 적용 내용</td><td colspan="4">• 과제 확인 및 적용 결과에 대하여 점검한 내용을 기록함
• 미적용 시, 이유를 기재하고 향후 실행 및 점검 시기를 협의하여 기록함</td></tr>
<tr><td colspan="2">이번 회기 주제</td><td colspan="4">• 슈퍼비전 계획서의 연간계획과 요청서 내용을 토대로 정해진 주제를 작성함</td></tr>
<tr><td colspan="2">주요
슈퍼비전 내용</td><td colspan="4">• 이번 슈퍼비전 회기에서 이루어진 내용과 과정을 기재함
• 간략하지만 구체적으로 기재함(소제목 달기 추천)
• 논의 및 토론을 진행한 경우, 최종 결론 내용 명확히 기재함</td></tr>
<tr><td colspan="2">슈퍼비전 적용 계획</td><td colspan="4">• 슈퍼바이저가 슈퍼비전 내용에 대한 적용 기한을 정해줌
• 슈퍼바이지는 이에 대해 기록함</td></tr>
<tr><td colspan="2">다음 회기 계획</td><td colspan="4">• 다음 슈퍼비전 회기에서 다루기로 한 내용을 기록함
• 차기 슈퍼비전 일정을 기재함</td></tr>
<tr><td colspan="2">종합 의견</td><td colspan="4">• 본 회기 목표달성 및 소감과 성찰, 만족도와 직무역량 향상 등에 대해 자유롭게 기록함
• 슈퍼바이저에게 건의하고 싶은 사항(회기 구조화, 방법, 내용 등)을 기록함</td></tr>
<tr><td colspan="2">슈퍼바이저 의견</td><td colspan="4">※ 슈퍼바이지가 기록지를 제출한 후, 슈퍼바이저가 작성함
• 해당 회기에서 이루어진 슈퍼비전 내용 중 빠진 내용을 언급하거나 중요한 사항을 강조 또는 격려함
• 슈퍼비전 준 내용 중 핵심적인 내용이 빠져 있다면 기록 자체를 다시 하도록 슈퍼바이지에게 요청함</td></tr>
</table>

서식명	개별슈퍼비전 기록지 (슈퍼바이저 훈련용)	작성자	슈퍼바이저	중요도	필수 ★★★

〈서식 3-2-3〉 **개별슈퍼비전 기록지(슈퍼바이저 훈련용)**

개별슈퍼비전 기록지(슈퍼바이저 훈련용)

<table>
<tr><td rowspan="2">슈퍼바이저</td><td>성명</td><td>(인)</td><td rowspan="2">슈퍼바이지</td><td>성명</td><td>(인)</td></tr>
<tr><td>팀명</td><td></td><td>팀명</td><td></td></tr>
<tr><td colspan="2">날짜 및 회기</td><td>년 월 일</td><td colspan="2">진행시간</td><td>: ~ : (총 분)</td></tr>
<tr><td colspan="2">이전 회기 슈퍼비전
적용 내용 점검</td><td colspan="4"></td></tr>
<tr><td colspan="2">주요
슈퍼비전 내용</td><td colspan="4"></td></tr>
<tr><td colspan="2">차기 계획 및
종합 의견</td><td colspan="4"></td></tr>
</table>

〈서식 3-2-3〉 작성 가이드

개별슈퍼비전 기록지(슈퍼바이저 훈련용)

※ 슈퍼바이저가 작성한 기록지에 슈퍼바이지가 확인하고 서명을 한 후 훈련기관 또는 훈련지도자에게 제출함

<table>
<tr><td rowspan="2">슈퍼바이저</td><td>성명</td><td>(인)</td><td rowspan="2">슈퍼바이지</td><td>성명</td><td>(인)</td></tr>
<tr><td>팀명</td><td></td><td>팀명</td><td></td></tr>
<tr><td colspan="2">날짜 및 회기</td><td>년 월 일(회)</td><td colspan="2">진행시간</td><td>: ~ : (총 분)</td></tr>
<tr><td colspan="2">이전 회기 슈퍼비전 적용 내용 점검</td><td colspan="4">• 이전 슈퍼비전 회기의 진행 내용을 간략히 기록하고 과제 확인 및 적용 결과에 대하여 점검한 내용을 기록함
• 미적용 시, 이유를 기재하고 향후 실행 및 점검 시기를 협의하여 기록함</td></tr>
<tr><td colspan="2">주요 슈퍼비전 내용</td><td colspan="4">• 이번 슈퍼비전 회기에서 이루어진 내용과 과정을 기재함
• 간략하지만 구체적으로 기재함(소제목 달기 추천)
• 진행된 의제와 내용에 따라 결론 중심으로 요약을 기재함
• 논의 및 토론을 진행한 경우, 최종 결론 내용 명확히 기재함
• 슈퍼바이저로서의 역할 수행과 피드백 내용, 슈퍼바이지의 반응 등의 관찰 내용을 고려하여 기록함
• 슈퍼바이저는 슈퍼비전 내용에 대한 적용 기한을 확인하고 이에 대해 기록함</td></tr>
<tr><td colspan="2">차기 계획 및 종합 의견</td><td colspan="4">• 다음 슈퍼비전 회기에서 다루기로 한 내용을 기록함
• 차기 슈퍼비전 일정을 기재함
• 본 회기 목표달성 결과에 대해 평가지표나 결과물, 슈퍼바이지 피드백 내용 등의 근거를 가지고 기록함
• 본 회기의 운영, 진행방법, 만족 등에 관한 총평을 기록함
• 본 회기 진행 후의 소감과 성찰, 역량 향상 등에 대해 자유롭게 기록함
• 슈퍼비전 진행 후 중요사항이나 슈퍼바이지에게 확인해야 하는 사항 등을 기록함</td></tr>
</table>

서식명	집단슈퍼비전 기록지	작성자	슈퍼바이지 중 1인	중요도	필수 ★★★

〈서식 3-3〉 **집단슈퍼비전 기록지**

집단슈퍼비전 기록지

<table>
<tr><td rowspan="2">슈퍼바이저</td><td>성명</td><td>(인)</td><td rowspan="4">슈퍼바이지</td><td>성명</td><td>(인)</td></tr>
<tr><td>팀명</td><td></td><td>성명</td><td>(인)</td></tr>
<tr><td colspan="2">날짜 및 회기</td><td>년 월 일 (회기)</td><td>성명</td><td>(인)</td></tr>
<tr><td colspan="2">진행시간</td><td>: ~ : (총 분)</td><td>기록자</td><td>(인)</td></tr>
<tr><td colspan="2">이전 회기 슈퍼비전
적용 내용 점검</td><td colspan="4"></td></tr>
<tr><td colspan="2">논의 주제</td><td colspan="4"></td></tr>
<tr><td colspan="2">주요
슈퍼비전 내용</td><td colspan="4"></td></tr>
<tr><td colspan="2">차기 계획 및
종합 의견</td><td colspan="4"></td></tr>
<tr><td colspan="2">슈퍼바이저 의견</td><td colspan="4"></td></tr>
</table>

〈서식 3-3〉 작성 가이드

집단슈퍼비전 기록지

※ 집단슈퍼비전 기록지는 슈퍼바이지 중 한 명이 작성하고, 모든 슈퍼바이지가 기록 내용에 동의하면 마지막으로 슈퍼바이저가 서명한 후 상급 슈퍼바이저에게 결재과정을 거침

<table>
<tr><td rowspan="2">슈퍼바이저</td><td>성명</td><td>(인)</td><td rowspan="4">슈퍼바이지</td><td>성명</td><td>(인)</td></tr>
<tr><td>팀명</td><td></td><td>성명</td><td>(인)</td></tr>
<tr><td colspan="2">날짜 및 회기</td><td>년 월 일(회기)</td><td>성명</td><td>(인)</td></tr>
<tr><td colspan="2">진행시간</td><td>: ~ : (총 분)</td><td>기록자</td><td>(인)</td></tr>
<tr><td colspan="2">이전 회기 슈퍼비전
적용 내용 점검</td><td colspan="4">• 이전 회기의 집단슈퍼비전 내용이 슈퍼바이지 개개인에게 어떻게 영향을 주었는지 내용 기록함(개인의 직무실천에 어떻게 반영되었는지 또는 개인의 전문적 가치에 어떤 영향을 주었는지 등)</td></tr>
<tr><td colspan="2">논의 주제</td><td colspan="4">• 이번 회기에서 논의된 주제나 사례 또는 프로그램을 기재함
• 연속 주제인 경우에는 주제를 작성하고 회기 번호를 부여함 (예: 노인우울과 자살2)</td></tr>
<tr><td colspan="2">주요
슈퍼비전 내용</td><td colspan="4">• 이번 슈퍼비전 회기에서 이루어진 내용을 기재함
• 슈퍼바이지 각각의 반응(의견)과 슈퍼바이저의 슈퍼비전을 핵심적인 내용으로 구체적으로 기재함
• 주제에 따른 과제가 있다면 과제와 기한을 명시함</td></tr>
<tr><td colspan="2">차기 계획 및
종합 의견</td><td colspan="4">• 다음 회기 계획 및 연속 주제의 경우 향후 일정을 기재함
• 본 회기 목표달성 및 소감과 성찰, 만족도와 직무역량 향상, 집단협력, 참여도 등에 대해 자유롭게 기록함
• 슈퍼바이저에게 건의하고 싶은 사항(회기 구조화, 방법, 내용 등) 기록함
• 기록자는 슈퍼바이지들의 대표적인 종합 의견을 구두 또는 서면으로 수렴하여 작성함</td></tr>
<tr><td colspan="2">슈퍼바이저 의견</td><td colspan="4">※슈퍼비전 기록지가 제출되면, 기록 내용을 확인 후 슈퍼바이저가 작성함
• 해당 회기에서 내용 중 기재가 누락된 내용을 언급함
• 중요한 사항을 다시 강조하거나 격려하는 것도 바람직함
• 핵심적인 내용이 누락되었다면 보완하여 수정제출 하도록 요구함</td></tr>
</table>

서식명	슈퍼비전 중간평가서 (개별/집단)	작성자	슈퍼바이지(개별) 슈퍼바이저(집단)	중요도	중요 ★★☆

〈서식 3-4〉 **슈퍼비전 중간평가서(개별/집단)**

슈퍼비전 중간평가서(개별/집단)

1. 일반적 사항

슈퍼바이저		팀명		슈퍼비전 경력	
슈퍼바이지		팀명		현직무담당일	

2. 슈퍼비전 목표별 달성 평가(슈퍼비전 계획서 기준)

목 표	수행방법	평가방법	평가내용 (지난 6개월간 평가)
1.	1-1. 1-2.		
2.	2-1. 2-2. 2-3.		

3. 슈퍼비전 반기 운영 실적 평가

내용	달성 정도			평가내용
	계획	실행	대비(%)	
빈도				
총횟수				

4. 슈퍼비전 진행 전반에 대한 중간평가 및 개선 사항

1) 반기 계획 내용과 진행
2) 역할 수행(슈퍼바이저, 슈퍼바이지)
3) 슈퍼비전 참여 후 소감, 개선 사항 의견 등

〈서식 3-4〉 작성 가이드

슈퍼비전 중간평가서(개별/집단)

※ 중간평가서 작성의 목적은 슈퍼비전 계획서를 기준으로 현재까지 수행된 정도를 평가하고 추후 실행계획을 구체적으로 수립하기 위함

※ 개별 중간평가서는 슈퍼바이지가 작성한 내용으로 슈퍼바이저와 평가시간을 가지도록 함

※ 집단 중간평가서는 슈퍼바이저가 작성하기를 권장하나, 기관의 환경에 따라(예를 들어, 슈퍼바이저가 직무가 과다한 경우) 집단슈퍼비전 회기에서 기록자 역할을 했던 슈퍼바이지가 기초자료를 작성한 후 슈퍼바이저가 보완하는 방식을 사용하는 것도 가능함

1. 일반적 사항

슈퍼바이저		팀명		슈퍼비전 경력	
슈퍼바이지		팀명		현직무담당일	

2. 슈퍼비전 목표별 달성 평가

목표	수행방법	평가방법	평가내용 (지난 6개월간 평가)
1.	1-1. 1-2.		
2.	2-1. 2-2. 2-3.		

• 평가내용은 6개월간의 실행 결과를 토대로 작성함

• 슈퍼비전 계획서상에 명시된 슈퍼비전 목표에 따른 수행결과와 평가결과를 평가내용에 모두 기록함

- 수행방법은 슈퍼비전 목표를 달성하기 위해 직접 실천하였던 활동들의 달성 결과를 함께 작성함
- 평가내용은 평가지표와 함께 빈도, 횟수 및 비율(%) 등의 목표달성치, 측정 가능한 변화량(예, 사전사후검사의 향상도 확인)으로 제시하며, 제시된 지표의 적절성과 함께 실질적인 달성 여부, 변화의 정도를 확인함. 보고서 제출과 아이디어 제출 여부 등 실행 여부로 판단하는 경우도 있음

3. 슈퍼비전 반기 운영 실적 평가

내용	달성 정도			평가내용
	계획	실행	대비(%)	
빈도				
총횟수				

- 슈퍼비전 목표의 성공적인 수행을 위해 지난 6개월간의 슈퍼비전 실행 빈도와 총횟수의 계획 대비 시행률은 어떠했는지를 평가함
- 6개월간 직종 및 직급별 슈퍼비전 운영 실적이 기관의 슈퍼비전 지침과 정규성에 따라 이루어졌는지를 확인함

4. 슈퍼비전 진행에 대한 중간평가 및 개선사항

- 중간시기까지 슈퍼비전에 참여한 전반적인 소감을 작성함
- 달성 정도 미흡한 부분에 대한 사유를 설명함
- 슈퍼바이저 및 슈퍼바이지로서의 역할 수행에 대해 평가함
- 향후 목표달성을 위해 본인이 노력해야 할 부분에 대하여 구체적으로 작성함
- 향후 목표달성을 위해 슈퍼바이저 또는 기관에의 요구사항을 기록함

PART 04

슈퍼비전 평가단계

평가단계의 과업

CHAPTER 12

생각해보기

- 조직 차원에서 슈퍼비전을 평가하고자 할 때 고려해야 할 사항은 무엇인가요?
- 슈퍼비전을 평가할 때 어떤 기록 내용을 확인해야 할까요?
- 슈퍼비전을 종결, 평가할 때의 주요 과업들에는 무엇이 있을까요?

슈퍼비전 평가는 슈퍼바이저의 일방적인 통보가 아니며 슈퍼바이지와 함께 하는 '참여 과정'으로 진행되어야 한다. 또한 조직의 목적이나 방향과 일치되어야 하며 다각적인 차원에서 평가방법이 활용될 수 있도록 발전되어야 한다(안정선 · 최원희, 2016). 조직의 제도로서만 존재하는 슈퍼비전은 무용지물이다. 슈퍼비전 평가는 슈퍼바이저와 슈퍼바이지에게 평가과정을 통해 달성한 것과 강점 · 약점 등을 논의하게 하고, 슈퍼비전을 열심히 해준 슈퍼바이저와 최선을 다한 슈퍼바이지가 '서로 자축'하는 의미 있는 시간을 갖게 함으로써 지속적인 실천과 직무수행을 위한 발전적인 대안을 마련하게 하는 등 직원들의 전문성 향상과 조직의 책무성 실현이라는 슈퍼비전의 목적을 달성할 수 있게 한다.

1. 슈퍼비전 평가의 가치와 유익

1) 평가의 의미

평가를 받는 것 자체는 그리 유쾌한 일이 아닐 수 있다. 평가의 필요성은 인정하면서도 많은 슈퍼바이지들이 평가에 대한 부정적 감정을 갖기도 하고 평가로 인해 슈퍼바이저와 슈퍼바이지의 거리감이 커진다고 토로하기도 한다. 그러나 우리가 평가를 지속해야 하는 이유는 슈퍼바이저의 권력을 위해서가 아니라 평가의 궁극적인 목적이 클라이언트를 위한 옹호와 최선의 서비스 질의 향상에 있기 때문이다. 이러한 평가는 슈퍼바이지, 기관, 클라이언트, 슈퍼바이저의 4가지 차원에서의 의미가 있다.

(1) 슈퍼바이지에게 평가의 가치

평가는 슈퍼바이지의 위치를 인식하게 함으로써 불안을 해소하게 하고 정보와 능력, 자격이 있는 사람으로부터 자신의 업무수행에 대해 명확한 승인을 얻는 기회가 된다. 또한 평가는 업무수행에 대한 분명한 사정을 요하므로 학습을 동기화할 수 있고 자신의 스타일을 파악하게 되며 경력 계획을 정립하는 데에 도움을 준다.

(2) 기관에게 평가의 가치

평가는 기관의 책무성을 구조화하는 기회를 제공하고 슈퍼바이저로부터 행정가에게 연결되는 의사소통이 이루어질 수 있도록 유도한다. 직원의 행동을 통제하고 표준화하는 절차이며 기관이 정책을 확인하도록 하는 데에 도움을 준다.

(3) 클라이언트에게 평가의 가치

평가는 클라이언트가 효과적인 서비스를 보장받고 부적절한 서비스로부터 보호받을 수 있게 하는 데 도움을 준다.

(4) 슈퍼바이저에게 평가의 가치

슈퍼바이지의 인식 정도와 필요한 교육내용을 파악함으로써 미래 교육적 슈퍼비전을 위한 의제를 제공한다. 슈퍼바이지의 장점과 약점에 대한 정확한 평가를 통해 효율적인 인력배치 및 업무부여가 가능하다. 재가를 하는 데 있어 슈퍼바이저를 편견으로부터 보호하게 해주는 기능을 할 수 있다.

2) 바람직한 평가

그렇다면 바람직한 평가의 속성은 어떠해야 할까? 평가는 간헐적이기보다는 계속적인 과정이어야 한다. 우리는 앞서 매회기의 기록과 정리과정, 중간평가와 모니터링에 대해 이미 다룬 바가 있다. 슈퍼비전 평가가 의미 있으며 인정받는 평가가 되기 위해서는 연속적인 과정을 통해 축적된 평가정보들을 기반으로 최종 평가가 이루어지는 것이 적절하다. 슈퍼바이저는 슈퍼바이지와 함께 평가과정을 사전에 논의해야 하며, 평가는 긍정적 관계의 맥락 안에서 전달되어야 하고, 평가 절차는 상호적이고 과정을 공유하는 것이 되어야 한다. 우리의 사회복지사 윤리강령 안에는 분명히 다음과 같이 명시되어 있다. '슈퍼바이저는 전문적 기준에 따라 슈퍼비전을 수행하며, 공정하게 평가하고 평가결과를 슈퍼바이지와 공유한다.' 평가는 슈퍼바이지의 업무수행을 결정지을 수 있는 현실적인 요소들에 대한 고려와 인식의 바탕 위에서 이루어져야 하며 한 개인으로서의 슈퍼바이지에 대한 평가가 아니라 슈퍼바이지의 업무수행 자체에 초점을 두어야 한다.

바람직한 평가는 한 가지 측면만이 아니라 슈퍼바이지의 강점(strength)과 약점(weakness), 성장(growth)과 정체(stagnation) 등 이러한 영역들에 대한 공정하고 균형 잡힌 검토가 되어야 한다. 평가는 슈퍼바이지의 업무수행에 대한 수정 가능한 측면들에 초점을 두는 것이어야 하며, 슈퍼바이지의 발전과 향상에 대한 기대를 잠정적으로 가지고 있어야 한다. 또한 슈퍼바이저는 슈퍼바이지들이 행하는 '자기평가'도 기꺼이 수용할 수 있다는 것을 나타내야 한다. 슈퍼바이지를 참여시켜 평가기준을 확립하게 되면, 더욱 적절한 평가기준을 선별할 수 있고 이러한 과정을 통해서 평가과정에 대한 책임감, 사명감 그리고 평가에 대한 기대를 명확화할 수 있다.

결론적으로 바람직한 평가는 다음과 같이 정리된다(Kadushin & Harkness, 2002 등을 토대로 재구성).[26)]

[바람직한 평가의 속성]

- 평가의 가치 기반
- 계속적인 과정
- 기관의 목적과 한 방향, 기관의 지침을 준수
- 평가내용과 도구, 개발과정의 참여와 공유
- 사람이 아닌 직무와 역할수행 중심
- 공정한 평가
- 잠재력에 대한 사정과 보다 발전하는 차원의 대안 제시 방향성
- 균형 잡힌 차원 고려
- 계획된 목표와 예측 가능한 결과 중심
- 자기평가 결과의 수용 고려
- 다양한 평가정보 자료 수집
- 피드백을 통한 수정·보완 및 반영
- 명확한 도구에 대한 이해
- 형식과 절차에 대한 사전준비와 고지
- 정교한 측정방법 사용

2. 슈퍼비전 평가 준비

1) 조직 차원의 준비

슈퍼비전 평가는 1년간 진행된 슈퍼비전을 통해 슈퍼바이지 개인의 성장과 변화, 수행한 업무 및 보완점에 대해 슈퍼바이저와 전반적으로 점검하고 논의하는 과정이다. 그러므로 평가는 조직과 슈퍼바이저, 슈퍼바이지가 서로에 대해 정확하고 발전적인 피드백을 교환할 수 있는 분위기가 조성되도록 노력해야 한다. 공정하고 객관적인 슈퍼비전평가는 슈퍼비전 전 과정에 대한 문서화된 자료를 토대로 이루어지므로 슈퍼바이저와 슈퍼바이지는 슈퍼비전 모든

26) 공유복지플랫폼/지식공유/최쌤안쌤의 슈퍼비전/슈퍼비전평가 칼럼 참고.

과정의 결과를 보고서로 작성하여 문서화하고 이를 잘 보관하여야 한다.

슈퍼비전 평가를 준비하기 위해서는 우선 조직 차원에서의 준비가 필요하다. 슈퍼비전 평가의 객관성을 높이기 위해 슈퍼바이저와 슈퍼바이지는 평가의 과정, 절차, 기준 등에 대해 서로 논의해야 한다. 슈퍼비전 종결단계에서 이루어지는 슈퍼비전 체계 및 실행 전반에 대한 평가는 총괄평가의 형태로 이루어진다. 주로 슈퍼비전 실행과 관련한 세부내용과 조직의 슈퍼비전 표준내용의 적절한 실행 정도에 대한 평가로 이루어지며, 연간 기관 슈퍼비전 운영평가보고서 작성은 슈퍼비전을 기획한 기관의 담당부서(팀)의 업무총괄 슈퍼바이저가 한다.

2) 슈퍼바이저의 준비

슈퍼비전 평가는 1년간 진행된 슈퍼비전 전 과정에 대한 문서화된 자료를 토대로 이루어지므로 슈퍼바이저는 슈퍼비전 평가를 준비하기 위해 슈퍼바이지에 대한 기록 및 보고서 등을 검토해야 한다. 즉, 슈퍼바이저는 슈퍼비전 목표 및 평가지표, 달성률 평가 등에 대한 충분한 이해를 통해 슈퍼바이지가 직무수행과 합의된 목표를 달성하였는지에 대한 평가를 수행해야 한다. 이를 통해 연간 슈퍼비전 실시 횟수는 적절한지, 월별 슈퍼비전 진행 상황과 그 내용은 어떠한지, 개별 및 집단슈퍼비전 등 어떠한 슈퍼비전 유형이 도움이 되었는지, 1회당 슈퍼비전 시간은 적절한지, 평가를 위한 사전준비는 어느 정도 진행되었는지, 슈퍼비전에 대한 기록은 지속적으로 작성되었는지 등을 점검하여야 최종적인 슈퍼비전 평가를 효과적으로 수행할 수 있게 된다.

1년간 진행된 슈퍼비전 목표달성도를 평가하기 위해 슈퍼바이저가 작성하는 보고서는 집단슈퍼비전 중간평가서와 슈퍼비전 보고서, 집단슈퍼비전 평가서, 슈퍼바이저를 위한 슈퍼비전 평가 체크리스트 등이 있다.

3) 슈퍼바이지의 준비

슈퍼바이지는 슈퍼비전 평가에 참여함으로써 자신의 역할 및 책무성을 확보하고 조직에 대한 소속감이 높아지고, 공식적인 의사소통을 통해 상호간 신뢰를 형성하여 상호 협력관계를 갖게 된다. 특히 슈퍼비전 목표에 대해 점검하여 슈퍼비전을 받기 전과 받은 후를 비교할 수 있으며, 자신의 업무수행 과정과 목표달성에 대한 성취도를 비교분석할 수 있다. 슈퍼비전 평가를 위해시 슈퍼바이지가 검토해야 하는 보고서는 슈퍼비전 욕구수렴지, 교육적 사정질문지, 개별슈퍼비전 계획서, 매 회기별로 작성된 개별슈퍼비전 기록지 등이 있다. 슈퍼바이지는 매월 진행된 개별슈퍼비전에 대해 개별슈퍼비전 기록지에 정리한 내용을 점검한 후, 개별슈퍼비전 평가서를 작성하는데 활용하도록 한다. 슈퍼비전 평가를 위해 슈퍼바이지는 개별슈퍼비전 평가서와 슈퍼비전 만족도 조사지 등을 작성하게 된다.

3. 슈퍼비전 평가내용

1) 슈퍼비전 평가서 활용

(1) 개별슈퍼비전 평가서

개별슈퍼비전 평가서에는 슈퍼비전 목표달성도 평가 및 개선방안 모색을 위해 슈퍼비전 초기에 작성하였던 개별슈퍼비전 계획서의 진행 내용과 목표수행에 대한 평가를 작성하도록 한다. 개별슈퍼비전 평가서 작성을 통해 슈퍼비전 초기에 작성한 개별슈퍼비전 계획서의 내용이 어떻게 실행, 점검되었는지를 점검하여 슈퍼비전을 받기 전과 후를 비교할 수 있으며 자신의 직무수행 과정과 목표달성에 대한 성취도를 비교 분석할 수 있게 된다. 개별슈퍼비전 평가서는 슈퍼바이지가 작성한다.

(2) 집단슈퍼비전 평가서

집단슈퍼비전 평가는 해당 부서 및 부설기관별로 계획하여 시행한다. 슈퍼바이저는 연간 운영계획을 근거로 그동안 진행한 슈퍼비전의 운영과 효과성에 대해 이야기하고 집단슈퍼비전 평가서를 작성하도록 한다. 외부슈퍼비전의 경우 해당 부서에서 별도로 슈퍼비전 운영계획안을 제출하여 기관장의 승인을 받고 슈퍼비전 기록지나 결과물을 제출하도록 한다.

2) 기관운영평가와 슈퍼바이저 보고서 활용

(1) 슈퍼바이저의 슈퍼비전 보고서

슈퍼비전 보고서는 연간 슈퍼비전 목표에 대한 달성 정도와 그 내용을 작성하는 것으로 슈퍼바이저가 작성한다. 슈퍼바이저는 슈퍼바이지가 작성한 개별슈퍼비전 평가서를 종합적으로 분석하여 1년 동안 진행된 슈퍼바이지별 개별 목표성취도를 확인하고, 슈퍼비전을 제공한 슈퍼바이저 자신의 태도와 상호작용 등에 대한 평가를 함으로써 자기성찰의 시간을 가지게 된다. 몇몇 기관에서는 연 2회 상반기, 하반기 평가를 실시하기도 한다. 또한 슈퍼비전 보고서는 슈퍼바이저의 슈퍼바이저, 즉 제 2선슈퍼바이저 내지 기관장에게 작성한 보고서를 제출하여 슈퍼비전 수행에 관한 슈퍼비전을 받는 데에도 활용된다.

슈퍼비전 보고서를 통해 연간 슈퍼비전 평가를 실시하는 경우, 다루어지는 내용은 다음과 같다.

- 슈퍼비전 목표달성에 대한 평가
- 슈퍼비전 욕구(실천 기반 핵심지식과 기술) 충족결과

• 슈퍼비전 유형(개별, 집단, 동료, 외부, 자기슈퍼비전)별 평가
• 슈퍼비전 기능(교육적, 행정적, 지지적, 중재적 슈퍼비전)별 평가
• 슈퍼비전 실시횟수 및 내용의 적절성 평가
• 슈퍼비전 과정 및 방법, 실행구조에 대한 평가
• 슈퍼비전을 제공하면서 슈퍼바이저로서 어려웠던 점
• 차기년도 슈퍼비전을 위한 계획 및 제안

(2) 연간 기관슈퍼비전 운영평가서

슈퍼비전 체계 및 실행 전반에 대한 총괄평가는 연간 기관슈퍼비전 운영평가보고서로 작성되므로 조직의 최고관리자는 슈퍼바이저들과 함께 1년간 진행된 슈퍼비전의 성과를 평가한 후, 보완 혹은 발전시켜야 할 슈퍼비전 체계에 대한 방향성을 구체적으로 논의하도록 한다. 연간 기관슈퍼비전 운영평가서는 슈퍼비전을 기획한 담당부서의 업무총괄 슈퍼바이저가 작성하며, 연간 기관슈퍼비전 운영계획서에 대한 결과보고서 형태가 된다. 총괄평가를 통해 조직에서는 슈퍼비전 단계에 대한 평가, 슈퍼비전 유형에 대한 평가뿐 아니라 슈퍼바이저와 슈퍼바이지에 대한 평가, 조직 전체 슈퍼비전 체계에 대한 평가를 실시함으로써 직원들의 전문성 향상과 기관의 책무성 실현이라는 슈퍼비전의 목적을 달성할 수 있다.

연간 기관슈퍼비전 운영평가서에는 1년간 슈퍼비전에 참여한 직원수, 부서별 · 직종별 · 근무기간별 슈퍼비전에 대한 전체 만족도 점수, 슈퍼바이저별 슈퍼바이지 수, 연간 실시한 슈퍼비전 총 횟수와 1회당 슈퍼비전 시간, 슈퍼비전에 대한 사전 준비도, 슈퍼비전 체계에 대한 평가내용이 포함된다. 이러한 평가내용을 토대로 슈퍼바이저는 각 부서별, 슈퍼바이지별 슈퍼비전의 실행을 평가해 볼 수 있으며, 평가결과를 공유하고 차기년도 계획에 반영하여 향후 슈퍼비전 실행에 도움이 되도록 한다. 특히, 모든 슈퍼바이지들은 개별 슈퍼비전을 최소 월 1회 이상 정기적으로 받았는지, 사회복지직 이외의 사무직이나 관리직 및 관련전문직의 경우에는 연 몇 회 이상 개별슈퍼비전을 정

규적으로 받았는지 등 슈퍼비전이 공식적 · 정규적 · 일관적으로 진행되었는지를 점검한다.

이러한 총괄평가를 통해 슈퍼비전 정책 수립, 슈퍼비전 직무배정, 기관장의 슈퍼비전 실행의지와 지속적 관심 표명, 슈퍼비전 교육 · 평가 · 보상체계, 조직 전반의 슈퍼비전 실행을 위한 기본 토대 구축과 같은 조직 차원의 슈퍼비전 성과를 평가하고 추후 방향성을 논의하도록 한다.

3) 슈퍼비전 만족도 설문 활용

슈퍼바이저에 대한 슈퍼비전 만족도 평가는 슈퍼바이지가 한다. 슈퍼바이지 입장에서 슈퍼바이저를 평가하는 일이 솔직히 말해서 쉬운 일은 아니나 슈퍼바이저에 대한 평가를 조직의 슈퍼비전 종결단계에서의 하나의 평가과정으로 받아들이고, 슈퍼바이저도 슈퍼바이지로부터의 피드백을 수용할 준비가 되어 있어야 한다. 슈퍼바이저는 슈퍼바이지가 편안하게 슈퍼비전 만족도 평가를 할 수 있는 기회와 분위기를 조성해줌으로써 슈퍼바이지 자신이 전문가로서 존중받았는지, 슈퍼바이저가 자신에게 어느 정도 도움이 되었다고 생각하는지, 슈퍼비전 대화에 있어서는 분명한 의사소통을 했는지 등을 평가할 수 있도록 해야 한다. 슈퍼바이지는 슈퍼비전이 실제로 도움이 되었는지, 슈퍼비전 과정 중에 슈퍼바이저가 좋았거나 싫었던 것은 무엇이었는지 등을 진솔하게 말할 수 있어야 한다. 슈퍼바이지를 통한 슈퍼바이저에 대한 평가를 통해 슈퍼비전 경험에 대한 만족도와 슈퍼비전 관계를 파악해 볼 수 있고 슈퍼바이저의 태도와 행동, 슈퍼비전에 대한 슈퍼바이저의 기여 등을 확인해 볼 수 있다.

슈퍼비전 정책 도입 초기이거나 슈퍼비전이 충분히 이루어지지 않은 상황에서 슈퍼바이지로 하여금 슈퍼바이저에 대해 만족도 설문지를 활용하여 평가하게 하는 것은 다소의 저항이나 어려움이 있을 수 있으므로 조직 맥락을 고려하여 설문 활용 여부를 결정하도록 한다. 만족도 설문지를 활용할 시에는 신중하게 접근하는 것이 좋다. 또한 공식적으로 만족도 설문을 활용할 시에는 슈퍼바이지가 솔직하고 부담 없이 설문에 응답할 수 있도록 기관의 슈퍼비전 총괄담당 부서에 개인정보를 충분히 보호한 형태로 제출하는 방식으로 이루어지는 것이 적절하다. 적절하게 수행된 슈퍼바이저에 대한 만족도 설문결과는 슈퍼바이저의 인사고과 등에서 슈퍼바이저로서의 직무수행을 평가하는 방법으로도 활용될 수 있다.

[평가단계에서의 확인 사항]

☑ 슈퍼비전 평가를 위해 평가의 가치와 유익을 충분히 이해하였는가?

☑ 평가 준비를 위해 바람직한 평가의 속성을 확인하였는가?

☑ 조직 차원의 슈퍼비전 체계 및 실행 평가를 논의하였는가?

☑ 평가를 위해 슈퍼바이저는 슈퍼바이지의 기록과 보고서 등을 충분히 검토하였는가?

☑ 평가를 위해 슈퍼바이지는 평가의 의미와 참여방법을 확인하였는가?

☑ 개별 및 집단슈퍼비전 평가서를 작성하고 활용하였는가?

☑ 조직 차원의 연간 기관슈퍼비전 운영평가서와 슈퍼바이저의 슈퍼비전 보고서를 작성하고 활용하였는가?

☑ 슈퍼비전 만족도 설문을 활용할 시의 유의점 등을 충분히 고려하였는가?

☑ 다각적인 평가를 통해 슈퍼비전의 성과를 확인하고 피드백을 수렴하였는가?

평가단계의 이슈와 솔루션

CHAPTER 13

❑ 평가단계에서 필요한 솔루션 목록

평가이슈1 슈퍼비전 평가를 강점중심으로 하고 싶어요.

평가이슈2 슈퍼비전이 도움이 안 되었다는 평가를 받았어요.

평가이슈3 슈퍼비전은 좋은데 평가는 두려워요.

평가이슈4 슈퍼바이저 역할로 소신되는 것 같아요.

[평가이슈1] 슈퍼비전 평가를 강점중심으로 하고 싶어요

- 8년차 슈퍼바이저입니다. 우리 조직은 슈퍼비전 계획 하에 모든 직원이 개별슈퍼비전과 집단슈퍼비전에 모두 잘 참여하고 있고 이러한 슈퍼비전으로 많은 도움이 되고 있습니다. 슈퍼비전이 도움이 되긴 하지만 연말에 꼭 슈퍼비전 평가를 해야 하나요? 강점중심으로 하는 방법도 있을까요? 슈퍼비전 평가서 서식을 보면 오히려 도움이 되었던 것이 반감될 것 같아요.

솔루션 슈퍼비전 평가는 지난 1년간의 슈퍼비전 과정을 돌아보면서 슈퍼비전의 성과를 확인하고 아쉬운 부분은 차기년도 슈퍼비전의 계획에 반영하는 의미 있는 시간입니다. 강점중심 평가는 슈퍼바이저와 슈퍼바이지가 서로의 노력을 격려하고 자축하는 것으로부터 시작해 보세요.

슈퍼비전 평가는 반드시 해야 합니다. 슈퍼비전 평가는 사실 슈퍼바이저와 슈퍼바이지에게 모두 부담을 줍니다. 왜 그럴까요? 슈퍼바이지는 평가에 대한 정보가 부족하고 이에 대한 준비도 없는 상태라서 두려움을 가지는 경우가 많습니다. 한편, 슈퍼바이저는 자신의 평가가 슈퍼바이지를 오히려 힘들게 할 수 있다는 우려와 좋은 슈퍼바이저로 남고 싶은 마음 때문에 주저하기도 한답니다. 이러한 이유들은 '평가'라는 단어에 대한 왜곡 때문이 아닐까 싶어요. 슈퍼비전 평가를 어떻게 하고 무엇을 해야 하는지를 알게 된다면 왜 필요한지를 이해하게 될 것입니다.

슈퍼비전 평가는 왜 하는 것일까요? 잘못한 것을 비판하거나 비난하려는 목적이 아닙니다. 지난 일 년 간의 슈퍼비전 과정을 되돌아보고 잘된 점과 아쉬운 점을 서로 공유하면서 차기년도에 반영하기 위해서죠. 슈퍼비전을 정기적으로 실시하면서 목표를 향해 일 년 간 달려온다는 것은 어렵고 포기하고 싶은 과정일 수 있습니다. 따라서 슈퍼비전 평가는 슈퍼비전의 모든 과정의 의미를 찾고 이를 더 발전시키기 위한 것입니다.

그렇다면 슈퍼비전 평가를 어떻게 하면 효과적일까요? 평가가 잘못된 것을 찾아내는 것이라는 생각에서 벗어나야 합니다. 특히 슈퍼비전 평가는 직원업무평가와는 달리 일을 잘했는가를 따지는 것이 아닙니다. 슈퍼비전 평가는 어떻게 진행되었고(과정평가), 그 과정을 통해서 슈퍼비전 목표가 달성되었는지(성과평가), 아쉬운 점이나 더 발전하고 싶은 역량은 무엇인지(차기 계획에 반영)를 나누는 것입니다. 슈퍼비전 과정에 대한 평가, 슈퍼비전 목표에 대한 평가, 슈퍼비전 만족 정도가 포함되겠죠.

강점중심의 평가는 성공을 자축하는 시간으로 만들어 보세요. 슈퍼비전 과정 자체와 슈퍼바이지가 세운 슈퍼비전 목표성취와 관련하여 성공적이었던 경험을 말하고 서로 인정하고 격려합니다. 슈퍼비전 과정에 대한 평가는 슈퍼비전 과정을 완료한 자체를 의미 있게 다루는 것입니다. 이를테면 슈퍼비전의 정기적 실행, 슈퍼비전 시간에 슈퍼바이지와 상호작용하려는 슈퍼바이저의 노력, 슈퍼비전 내용을 적극적으로 적용하려 했던 슈퍼바이지의 자세 등을 다루면 됩니다. 슈퍼비전 목표성취에 대한 평가는 슈퍼비전 계획서에 따라 슈퍼비전 목표가 달성되었는지를 확인하는 것입니다. 달성 정도와 그 내용을 평가하는데, 측정 가능하지 못할 경우에는 대화를 통해서 질적인 평가를 이끌어 내는 것이 좋습니다. 이렇게 하다 보면 잘한 것 위주로 평가가 진행될 것이고 마지막에 차기년도에는 무엇을 하고 싶은지에 대하여 잠깐 나눕니다. 그렇게 되면 올해 이루지 못한 슈퍼비전 목표가 다시 언급되거나 올해 목표가 달성되었다면 질적 또는 양적인 향상을 계획하게 될 것입니다. 이처럼 슈퍼비전 평가를 통해서 어떤 부분이 어떻게 도움이 되었는지를 구체적으로 나눌 때 슈퍼비전의 성과를 함께 공감하고 앞으로의 슈퍼비전에 대한 기대도 높아지게 됩니다.

슈퍼비전 평가보고서와 만족도 평가가 슈퍼비전 평가의 전부가 아닙니다. 슈퍼비전은 성과와 성공을 축하해 주고 서로의 노고를 치하하는 과정이 매우 중요해요. 클라이언트와의 관계에서도 종결과정이 중요하듯이, 평가단계에서는 슈퍼비전 과정에 최선을 다한 슈퍼바이저와 슈퍼바이지가 자축하는 의미 있는 시간을 가지는 것이 바람직합니다.

[평가이슈2] 슈퍼비전이 도움이 안 되었다는 평가를 받았어요

- 7년차 팀장(슈퍼바이저)입니다. 지난해 3명의 슈퍼바이지 중 2명이 퇴사하여 새로운 슈퍼바이지가 입사하였습니다. 기존 슈퍼바이지 A는 경력 4년차, 신입직원 B는 타 기관 경력 2년을 가지고 우리 기관에 입사한 지 7개월차, 신입직원 C는 입사 5개월차입니다. 직원들의 교체로 정신이 없지만 계획된 기관 사업에 공백이 없게 하려고 슈퍼비전을 활용하며 많은 노력을 하였습니다. 그런데 슈퍼비전에 대한 평가와 슈퍼바이저 만족도 평가를 보니 '슈퍼비전이 별로 도움이 안 되었다, 슈퍼비전 시간에 적응하기 힘들었다' 등의 의견이 나와 너무 황당했습니다. 계획대로 슈퍼비전 잘 진행한 거 같은데 왜 이런 피드백이 나왔는지 모르겠고 앞으로도 어떻게 해야 할지 모르겠습니다.

솔루션 슈퍼비전 만족도 평가가 슈퍼바이저 개인을 평가한다는 생각에서 벗어나서, 슈퍼비전에 대한 슈퍼바이지의 의견이며 향후 슈퍼비전의 방향을 제시하는 것으로 생각해 보세요. 슈퍼바이지의 만족을 높이려면 슈퍼바이지의 욕구를 반영하여 충분한 상호작용을 통해서 진행해야 합니다.

슈퍼비전 평가를 슈퍼바이저 개인에 대한 공격 또는 평가라고 생각하지 않았으면 합니다. 슈퍼바이저는 1년간의 슈퍼비전을 마무리하는 하나의 평가과정으로 받아들이면서 슈퍼바이지로부터의 피드백을 수용할 준비를 해야 하지 않을까요? 무엇 때문에 슈퍼비전에 대한 평가나 슈퍼비전 만족도가 낮은지, 그리고 이러한 내용이 개별 및 집단슈퍼비전 시간에 왜 서로 논의되지 못했는지 등에 대한 이유를 알게 된다면 앞으로 슈퍼비전을 어떻게 해야 하는지에 대한 대안이 마련될 것 같아요. 이 사례의 '슈퍼비전이 별로 도움이 되지 않았고, 슈퍼비전 시간에 적응하기 힘들었다'는 두 가지는 서로 다른 맥락에서 다각도로 생각해 봐야 합니다.

'슈퍼비전이 별로 도움이 되지 않았다'라면 슈퍼바이지의 욕구를 반영했는가를 되돌아봐야 합니다. 슈퍼바이지의 발달단계 고려와 욕구를 기반으로 진행하였는지요. 3명의 슈퍼바이지에는 기존 직원과 신입직원이 포함되어 있고, 신입직원 2명 중에는 타 기관 경력자도 포함되어 있어서 완전 맞춤형 슈퍼비전이 요구되는 상황이었네요. 혹시, 집단슈퍼비전만 시행하지는 않으셨

겠죠? 슈퍼바이저의 역할이 매우 어려운 상황에서 열심히 슈퍼비전을 하신 것 같은데, 만약 집단슈퍼비전 위주로 진행되었다면 만족도가 낮을 것 같습니다. 집단슈퍼비전으로는 슈퍼바이지의 경험과 역량 수준이나 욕구를 반영하기가 어렵기 때문에 개별슈퍼비전이 주요 슈퍼비전 유형이 되어야 합니다.

경력자라 하더라도 우리 조직의 우리 팀에서의 경력인지 우리 조직의 다른 팀에서의 경력인지 또는 다른 조직에서의 경력인지에 따라서 슈퍼비전의 초점은 달라져야 합니다. 신입직원이라 해도 사회생활이 처음인 직원과 타 조직에서 유사한 경험이 있는 경우는 다릅니다. 다 조직 경험이 도움이 될 수도 있지만 우리 조직 적응에 더 어려움을 겪을 수도 있죠. 이전에 근무했던 기관에서 슈퍼비전 경험이 없었다면 어색하고 불편할 수 있고요. 따라서 슈퍼비전에 대한 오리엔테이션이나 슈퍼비전 관계 형성에 좀 더 신경을 썼으면 어땠을까 하는 생각이 듭니다. 이러한 과정이 생략된 채 다소 일방적으로 슈퍼비진이 진행되지는 않았는지 슈퍼바이저가 되돌아보았으면 합니다.

일반적으로 신입직원에게는 조직과 직무를 안내하고 안정시키는 것에 초점을 두어야 하고, 숙련된 직원에게는 슈퍼비전이 훈련이자 개발차원에 더 중점을 둡니다. 여기서 직원 B는 기관경력이 2년 있지만 조기에는 신입과 동일한 관점으로 슈퍼비전을 진행하는 것이 좋습니다. 입사초기에는 슈퍼바이지가 편안해질 수 있도록 지지적인 슈퍼비전을 제공해 주면 좋겠어요. 슈퍼비전의 빈도에 있어서도 신입직원에게는 기존의 직원에게 제공하는 슈퍼비전보다 일정기간 동안 더 자주 개별슈퍼비전을 실시하는 것이 효과적입니다. 또한 개별 및 집단슈퍼비전 시간에 슈퍼바이지가 어떤 질문을 하더라도 격려하고, 필요한 정보를 구체적으로 제공하면서 논의하는 시간을 통해 피드백을 주고받는 환경이 바람직합니다.

[평가이슈3] 슈퍼비전은 좋은데 평가는 두려워요

• 기관 입사 11년 된 슈퍼바이저입니다. 제가 입사할 당시에는 슈퍼비전이라 할 게 없었고 약 2년 전부터 슈퍼비전 체계에 대한 논의가 시작되었습니다. 직원들도 슈퍼비전에 대한 욕구를 표출하였고 올해부터 슈퍼비전이 체계적으로 시작되었다고 할 수 있습니다. 직원들 모두 시행착오를 거치며 슈퍼비전이 진행되었고, 슈퍼바이저와 슈퍼바이지 모두 슈퍼비전 시간을 통해 많은 도움을 받은 것 같습니다. 그런데 슈퍼비전을 진행할 때마다 직원들이 저희들(슈퍼바이저)에 대해 평가를 한다고 생각하니 긴장되고 신경이 쓰여 슈퍼비전 시간이 부담이 되고 있습니다. 슈퍼바이지들도 고민이 없는 건 아닙니다. 연말에 실시되는 직원업무평가를 염두에 두고 있다 보니 자신의 부족한 부분에 대해 슈퍼바이저에게 알리지 않고 싶어한다는 것을 알게 되었어요. 슈퍼비전 평가는 어떻게 해야 할지, 직원업무평가는 또 어떻게 해야 할지 고민입니다.

솔루션 **슈퍼비전 평가는 슈퍼비전 계획서와 기록지를 근거로 객관적인 평가가 기본입니다. 슈퍼바이저나 슈퍼바이지의 개인평가에 집중하지 않아야 하며, 슈퍼비전의 체계적 실행이 처음이라면 슈퍼바이저 평가는 조금 미뤄두세요. 슈퍼바이저로서의 역량을 갖출 시간이 필요합니다.**

입사하고 9년간 슈퍼비전 없이 일하다가 2년 전부터 슈퍼비전 체계를 준비하고 올해에 슈퍼비전을 시작했으니 많은 시행착오가 있었겠습니다. 슈퍼비전 준비와 실행도 어렵지만 평가는 더욱 어렵고 힘든 과정이라 생각됩니다. 체계적인 슈퍼비전을 처음 접하는 슈퍼바이저는 본인이 잘하고 있는 건지에 대한 확신이 부족하기 때문에 경험을 통해 슈퍼바이저로서 역량을 키울 시간이 필요합니다. 그런데 슈퍼바이지로부터 평가를 받아야 한다고 생각하면 부담이 있을 수밖에 없죠. 슈퍼바이저를 평가하는 방법은 무엇을 평가하느냐에 따라 달라집니다. 슈퍼바이저로서의 태도 위주의 관계성을 평가할 수도 있고 슈퍼비전의 구조를 따라 진행했는지를 평가할 수도 있으며 슈퍼비전 내용이나 방법이 슈퍼바이지를 만족시켰는지를 확인하는 경우도 있습니다. 사실, 슈퍼비전 평가는 향후 슈퍼비전의 질을 높이기 위한 목적이므로 이로 인해 슈퍼바이저라는 사람을 평가하지 않도록 주의해야 해요. 슈퍼바이지에 대한 평가 역시 마찬가지입니다.

슈퍼비전 평가는 슈퍼비전 계획서에 의거하여 1년간 진행했던 개별슈퍼비전 기록지 등을 토대로 그 내용을 분석하여 슈퍼비전 받기 전과 후의 슈퍼바이지들의 변화를 확인하는 것이 기본입니다. 간혹 슈퍼비전 계획서를 기초로 하는 평가는 안하고 슈퍼바이저 평가, 슈퍼바이지 평가를 하는 기관이 있다고 들었어요. 슈퍼바이저에 대한 평가는 슈퍼비전을 체계적으로 시작한 지 얼마 되지 않은 조직에서는 시행하지 않는 편이 낫습니다. 슈퍼바이저의 역량이 강화될 시간도 필요하기 때문에 슈퍼바이저에 대한 평가를 잠시 유보하는 거죠. 슈퍼비전에 대한 부담으로 힘든데 거기에다 슈퍼바이저 평가까지 진행된다고 하면 슈퍼비전 진행 자체가 더 어려워질 수도 있기 때문입니다. 슈퍼바이저들이 편안한 마음으로 슈퍼비전에 임할 수 있고 슈퍼바이저로서 자신의 역량을 점검해 보도록 2년 정도 유보시간을 가져보는 것은 어떨까요? 다른 방법으로는 슈퍼바이저의 평가를 하기보다는 슈퍼비전 만족도 평가로 대체하여 슈퍼비전 경험에 대한 슈퍼바이지들의 만족 정도를 파악해 보는 것입니다.

직원업무평가와 슈퍼비전 평가에 대한 부담은 내용적인 측면도 있지만 평가 자체에 대한 부담도 있습니다. 시기적으로 분리해서 실시해 보세요. 평가들이 어느 한 시기에 몰려 있다 보면 직원들의 부담감이 커져서 객관적인 평가를 하기 힘들고, 평가라는 말만 들어도 울렁증이 생기는 분들이 생길 수도 있겠죠. 한 달 이상의 간격을 두고 실시하는 것을 권장합니다.

[평가이슈4] 슈퍼바이저 역할로 소진되는 것 같아요

- 저는 다른 조직에서 9년 이상 근무하다가 현재 조직으로 이직한 지 1년 3개월째입니다. 슈퍼바이저는 자신의 슈퍼바이지의 특성을 다 파악해야 한다고 생각합니다. 업무능력, 직원들 간의 관계, 누가 누구와 친하고 배척관계에 있는지 파악하고, 이야기 나누면서 지지해 주고 격려해 주고 왜 서로 화합을 해야 하며 조직에서 함께 살아가려면 궁극적으로 업무방향성을 합의하도록 이야기하고 설득하고 이런 과정들을 챙기다 보면 정작 슈퍼바이저는 소진되기 쉽습니다. 그럴 때 슈퍼바이저는 어디에서 누구에게 에너지를 얻어야 하며 어떤 방법으로 극복해야 하나요?

솔루션 슈퍼바이저도 자신의 슈퍼바이저가 있다는 것을 기억하세요. 슈퍼바이저와 동료에게 슈퍼바이저 역할로 인한 소진에 대하여 공유하고 조언을 얻어 보세요. 슈퍼비전 관계에 대한 교육참여도 도움이 됩니다.

슈퍼비전의 성과는 많은 부분 슈퍼바이저의 역량과 관련되지요. 슈퍼바이저는 '전문가 부모'라는 애칭을 가지고 있답니다. 슈퍼바이지를 전문가로 성장시키는 부모와 같은 역할을 해야 한다는 것을 의미해요. 그러니 얼마나 힘들겠어요? 슈퍼바이저의 역할로 인한 어려움을 부모의 입장에 대비해서 한번 생각해 볼까요? 부모가 된다는 게 미리 예측을 하지만 정작 닥치면 당황스러운 순간들이 참으로 많다고 하죠. '부모 되기' 훈련을 받아도 어렵고요. 왜 그럴까요? 기본 원칙은 있지만 아이들마다 특성이 다르고 부모 역시 각기 개성을 가진 사람이기 때문이겠죠. 슈퍼바이저도 마찬가지입니다. '슈퍼바이저 되기'를 미리 공부하고 준비했어도 상황과 맥락 그리고 슈퍼바이지에 따라 다른 역할이 요구되거든요. 그런데 대부분의 조직에서는 예비 슈퍼바이저를 위한 훈련이 거의 없는 실정입니다. 어느 날 갑자기 슈퍼바이저가 되었는데 슈퍼바이저의 역할 범주를 모른 채로 열심히 수행하다 보면 소진이 오기 쉽습니다.

슈퍼바이저는 어디서 누구에게 에너지를 얻고 어떤 방법으로 극복해야 하냐고 묻는다면, 당신의 슈퍼바이지와 당신의 슈퍼바이저, 그리고 당신의 동료와 당신 자신이라고 답하겠습니다. 다시 부모 역할로 대비시켜 볼까요? 슈퍼바이지가 경험한 부모양육 스타일을 슈퍼비전에 적용한 연구도 있을 만큼 부모 역할과 슈퍼바이저 역할은 유사성이 있는 게 사실입니다. 그러나 부모 역할과 슈퍼바이저 역할이 완전히 동일하지 않다는 것을 반드시 염두에 두세요. 자, 부모들이 아이를 양육할 때 어려움이 생기면 대부분 어떻게 해결하나요? 초보 부모들이 맨 처음에 조언을 요청하는 사람은 바로 자신들의 부모이거나 부모 역할을 해주었던 자신의 주 양육자인 경우가 많습니다. 초보 딱지를 뗀 부모들은 관련 책을 활용하거나 아이 양육과 관련된 커뮤니티를 이용하기도 하죠. 또래 부모들과 정보를 공유하거나 자문을 받기도 하고 함께 어려움을 호소하기도 하고요. 그 과정을 통해 제법 부모 역할에 익숙해지고 아이가 성장하면서 부모도 함께 성장하죠. 그리고는 자신이 기꺼이 초보 부모들의 멘토 역할을 하게 됩니다.

이를 슈퍼바이저의 역할에 적용하면서 생각해 볼까요? 자신의 슈퍼바이저에게 조언을 구하고 동료들과 함께 힘을 얻을 수 있는 동료슈퍼비전도 활용하고, 보수교육이든 양성교육이든 슈퍼비전 관련 교육에 참여하며, 커뮤니티도 이용하면서 슈퍼바이저로서의 자신의 역량을 업그레이드시켜 보는 겁니다. 그러나 무엇보다도 슈퍼바이지가 전문가로 성장하는 모습을 보게 된다면 뿌듯함을 경험하게 될 것입니다. 물론 시간이 걸리니까 참고 기다리는 인내가 필요해요. 슈퍼비전의 효과가 즉각적으로 나타나지 않는다고 포기하지 말고 지속하시기 바랍니다.

사례에서의 슈퍼바이저는 특별히 슈퍼바이지들의 관계에 많이 관여하는 것 같아요. 슈퍼바이저가 모든 것을 해결해 줄 수는 없습니다. 슈퍼바이지는 초보자도 경력자도 있고, 성향적으로 슈퍼바이저에게 의존적인 슈퍼바이지가 있는 반면, 독립적이고 주도적인 팀원도 있겠죠. 슈퍼바이지에 따라 관여 정도를 조정하는 것도 슈퍼바이저의 소진을 예방하는 방법 중 하나입니다. 꼭 기억하세요! 슈퍼바이저인 당신, 당신에게도 슈퍼바이저와 동료들이 있습니다. 그들에게 손을 내밀어 보세요.

CHAPTER 14

평가단계의 서식과 작성 가이드

❑ 평가단계에서 필요한 서식 목록

서식명	작성자	개요	중요도
4-1. 슈퍼비전 평가서 (개별/집단)	슈퍼바이지 (개별평가서) 슈퍼바이저 (집단평가서)	• 슈퍼비전 목표에 대해 점검하여 슈퍼비전을 받기 전과 받은 후를 비교, 자신의 업무수행과정과 목표달성에 대한 성취도 비교분석 가능 • 집단슈퍼비전 평가는 해당 부서 및 부설기관별로 시행	필수 ★★★
4-2. 슈퍼바이저의 슈퍼비전 보고서	슈퍼바이저	• 슈퍼비전 목표에 대한 달성 정도와 그 내용을 작성. 1년간 담당 슈퍼바이지의 성장과 개별 목표성취도를 확인하고, 슈퍼비전을 제공한 슈퍼바이저 자신의 태도나 내용 등에 대한 평가를 통해 자기성찰의 시간으로 활용	중요 ★★☆
4-3. 연간 기관슈퍼비전 운영평가서	총괄담당자	• 총괄평가의 형태로 이루어짐. 주로 슈퍼비전 실행과 관련한 세부 내용과 실적, 기관의 슈퍼비전 표준내용의 적절한 실행정도에 대해 평가	필수 ★★★
4-4-1. 슈퍼비전 만족도 설문지 (슈퍼바이저 역할수행 중심) 4-4-2. 슈퍼비전 만족도 설문지 (간략형)	슈퍼바이지	• 슈퍼바이지를 통한 슈퍼바이저의 슈퍼비전실행에 대한 평가를 통해 슈퍼비전 경험 만족도와 슈퍼비전 관계, 슈퍼바이저의 태도와 행동, 슈퍼비전에 대한 슈퍼바이저의 기여 등을 확인 • 만족도 설문 활용 시, 내용구성과 제출요령 등에서 신중한 고려 필요(구체적인 내용은 본문 설명 참고)	선택 ★☆☆

※ 서식 작성자는 기관 상황 및 전문직 관리의 방향에 따라 달라질 수 있음

서식명	슈퍼비전 평가서(개별/집단)	작성자	슈퍼바이지	중요도	필수 ★★★

〈서식 4-1〉 **슈퍼비전 평가서(개별/집단)**

슈퍼비전 평가서(개별/집단)

1. 일반적 사항

슈퍼바이저		소속부서		슈퍼비전 경력	
슈퍼바이지		소속부서		현직무담당일	

2. 슈퍼비전 목표별 달성 평가

목표	수행방법	평가방법	평가내용

3. 슈퍼비전 연간 운영 실적 평가

내용	달성 정도			평가내용
	계획	실행	대비(%)	
빈도				
총횟수				

4. 슈퍼비전에 대한 전체 평가 및 추후 개선사항

1) 연간 계획 내용과 진행
2) 역할 수행(슈퍼바이저, 슈퍼바이지)
3) 슈퍼비전 참여 후 소감, 개선 사항 의견 등

〈서식 4-1〉 작성 가이드

슈퍼비전 평가서(개별/집단)

※ 개별슈퍼비전 평가서는 슈퍼비전 계획서와 슈퍼비전 기록지를 검토하면서 작성함. 특히 슈퍼비전 목표에 대해 점검하여 슈퍼비전을 받기 전과 받은 후를 비교할 수 있으며, 자신의 직무수행 과정과 목표달성에 대한 성취 결과를 분석함

※ 집단슈퍼비전 평가는 해당 부서 및 부설기관별로 기획 시행함. 슈퍼바이저는 연간운영계획을 근거로 진행한 슈퍼비전의 운영과 효과성에 대해 이야기하고 집단슈퍼비전 평가서를 작성함

1. 일반적 사항

슈퍼바이저		소속부서		슈퍼비전 경력	
슈퍼바이지		소속부서		현 직무담당일	

2. 슈퍼비전 목표별 달성 평가

목표	수행방법	평가방법	평가내용

• 슈퍼비전 계획서상에 명시된 슈퍼비전 목표에 따른 수행결과와 평가결과를 평가내용에 모두 기록함

- 수행방법은 슈퍼비전 목표를 달성하기 위해 직접 실천하였던 활동들의 달성 실적을 함께 작성함
- 평가내용은 평가지표와 함께 빈도, 횟수 및 비율(%) 등의 목표달성치, 측정 가능한 변화량(예, 사전사후검사의 향상도 확인)으로 제시하며, 제시된 지표의 적절성과 함께 실질적인 달성 여부, 변화의 정도를 확인함. 보고서 제출과 아이디어 제출 여부 등 실행 여부로 판단하는 경우도 있음

3. 슈퍼비전 연간 운영 실적 평가

내용	달성 정도			평가내용
	계획	실행	대비(%)	
빈도				
총횟수				

- 슈퍼비전 목표의 성공적인 수행을 위해 연간 슈퍼비전 실행 빈도와 총횟수의 계획 대비 시행률은 어떠했는지를 평가함
- 1년간 직종 및 직급별 슈퍼비전 운영 실적이 기관의 슈퍼비전 지침과 정규성에 따라 이루어졌는지를 확인함

4. 슈퍼비전에 대한 전체 평가 및 추후 개선사항

- 연간 계획되었던 슈퍼비전 내용의 적절성과 진행된 방법과 운영, 슈퍼바이저 및 슈퍼바이지의 역할 수행 결과, 슈퍼비전 참여 후의 소감 및 개선사항에 대한 의견을 정리함
- 또한 이미 매회 작성하였던 '개별슈퍼비전 기록지'를 활용하여 작성함. 슈퍼비전 받은 내용이 추후 실제로 어떻게 업무에 반영되고 조치되었는지를 확인해 보는 것은 슈퍼비전 평가에서 중요함
- 슈퍼비전 목표달성을 통해 슈퍼바이지가 전문적으로 성장하고 클라이언트에게 제공하는 서비스의 질이 향상, 슈퍼바이지 본인에게 동기부여 등이 되었는지를 점검함

서식명	슈퍼바이저의 슈퍼비전 보고서	작성자	슈퍼바이저	중요도	중요 ★★☆

〈서식 4-2〉 **슈퍼바이저의 슈퍼비전 보고서**

슈퍼바이저의 슈퍼비전 보고서

작성자 :
작성일 :

1. 운영평가

1) 슈퍼바이지별 실적 평가
2) 집단슈퍼비전 실적 평가
3) 슈퍼비전 실행구조(유형, 시간, 시간, 장소 등)에 대한 평가

2. 목표성취도 평가(슈퍼바이지별 개별 목표성취도 확인 및 전체 평가)

* 표준화된 척도를 활용하여 사전사후검사한 경우에는 슈퍼바이지 전체 결과 제시

3. 슈퍼바이저 성찰 평가

1) 슈퍼비전에 대한 사전 준비도
2) 슈퍼비전 태도, 내용, 방법, 상호작용 등 슈퍼바이저 자신에 대한 만족도
3) 슈퍼바이지와의 관계
4) 슈퍼비전을 제공하면서 슈퍼바이저로서 어려웠던 점
5) 슈퍼바이저 역할수행 및 역량개발

4. 소감 및 차기년도 슈퍼비전을 위한 제언

〈서식 4-2〉 작성 가이드

슈퍼바이저의 슈퍼비전 보고서

※ 슈퍼비전 보고서는 연간 슈퍼비전 목표에 대한 달성 정도와 그 내용을 작성함
※ 슈퍼바이지가 작성한 개별슈퍼비전 평가서를 종합적으로 분석하여 1년간 슈퍼바이지별 개별 목표성취도를 확인하고, 슈퍼비전을 제공한 슈퍼바이저 자신의 태도나 내용 · 상호작용 등에 대한 평가를 통해 자기성찰의 시간을 가짐
※ 본 보고서는 슈퍼바이저의 슈퍼바이저, 즉 상급슈퍼바이저 내지 기관장에게 제출하여 슈퍼비전 운영에 관한 상급슈퍼바이저의 슈퍼비전을 받는 데에도 활용함

1. 운영 평가

1) 슈퍼바이지별 실적 평가

- 연간 진행된 담당 슈퍼바이지별 슈퍼비전 진행 실적을 제시하고 평가함

2) 집단슈퍼비전 실적 평가

- 연간 진행된 집단슈퍼비전 진행 실적을 제시하고 평가함

3) 슈퍼비전 실행구조(유형, 시간, 시간, 장소 등)에 대한 평가

- 연간 진행된 슈퍼비전 유형별 실행, 시간의 적절성, 공간 활용 등에 대해 평가함

2. 목표성취도 평가(슈퍼바이지별 개별 목표성취도 확인 및 전체 평가)

- 목표성취도 평가는 슈퍼바이지가 작성한 개별슈퍼비전 평가서들을 종합적으로 분석하여 작성함
- 각 도구에 의거한 사후검사 결과(슈퍼바이지 전체) 포함 : 슈퍼비전 시작단계에서 응답하였던 각 체크리스트를 슈퍼비전 종결단계에서 다시 한번 체크하고 담당 슈퍼바이지들이 본인의 직무역량과 자기개발 영역에서 어떤 변화가 있었는지를 정리해 볼 수 있음. 도구를 사용한 경우만 작성하며, 그렇지 않은 경우에는 작성하지 않음

구분	사전사후 결과 평가
조직의 인재상과 핵심역량	
실천 기반 핵심지식과 기술 영역	
표준직무	
직무역량 영역	
기타 표준화 척도 평가영역	

3. 슈퍼바이저 성찰평가

1) 슈퍼비전에 대한 사전 준비도
2) 슈퍼비전 태도, 내용, 방법, 상호작용 등 슈퍼바이저 자신에 대한 만족도
3) 슈퍼바이지와의 관계
4) 슈퍼비전을 제공하면서 슈퍼바이저로서 어려웠던 점
5) 슈퍼바이저 역할수행 및 역량개발

- 슈퍼바이저가 자신의 슈퍼비전 준비와 운영 전반에 대한 성찰의 시간을 갖도록 함
- 슈퍼비전을 제공하는 슈퍼바이저 자신의 태도나 내용 · 방법 · 상호작용 등에 대해 자신은 어느 정도 만족하였는지를 스스로 점검함
- 슈퍼바이지와의 슈퍼비전을 위한 라포 형성 및 상호작용은 어떠했는지, 전문적 관계 유지 및 상호협력은 어떠했는지, 관계 형성을 위해 어떤 노력을 했는지 등을 평가함
- 슈퍼비전을 제공하면서 슈퍼바이저로서 특히 어렵거나 힘들었던 점은 어떤 것들이 있었으며, 차후에는 어떤 변화(슈퍼바이저 자신의 변화 · 슈퍼비전 운영의 변화 등)를 가지는 것이 해결방안이 되는지를 생각해 보도록 함
- 1년간 수행했던 슈퍼바이저로서의 자신의 역할과 역량개발에 대해 평가함

4. 소감 및 차기년도 슈퍼비전을 위한 제언

- 차기년도 슈퍼비전 계획에 반영하여 향후 슈퍼비전 실행에 도움이 되도록 함
- 조직적 차원에서 올 한 해 조직의 지원(지침의 일관성 있는 적용, 슈퍼비전의 필요성과 방법 등에 대한 슈퍼비전 교육 기회 제공, 슈퍼바이저 역량개발 지원 등)을 평가하고 향후 슈퍼비전 정책과 계획에 반영되어야 할 내용을 종합 정리하고 슈퍼바이저 전체 회의 시, 논의자료로 정리함

서식명	연간 기관슈퍼비전 운영평가서	작성자	총괄담당자	중요도	필수 ★★★

〈서식 4-3〉 **연간 기관슈퍼비전 운영평가서**

연간 기관슈퍼비전 운영평가서

1. 목적

2. 목표 및 평가방법

3. 슈퍼비전 운영 개요

1) 추진일정
2) 슈퍼비전 대상 직원 수
3) 총 슈퍼바이저 수
4) 총 슈퍼바이지 수

4. 슈퍼비전 기본 실적 평가

1) 슈퍼비전 관계도
2) 슈퍼비전 유형별 실행 횟수

슈퍼바이저			슈퍼바이지				유형	연간 횟수	비고
성명	소속	직책	번호	성명	소속	직책			
			1				개별		
							집단		
			2				개별		
							집단		
			3				개별		
							집단		

5. 슈퍼비전 교육훈련 평가

6. 연간 슈퍼비전 만족도 평가(설문분석 결과)

1) 슈퍼비전 만족도, 횟수, 사전준비도 등
2) 슈퍼비전에 참여한 소감 및 도움이 된 점 등

7. 슈퍼비전 운영체계 문제점 및 개선방안

※첨부자료: 슈퍼바이지별 개별평가서/슈퍼바이저의 슈퍼비전 보고서

〈서식 4-3〉 작성 가이드

연간 기관슈퍼비전 운영평가서

※ 연간 기관슈퍼비전 운영평가서는 슈퍼비전을 기획한 기관의 담당부서(팀) 업무총괄 슈퍼바이저가 작성함. 연간 슈퍼비전 운영 계획서에 대한 결과보고서 형태이며, 슈퍼비전 종결단계에서 이루어지는 슈퍼비전 체계 및 운영 전반에 대한 평가이므로 총괄평가의 형태임

※ 슈퍼비전 운영과 관련한 세부내용과 기관의 슈퍼비전 표준내용의 적절한 실행 정도, 슈퍼비전 만족도에 대한 설문조사 진행 후 설문분석 결과를 활용하여 평가함

1. 목적

- 슈퍼비전 지침에 기재된 목적과 일치하도록 기술함
- 해당 연도에 특별히 이루고자 했던 목적이 있다면 추가 기술함

2. 목표 및 평가방법

- 슈퍼비전 실행과정에 있어 목표하는 바를 기술함
- 해당 연도에 특별히 목표로 했던 내용이 있다면 추가 기술함
- 목표의 평가방법(실행률, 목표성취 및 운영 만족, 기록 및 운영평가회의 내용분석 등)을 간단히 기술함

3. 슈퍼비전 운영 개요

1) 추진일정
2) 슈퍼비전 대상 직원 수
3) 총 슈퍼바이저 수
4) 총 슈퍼바이지 수

- 기관의 슈퍼비전 운영과 관련하여 진행된 세부일정을 작성함
- 1년간 슈퍼비전에 참여한 직원 수를 파악하여 슈퍼바이저 0명, 슈퍼바이지 0명, 전 직원 00명이 슈퍼비전 대상이었는지를 확인함

4. 슈퍼비전 기본 실적 평가

1) 슈퍼비전 관계도

2) 슈퍼비전 유형별 실행 횟수

<table>
<tr><th colspan="3">슈퍼바이저</th><th colspan="4">슈퍼바이지</th><th rowspan="2">유형</th><th rowspan="2">연간 횟수</th><th rowspan="2">비고</th></tr>
<tr><th>성명</th><th>소속</th><th>직책</th><th>번호</th><th>성명</th><th>소속</th><th>직책</th></tr>
<tr><td rowspan="6"></td><td rowspan="6"></td><td rowspan="6"></td><td rowspan="2">1</td><td rowspan="2"></td><td rowspan="2"></td><td rowspan="2"></td><td>개별</td><td></td><td rowspan="2"></td></tr>
<tr><td>집단</td><td></td></tr>
<tr><td rowspan="2">2</td><td rowspan="2"></td><td rowspan="2"></td><td rowspan="2"></td><td>개별</td><td></td><td rowspan="2"></td></tr>
<tr><td>집단</td><td></td></tr>
<tr><td rowspan="2">3</td><td rowspan="2"></td><td rowspan="2"></td><td rowspan="2"></td><td>개별</td><td></td><td rowspan="2"></td></tr>
<tr><td>집단</td><td></td></tr>
</table>

- 슈퍼비전 관계도는 슈퍼바이저별로 슈퍼비전을 제공하는 슈퍼바이지의 수가 적절하였는지를 평가함. 슈퍼비전의 질과 지지의 정도에 차이가 있지 않았는지 살펴볼 필요가 있기 때문임
- 특히, 모든 슈퍼바이지(직원 및 사회복지직)들은 개별슈퍼비전을 최소 월 1회 이상 정기적으로 받았는지, 사회복지직 이외의 사무직이나 관리직의 경우에는 연 몇 회 이상 개별슈퍼비전을 정규적으로 받았는지 등 슈퍼비전이 공식적 · 정규적 · 일관적으로 진행되었는지를 점검함
- 기관에 따라서 신입직원(슈퍼바이지)과 신규직책을 맡은 중간관리자(슈퍼바이저) 등 신규 입사자 및 신규 중간관리자들에게는 기존의 직원들에게 제공하는 슈퍼비전보다 일정기간 동안(예: 3개월) 개별슈퍼비전을 더 자주(예: 월 2회 이상) 실시하기도 함

5. 슈퍼비전 교육훈련 평가

- 연간 슈퍼바이저 교육과 슈퍼바이지 교육이 계획대로 진행되었는지 점검함. 내부교육에서 부족한 부분은 외부교육 등을 활용하여 슈퍼비전 역량 향상에 도움이 되었는지 평가함
- 신입직원교육 시 슈퍼비전에 대한 기본 교육이 기존 직원들과 어떻게 차별화되었는지 작성함

6. 연간 슈퍼비전 만족도 평가(설문분석 결과)

1) 슈퍼비전 만족도, 횟수, 사전준비도 등

- 슈퍼비전 체계 및 만족도에 대한 평가는 슈퍼비전 개념이나 목적을 얼마나 이해하였는지, 슈퍼비전 지침내용을 얼마나 이해하였는지에 대해 평가함
- 슈퍼비전에 대한 전체 만족도 점수를 파악하고, 문항별로 슈퍼비전 만족도에 대해서도 살펴본 후 어느 항목의 만족도가 가장 높거나 낮은지, 그 이유는 무엇인지를 다시 한 번 분석함
- 부서별, 직종별, 근무기간별 슈퍼비전에 대한 세부만족도도 확인하고 만족도가 높거나 낮은 이유와 함께 어떤 항목에서 가장 큰 차이가 있는지도 분석함
- 부서간의 업무특성 차이로 인해 슈퍼비전 활용도나 만족도에 차이가 생겼다면 업무특성

에 대한 이해를 통해 슈퍼비전 평가결과를 민감하게 해석하지 않도록 유의함
- 사회복지직과 사무 · 관리직, 관련분야 전문직 등 직종들 간의 슈퍼비전 만족도에 차이가 있을 경우에는 슈퍼비전의 횟수 조정과 슈퍼비전 진행방식을 다양하게 변화시켜 보는 것을 고려함
- 연간 실시한 슈퍼비전 총 횟수와 1회당 슈퍼비전 시간은 적절하였는지, 슈퍼비전에 대한 사전 준비도는 충실하였는지 평가함
- 기관에서 근무한 기간이 짧은 슈퍼바이지와 5년차 · 10년차 이상 오랫동안 근무한 슈퍼바이지의 슈퍼비전 만족도 역시 근무기간별로 비교하여 업무수행 과정과 성취도를 분석함
- 이러한 과정은 슈퍼비전 평가가 슈퍼바이저의 일방적인 통보과정이 아니라 슈퍼바이지와 함께 참여하는 과정으로 진행되어야 함을 뜻하며, 조직의 슈퍼비전 정책과도 일치하여야 하고 슈퍼바이지의 잠재력과 경력개발에 대한 사정이 이루어지도록 하기 위함임

2) 슈퍼비전에 참여한 소감 및 도움이 된 점

- 슈퍼비전에 참여한 소감 또는 도움을 받거나 좋았던 점을 직접 적도록 하여 내용을 분석함
- 기관의 연간슈퍼비전 운영과 관련하여 이에 대한 기록 내용을 분석한 결과를 다음과 같이 제시할 수 있음
- 업무에 대한 세밀한 점검, 계획서 작성할 때 막막해서 하기 힘들었던 부분을 개별슈퍼비전 통해 구체화가 가능함
- 정기적 슈퍼비전을 통해 업무의 명확화, 지지와 격려를 통해 직무만족도가 상승됨
- 업무를 넓게 보고 다양하게 보는 관점을 형성함
- 갈등이 있는 동료와의 관계가 개선됨

7. 슈퍼비전 운영체계 문제점 및 개선방안

- 슈퍼비전 체계 및 실행에 대한 문제점 및 건의사항 역시 다음과 같이 기록할 수 있음
- 시간의 부족으로 다양한 슈퍼비전 방법을 동원하지 못함
- 신입직원에 대한 슈퍼비전 진행은 기존 직원들과 차별화 전략이 필요함
- 슈퍼바이지의 수가 과다함으로 인해 슈퍼비전의 질이 떨어지고 부담감이 큼

서식명	슈퍼비전 만족도 설문지	작성자	슈퍼바이지	중요도	선택 ★☆☆

〈서식 4-4-1〉 **슈퍼비전 만족도 설문지 1 (슈퍼바이저 역할수행 중심)**

슈퍼비전 만족도 설문지

(Munson, 2002 재구성)

슈퍼바이지의 이름 :
슈퍼바이저의 이름 :

1 : 전적으로 동의하지 않음	2 : 동의하지 않음
3 : 조금 동의하지 않음	4 : 조금 동의함
5 : 동의함	6 : 전적으로 동의함

1) 나의 슈퍼바이저는 나를 전문가로서 존경한다.

2) 나의 슈퍼바이저는 나에게 나의 일을 수행하는 데에 적절한 자율성을 준다.

3) 나는 나의 슈퍼바이저가 나의 전문적인 성장에 공헌해 왔다고 느낀다.

4) 나의 슈퍼바이저는 조직적인 일에 익숙하다.

5) 나의 슈퍼바이저는 가르치는 방법을 안다.

6) 나의 슈퍼바이저는 내가 보다 더 많이 자기인식을 할 수 있도록 발전을 도왔다.

7) 나는 나의 일에 대한 슈퍼바이저의 사정평가가 공정하다고 생각한다.

8) 나의 일에 대한 슈퍼바이저의 사정은 정확하다.

9) 전반적으로 나는 나의 슈퍼비전 경험에 만족한다.

10) 나는 나의 슈퍼비전 회기를 기대한다.

11) 나의 슈퍼바이저는 실천가로서 나의 효율성을 향상시키도록 도와왔다.

12) 나의 슈퍼바이저는 실천가로서 나의 효과성을 향상시켜 왔다.

13) 무엇이 좋은 개입을 구성하는지에 관한 나의 가치들은 나의 슈퍼바이저의 가치와 유사하다.

14) 나는 이슈를 가지고 나의 슈퍼바이저에게 직면할 수 있다.

15) 나의 슈퍼바이저는 새로운 아이디어를 수용하고 있다.

16) 나의 슈퍼바이저는 이론에 대해 얘기하고 나의 케이스들의 실천요소에 그 이론을 적용할 수 있다.

17) 나의 슈퍼바이저는 친근감이 있다.

18) 나의 슈퍼바이저는 내가 슈퍼바이저와 얘기할 때에 편안하게 느끼도록 한다.

19) 나의 슈퍼바이저는 슈퍼비전 대화에 있어서 분명하게 의사소통한다.

20) 나의 슈퍼바이저는 슈퍼비전 회의에서 슈퍼비전의 도구, 재료들로서 다양한 것들을 활용한다.

21) 이 기관은 일하기에 좋은 장소이다.

22) 나는 나의 슈퍼바이저에게(슈퍼바이저로 인해) 거의 화가 나지 않는다.

23) 나는 나의 슈퍼바이저와 거의 직면할 일이 없다.

24) 당신의 슈퍼바이저를 1점에서 10점까지로 놓고 점수를 매겨 보시오. (당신이 생각하기에 당신의 슈퍼바이저는 얼마나 좋은지에 따라)

1	5	10

25) 당신은 실천가로서 당신의 효과성과 효율성을 향상시키는 데 슈퍼바이저가 도움을 주어왔다고 생각하십니까?

26) 당신은 슈퍼비전이 실천가로서 당신의 효과성과 효율성을 향상시키는 데에 도움을 주어왔다고 생각하십니까?

27) 슈퍼바이저에 대해 당신이 좋아하는 것이 무엇인지 목록을 적어보시오.

28) 슈퍼바이저에 대해 당신이 싫어하는 것이 무엇인지 목록을 적어보시오.

〈서식 4-4-2〉 **슈퍼비전 만족도 설문지 2 (간략형)**

슈퍼비전 만족도 설문지(간략형)

(최원희 외, 2023 재구성)

슈퍼바이지의 이름 :
슈퍼바이저의 이름 :

번호	문항	매우 불만족	불만족	보통	만족	매우 만족
1	슈퍼바이저는 나의 의견을 존중하고 소통하려고 노력하였다.					
2	슈퍼바이저는 실천가로서의 어려움을 공유하고 지지하였다.					
3	슈퍼바이저는 슈퍼비전 요청서 및 제출 과제를 미리 충분히 검토하고 슈퍼비전을 진행하였다.					
4	슈퍼바이저는 슈퍼비전 진행과정을 효과적으로 구성하였다.					
5	내가 실천가로서의 역할을 효과적으로 수행함에 있어서 슈퍼바이저가 도움을 주었다.					
6	슈퍼비전에서 윤리적인 이슈를 다루었다. (클라이언트 존중, 실천윤리, 기록의 객관성 등)					
7	정기적 슈퍼비전의 진행 횟수에 만족한다.					
8	정기적 슈퍼비전 회기의 진행시간에 만족한다.					
9	전반적으로 슈퍼비전의 내용에 만족한다.					
10	전반적으로 슈퍼비전 진행에 대하여 만족한다.					

〈서식 4-4〉 작성 가이드

슈퍼비전 만족도 설문지

- 슈퍼바이저에 대한 슈퍼비전 만족도 평가는 슈퍼바이지가 작성함
- 만족도 설문 2개 유형 중에서 조직의 상황에 따라 선택하여 활용함
- 슈퍼바이지를 통한 슈퍼비전 만족도 평가를 통해 슈퍼비전 경험에 대한 만족도와 슈퍼비전 관계를 파악해 볼 수 있고, 슈퍼바이저의 태도와 행동, 슈퍼비전에 대한 슈퍼바이저의 기여 등을 확인함
- 슈퍼비전 만족도 평가는 양적평가와 주관식으로 작성하는 것으로 구성됨
- '슈퍼바이저 슈퍼비전 만족도 설문지'는 "나의 슈퍼바이저는…. 슈퍼비전은 ~~"으로 시작하는 문장들로 구성됨. 즉, 슈퍼바이지는 슈퍼비전을 진행한 슈퍼바이저에 대한 평가를 실시하여 슈퍼바이지와의 상호 협력적 과정과 슈퍼바이저로서 역할수행을 효과적으로 하였는지를 평가함
- 슈퍼바이지의 입장에서 슈퍼바이저와 슈퍼비전 실행을 평가하는 일이 솔직히 말해서 쉬운 일은 아니나, 슈퍼바이저에 대한 평가를 조직의 슈퍼비전 종결단계에서 하나의 평가과정으로 받아들인다면 슈퍼바이저도 슈퍼바이지로부터의 피드백을 수용할 준비를 할 필요가 있음
- 슈퍼바이저는 슈퍼바이지가 편안하게 슈퍼비전 만족도 평가를 할 수 있는 기회와 분위기를 조성해 줌으로써 슈퍼바이지 자신이 전문가로서 존중받고 있는지, 슈퍼바이저가 자신에게 어느 정도 도움이 되었다고 생각하는지, 그리고 슈퍼바이저가 친근감을 가지고 편안하게 대해주는지, 슈퍼비전 대화에 있어서는 분명한 의사소통을 하는지 등을 평가함
- 슈퍼바이지는 슈퍼비전이 실제로 도움이 되었는가와, 슈퍼비전 과정 중에 슈퍼바이저가 좋았거나 싫었던 것이 무엇이었는지 등을 진솔하게 말할 수 있어야 함. 또한, 슈퍼바이지는 자신의 슈퍼바이저가 조직적인 일에 능숙하다고 생각하는지, 슈퍼바이지가 자기인식을 잘할 수 있도록 돕는다고 생각하는지, 슈퍼바이지의 직무수행에 대한 평가가 공정하고 정확하여 자신의 슈퍼비전 경험에 만족하고 있는지를 확인함

부록: 슈퍼비전 실행에 도움을 주는 도구와 지침

◆ 슈퍼비전 실행에 도움을 주는 다양한 활용 도구와 서식, 지침은 최원희, 안정선 저자의 지식공유 공간(서울시복지재단 공유복지플랫폼2.0)에서 소개하고 활용법을 안내하겠습니다.

공유복지플랫폼/지식공유/최쌤안쌤의 슈퍼비전(www.wish.welfare.seoul.kr)

◆ 본 공간에 많이 찾아오시고 질문도 남기셔서 저자들과 소통해 주세요.
본 공간을 통해 소개될 도구들은 다음의 목록을 참고해 주세요.

〈목록〉

• 슈퍼비전 이력 질문지	• 사회복지사의 직무역량
• 슈퍼비전 합의서	• 슈퍼바이저의 역량 목록
• 학습스타일 이해	• 슈퍼바이지 피드백 질문지
• 강점탐구 활동 질문지	• 집단슈퍼비전 준비를 위한 확인 목록
• 스트레스 매핑 질문지	• 슈퍼비전 서비스 품질 체크리스트
• 자기인식 활동1: 전문가 자기인식보고서	• 슈퍼비전 계획서 논의 및 체크리스트
• 자기인식 활동2: 자기지식개발	• 슈퍼바이저를 위한 슈퍼비전 평가 체크리스트
• 자기인식 활동3: 편견과 고정관념	• 슈퍼비전 지침 예시
• 사회복지사의 기초역량	• 기타

참고문헌

김경희 (2006). **사회복지조직행정론**. 서울: 서울여자대학교 출판부.

김융일, 양옥경 (2002). **사회복지수퍼비전론** 파주: 양서원.

안정선 (2007). 사회복지슈퍼비전 표준 체계 개발. 서울여자대학교대학원 박사학위논문.

안정선, 최원희 (2016). **사회복지 슈퍼비전의 이론과 실제**. 서울: 신정.

양옥경, 이기연, 최소연, 현진희 (2021). **사회복지 슈퍼비전**. 파주: 양서원.

이시연 (2001). 사회복지 전공 학부생 실습지도 모델 개발에 관한 연구. 서울여자대학교대학원 박사학위논문.

이찬, 리상섭, 신제구, 이성엽, 전기석 (2017). **인적자원개발론-HRD이론과 실제**. 파주: 양서원.

조휘일 (1999). 사회사업실습교육에 있어서 학습계약개념 적용에 관한 연구. 정진영 교수 정년퇴임기념 논총. 서울여자대학교 사회사업학과: 19호.

조휘일 (2004). 사회복지 수퍼비전 실천의 방향. **한국사회복지행정학과 2004 춘계학술대외 및 워크숍 자료집**. 3-22.

최연선, 안정선, 최원희, 윤연주 (2016). **사회복지 슈퍼비전 핵심 가이드북**. 서울: 신정.

최원희 (2009). 사회복지슈퍼비전의 중요성공요인에 대한 델파이 및 AHP분석. 서울여자대학교대학원 박사학위논문.

최원희 (2013). 슈퍼바이저의 지식 · 기술역량에 대한 중요도와 실행도 분석 (IPA)에 의한 슈퍼바이저 교육내용연구. **한국사회복지교육**, 23, 39-67.

최원희, 안정선 (2018). **휴먼서비스조직을 위한 인적자원개발과 슈퍼비전**. 고양: 공동체.

최원희, 안정선, 정은주, 최나현 (2023). 드림스타트 슈퍼바이저 평가 및 보수교육 체계 구축 연구. 아동권리보장원.

최원희, 최연선, 안정선, 정은주, 백지선 (2019). 드림스타트 슈퍼비전 체계 구축 연구. 아동권리보장원.

홍순혜, 조성심, 안정선, 방진희, 엄경남 (2014). **사회복지 슈퍼비전의 이해와 적용 - 교육복지 현장을 중심으로-**. 고양: 공동체.

황성철 (2004). 사회복지관 수퍼비전의 실태와 효과성. 한국사회복지관협회 중간관리자 워크숍 자료집, pp.59-82.

Atherton, J. (1986). "The Supervision Constract." In *Professional Supervision in Group Care: A contract-based approach*. Tavistock. London. pp.35-44.

Brown, A., & Bourne, I. (1996). *The Social Work Supervisor: supervision in community, day care, and residential settings*. Buckingham · Philadelphia: Open University Press.

Caspi, J., & Reid, W. J. (2002). *Educational Supervision in Social Work*. NY: Columbia University Press.

Hawkins, P., & Shohet, R. (2000). *Supervision in the helping professions; an individual, group and organizational approach*. Open University Press. Buckingham/Philadelphia.

Haynes, R., Corey, G., & Moulton, P. (2003). *Clinical Supervision in the Helping Professions: A Practical Guide*. Brooks/Cole-Thomson Learning.

Holloway, E. L. (1995). *Clinical Supervision: A system approach*. Thousand Oaksm CA: Sage.

Kadushin, A. (1974). Supervisor-Supervisee Survey. *Social Work*(19): pp.288-298.

Kadushin, A., & Harkness, D. (2002). *Supervision in Social Work*. NY: Colombia University Press.

Kilminster, S. M., & Folly, B. C. (2000). "Effective Supervision in clinical Practice Setting." *Medical education*, 34: pp.827-840.

Lewis, J. A., Lewis, M. D., Packard, T., & Souglee, Jr. F. (2001). *Managemenof Human Service Program*. CA: Wadsworth.

Morrison, T. (2005). *Staff supervision in Social Care (revised edition)*. Brighton: Pavilion.

Morrissette, P. J. (2012). 셀프 슈퍼비전. 이명우 외 옮김. 서울: 학지사.

Munson, C. E. (2002). *Handbook of Clinical Social Work Supervision*. New York: Haworth Press.

Payne. M. (1994). Personal Supervision in Social Work. *Performance Review and Social Care*. London: Jessica Kingsley Pub.

Sheafor, B. W. (2010). 사회복지실천 기법과 지침. 서울대사회복지실천연구회 옮김. 파주: 나남출판.

Shulman, L. (1993). *Interactional Supervision*(2nd ed.). The NASW Press.

Skidmore, R. A. (1983). *Social Work Administration: Dynamic Management and Human Relationships*. Englewood Cliffs, NJ: Prentice Hall, Inc.

Travers, A. W. (1988). *SUPERVISION: Techniques and new Dimensions*. Prentice-Hall, Inc.

Tsui, M. S. (2004). *Social Work Supervision*. Sage Publications.

Wannacott, J. (2014). **슈퍼바이저를 위한 사회복지슈퍼비전의 적용**. 김은혜 외 옮김. 파주: 양서원.

Williams, R. I. (2021). **피드백의 힘**. 고원 옮김. 서울: 글로벌브릿지.

Wonnacott, J. (2012). *Mastering Social Work Supervision*. Jessica Kingsley Publishers Ltd.

〈인터넷 자료〉

서울시복지재단 공유복지플랫폼
(http://wish.welfare.seoul.kr/지식공유활동가/최쌤안쌤슈퍼비전)

● 최원희는 현재 서울여자대학교 사회복지학과에 재직 중이며 한국사회복지슈퍼비전센터 회장을 역임하였고 한국사회복지슈퍼비전학회의 이사로 참여하고 있다. 서울시립남부장애인종합복지관에서 사회복지사로 시작하여 하트-하트종합사회복지관 부관장, 하트-하트재단 사무국장으로 근무하였다. 대표 저서로는 인적자원개발과 슈퍼비전, 사회복지 슈퍼비전의 적용, 사례중심 슈퍼비전 가이드북 등이 있으며, 슈퍼비전 성공요인, 슈퍼비전 체계 구축, 슈퍼바이저의 역량 및 평가 관련 다수의 연구논문이 있다.

● 안정선은 현재 한국성서대학교 사회복지학과에 재직 중이며 한국사회복지슈퍼비전센터와 한국사회복지슈퍼비전학회 부회장을 역임하였고 슈퍼비전학회 이사로 참여하고 있다. 태화기독교사회복지관에서 사회복지사로 시작하여 팀장과 연구원으로 근무하였고 박사학위 취득 후에는 한국보건복지인력개발원 연구교수, 태화복지재단 연구소장을 역임하였다. 대표 서서로는 사회복지 슈퍼비전의 이론과 실제, 사회복지슈퍼비전의 이해와 활용, 사회복지프로그램개발과 평가 등이 있으며, 슈퍼비전 표준 개발, 슈퍼비전 지침, 역량 분석 및 교육과정 개발 관련 다수의 연구논문이 있다.

조직 기반 슈퍼비전

초판발행 2024년 8월 30일 1판 1쇄 | 2025년 4월 30일 1판 2쇄

지은이 최원희 안정선
펴낸이 최용구 | **펴낸곳** 도서출판 **신정**
주소 (04316) 서울시 용산구 원효로 89길 19 (원효로1가)
전화 02)3211-4782, 0266(영업부), 3211-4783(편집부), 3211-4784(팩스)
이메일 sjbook2002@naver.com | **홈페이지** www.sjbook.co.kr
등록 2001년 5월 11일 제13-702호
기획마케팅 최용구 장만동 최충구 송대용 | **책임편집** 석기은 황가연

ISBN 978-89-5912-917-1 93330
정가 19,000원